XIANGCUN ZHENXING YU NONGCUN RENKOU
KONGXINHUA ZHILI TIXI YANJIU

乡村振兴与农村人口空心化治理体系研究

王东强　田书芹　王爱忠 ◎ 著

中国农业出版社
农村读物出版社
北　京

本书系国家社科基金项目"四类集中连片特困地区农村人口空心化治理体系研究"（批准号：16CSH041）最终成果

前 言

2013年12月23日，习近平总书记在中央农村工作会议上指出，"我到农村调研，在很多村子看到的多是老年人和小孩，年轻人不多，青壮年男性更是寥寥无几，留在农村的是'三八六一九九'部队。出去的不愿回乡干农活，留下的不安心搞农业，再过十年、二十年，谁来种地？这的确不是杞人忧天"。不争的事实是，在过去的一些集中连片特困地区，农村留守儿童、留守妇女、留守老人数量是非常庞大的，面对农村人口空心化现状及其治理困境，破解农村人口空心化问题，优化农村人口结构，进而释放农村质量型人口红利是实现巩固拓展脱贫攻坚成果同乡村振兴战略有效衔接的关键所在。

2021年2月25日，习近平总书记在全国脱贫攻坚总结表彰大会上庄严宣告，"经过全党全国各族人民共同努力，在迎来中国共产党成立一百周年的重要时刻，我国脱贫攻坚战取得了全面胜利，现行标准下9899万农村贫困人口全部脱贫，832个贫困县全部摘帽，12.8万个贫困村全部出列，区域性整体贫困得到解决，完成了消除绝对贫困的艰巨任务，创造了又一个彪炳史册的人间奇迹！"虽然我们取得了脱贫攻坚的全面胜利，但脱贫摘帽不是终点，而是新生活、新奋斗的起点，当前切实做好巩固拓展脱贫攻坚成果同乡村振兴有效衔接各项工作是摆在党和政府面前的一项重大课题。脱贫攻坚和乡村振兴战略作为中国共产党"三农"工作的重要战略部署，内容和方式具有相似性，两者统一于"两个一百年"奋斗目标，统一于消除贫困、改善民生、逐步实现共同富裕的社会主义的本质要求，统一于全面建成小康社会和实现伟大复兴中国梦的实践中，具有逻辑一致性。自2016年笔者立项第一个国家社科基金项目"四类集中连片特困地区农村人口空心化治理体系研究"（批准号：16CSH041）以来，一直在努力探索和实践，期望以四类集中连片特困地区的典型区域为样本，从分类治理和整体性治理角度开展系统性研究试图破解农村人口空心化治理问题。因此，鉴于脱贫攻坚和乡村振兴战略的内在联系，本书的出版必然对乡村振兴背景下的农村人口空心化治理体系和治理能力现代化建设具有重要的理论价值和参考意义。

习近平总书记强调，"村庄空心化和'三留守'是一个问题的两个侧面。外在表现是村子空了，本质上是人一茬一茬离开农村。农村是我国传统文明的发源地，乡土文化的根不能断，农村不能成为荒芜的农村、留守的农村、记忆中的故园"。一切类型的空心化实质是人口的空心化，农村人口结构倒逼机制，将催生农村质量型人口红利。农村人口空心化问题根本上还是要在农村当地解决，其突破口就是要找出乡村发展、建设和治理相对滞后的形成原因，从分类治理和整体性治理方面加以政策引导。

党的二十大报告指出，"全面建设社会主义现代化国家，最艰巨最繁重的任务仍然在农村"。这既是对新时代"三农"形势的清醒认识，也是告诫全党，不管工业化、城镇化进展到哪一步，"三农"的基础地位都不会改变，都要始终坚持把解决好"三农"问题作为全党工作的重中之重。在面临中国式现代化建设最艰巨最繁重任务的农村，我们必须高度重视农村人口空心化这个薄弱环节。为了克服已有研究中"三留守"群体"弱势群体"假设和单向度城镇化视角所带来的不足，立足实现巩固拓展脱贫攻坚成果同乡村振兴战略的有效衔接，在乡村人力资源开发，或者说乡村人才振兴独特的视域下以入乡人才、高素质农民、乡村教育人才、乡村旅游人才四类主体人口结构优化机制倒逼农村人口空心化治理体系现代化建设，提供区别于传统人口空心化治理研究的理论依据和路径方法。

党的二十大报告指出，"全面推进乡村振兴，坚持农业农村优先发展，巩固拓展脱贫攻坚成果，加快建设农业强国，扎实推动乡村产业、人才、文化、生态、组织振兴"。在实现巩固拓展脱贫攻坚成果同乡村振兴战略的有效衔接过程中引入治理框架，从分类治理和整体性治理的角度对农村人口空心化问题进行全面系统深入的理论建构，为该研究领域建构一个较为新颖的整体性治理图式。真正破解农村人口空心化问题，绝不是一朝一夕可以实现的，乡村振兴学院建设必须遵循"把学院建在乡野之中、把专业建在产业之上、把课堂放在田间地头"的办学思路，坚持"高起点谋划、高标准建设、高质量办学"的总体原则，构建乡村全科人才培养、实践基地、社会服务、资政研究等"多位一体"育人体系，搭建乡村全科人才学历教育和非学历教育"立交桥"，创新普职成相贯通、农科教相结合、政产学研相融合的办学模式；必须面向新农业、新乡村、新农民和新生态，瞄准乡村人才全面能力新特质，围绕农村人口空心化治理，必须按照新农科建设要求，以协同办学、协同育人、协同就业、协同发展为抓手，采取村来村去、定编定岗、免费教育、定向培养、合同管理的方式，大力培养"下得去、用得上、靠得住、离不开"的乡村全科人才，打造一支"矢志'三农'、技术为要、复合应用、一专多能"的具有引领和示范作用的乡村全科人才队伍；不同地区必须利用大数据、智能化等现代信息技术，整合政府资源，集聚社会资源，建设"智慧乡村人才超市"，创新设置乡村人才供需、培育、服务、体验、智库等多元化智慧功能区，为乡村人才提供全过程、全要素、全方位"一站式"服务，打造具有全国影响力的乡村人才振兴"样板"。当然，农村人口空心化治理机制，需要政府、社会、个体或者群体等多元治理主体之间的整体性治理。农村人口空心化治理的政府调控模式、自组织模式、社会治理模式和职业教育模式也都必须以克服治理主体、治理层级、治理功能、治理关系、治理行为"碎片化"问题为出发点，以依靠横向和纵向协调与整合的思想和行动为主要内容，以政府与社会各类组织有效的合作为着眼点，才能最终实现从碎片和部分走向整合和整体的预期治理目标，推进治理体系和治理能力现代化。

习近平总书记高度重视乡村人才振兴并强调，"要推动乡村人才振兴，把人力资本开发放在首要位置，强化乡村振兴人才支撑""激励各类人才在农村广阔天地大施所能、大展才华、大显身手，打造一支强大的乡村振兴人才队伍"。本书正是在乡村振兴战略背景下，从乡村人才振兴视角，基于实现巩固拓展脱贫攻坚成果同乡村振兴战略的有效衔接过程中研究农村人口空心化治理体系等基本理论问题，揭示农村人口空心化治理的特点和规律，进一步深化对农村人口空心化问题的认识和理解。采取博弈分析、实证分析、质性分析、经验分析等多种方法全面揭示农村人口空心化现状及其治理困境，从而为创新植根不同类型地区的农村人口空心化治理机制提供理论背景和现实依据。本书从治理体系现代化视角，建构农村人口空心化治理分类治理机制和整体性治理模式等一揽子制度措施和政策建议框架，提高对策的针对性、全面性和可操作性，有助于进一步把乡村潜在人力资源转变为现实人力资本，有助于吸引更多农业转移人口向农村回流，有助于乡村各类人才的开发及其制度完善，有助于丰富农村留守群体关爱服务体系具体实践，提高区域统筹城乡一体化进程，加快推进乡村人才振兴。

著　者

2024 年 5 月

目　录

CONTENTS

第一章　成果概况

党的十九大报告明确指出，"重点攻克深度贫困地区脱贫任务，确保到二〇二〇年我国现行标准下农村贫困人口实现脱贫，贫困县全部摘帽，解决区域性整体贫困，做到脱真贫、真脱贫"。党的二十大报告指出，"全面推进乡村振兴。坚持农业农村优先发展。巩固拓展脱贫攻坚成果。加快建设农业强国，扎实推动乡村产业、人才、文化、生态、组织振兴"。我国集中连片特殊困难地区涉及人口众多、收入水平低、地域覆盖面广，贫困具有整体性、关联性、沉淀性和长期性特点，是区域性整体贫困最典型的地区①。不争的事实是，在集中连片特困地区，农村留守儿童、留守妇女、留守老人数量是非常庞大的，面对农村人口空心化现状及其治理困境，破解农村人口空心化问题，优化农村人口结构，进而释放农村质量型人口红利是集中连片特困地区精准扶贫和精准脱贫，最终实现区域性整体脱贫和乡村振兴战略的关键。因此，本书以四类集中连片特困地区的典型区域为样本，从分类治理和整体性治理角度进行研究，这必然对农村人口空心化治理体系现代化具有重要的理论价值和现实意义。

第一节　国内外研究现状及述评

一、国外研究

国外并没有直接提出农村人口空心化这一名词，但相关的理论概念可以溯源到英国空想社会主义者欧文提出的"新协和村"理论以及1898年英国社会活动家霍华德提出的"田园城市"理论和实践运动。

（1）农村人口空心化理论研究。刘易斯二元经济模型中所发现的刘易斯拐点问题引起了学界极大关注，这给农村人口空心化问题敲响了警钟。美国发展

---

① 国务院扶贫开发领导小组办公室：《中国农村扶贫开发纲要（2011—2020年）》，人民出版社，2011年。

经济学家托达罗通过模型建构提出城乡之间预期收入的差异是决定农村劳动力迁移的重要原因。美国学者唐纳德·博格的人口转移"推-拉"理论认为，农村人口空心化是迁出地的推力与迁入地的拉力共同作用的结果。美国社会学家科尔曼的理性选择理论从生存理性、经济理性和社会理性角度分析了农村劳动力转移的原因。此外，古斯塔夫·拉尼斯、费景汉、钱纳里等对此问题也进行了进一步发展和阐述，这些都是研究农村人口空心化的重要理论基础。

（2）农村人口空心化治理实践。吉布斯主编的 *Rural Education and Training in the New Economy* 一书比较全面地分析了包括印度、巴西、南非等新兴经济体国家从城乡统筹发展、开发农村劳动力、加强人口规划、拓宽融资渠道、完善公共服务机制等层面克服农村人口空心化的典型做法。韩国的"新村运动"、日本农村"过疏化"治理经验、英国"农村中心村"发展模式表明其城市化过程中均曾出现了农村人口空心化问题。积极推动农村硬件设施建设，优化人居环境；完善农村公共服务体制机制；开发农村地方产业和乡村旅游产业是振兴农村，治理农村人口空心化，实现城乡协调发展的有效途径。国外的实践表明，治理农村人口空心化问题要立足乡村，真正解决由"二元结构"造成的其他方面的"二元"问题。

二、国内研究

集中连片特殊困难地区是指"因自然、历史、民族、宗教、政治、社会等原因，一般经济增长不能带动、常规扶贫手段难以奏效、扶贫开发周期性较长的集中连片贫困地区和特殊困难贫困地区，也即集中连片特困地区"[①]。一般来讲，按照自然资源的状况不同，贫困地区可以分为自然资源贫乏、一般和丰富的三类贫困地区。中央层面更多地把贫困地区分为革命老根据地贫困地区、少数民族贫困地区、边疆贫困地区和欠发达地区，即"老少边穷"。霍海洲（2003）提出，按照自然地域类型，贫困地区可以划分为山地型、高原型、内陆干旱型和农牧业交错地带型四类。贾若祥等（2011）提出，集中连片特困地区可以划分为生态脆弱型和生存条件待改善型两种。上述划分大多从政治、自然资源、区域地理、发展阶段来划分，缺乏对集中连片特困地区的贫困形成机理的深入考察。20 世纪 90 年代以来，农村人口空心化问题逐渐引起了国内学者的广泛关注。

（1）对于农村人口空心化的概念内涵。朱启臻（2006）调查认为，农村真

---

① 刘建平、蓝红星：《集中连片特困地区的教育改革探析：以人力资本理论为视角》，《重庆科技学院学报（社会科学版）》，2013 年第 2 期，第 55-57 页。

正常住人口数量较少，常住人口结构中老年人占据了大部分。该描述虽然没有直接提出农村人口空心化的概念，但较为准确地表现出了农村人口空心化的结构特征。周祝平（2008）从人口结构角度认为，农村人口空心化是指农村青壮年劳动力大量流入城市，导致农村总人口减少和青壮年人口比例下降，留在农村的大多是老人、妇女和儿童的现象。杨宝琰（2009）从文化教育学角度提出，农村人口空心化表现在农村建设者流失、乡村文化传承面临困境、农村教育结构不合理、农村劳动力转移培训和留守儿童教育五个方面。刘巍（2011）从人口变化的动态角度提出，农村人口空心化形成了以儿童、大龄劳动力和老人为主体，年轻劳动力断层的农村人口结构，并且实际剩余人口仅能勉强维持甚至无法维持农村正常的生产和生活。总而言之，农村人口空心化现象实质是统筹城乡发展中农村人口生态系统演化的一种不良过程，是农村地域经济社会功能的整体退化（刘彦随，2009），目前对农村人口空心化概念缺乏全方位的概括，还没有统一界定，亟须对其进行全面性界定。

（2）对于农村人口空心化的影响。学界研究可以概括为正向效应和负向效应两个方面。在农村人口空心化演变中，农民外出务工促进了农民的就业，提高了农民的收入，提升了人力资本，推动了农村社会变迁（韩长赋，2006；王希文，2009）。同时，农村人口空心化也导致土地闲置、规模化经营受到影响（杨达，2007；杨善浪，2018）、农业女性化（饶静等，2009）、住宅人去楼空（刘彦随，2010）、农村维护婚姻家庭困难（石开忠，2012）、农村留守群体教育和乡村文化传承受到冲击（杜鹏，2004）、农村基层组织建设和公共服务滞后（冉光和，2013；张明轩，2017；刘伟，2018）、城乡居民权利失衡（王文彬，2018）、农村居民消费受阻（侯木缘，2018）等。因此，农村人口空心化对农村经济社会发展是一把"双刃剑"，应对其进行系统性评价。

（3）对于农村人口空心化的形成机制。目前，学者主要从以下几个方面研究农村人口空心化形成：首先，个人和家庭因素。认为个人的年龄、受教育程度、性格特点（段成荣，2001；吴兴陆，2005）以及家庭的人口数量、人均收支、人均耕地（蔡昉，2001；王志刚，2003；孙朝杰，2019）都是影响农村人口流动的显著变量。其次，预期收入和区域发展不平衡因素。预期经济利益因素（朱农，2002；张茜，2008）和区域发展不平衡（高国力，1995）是农村劳动力转移进而直接造成农村人口空心化的主要动因。新型城镇化和农村人口空心化常常是并行的（陈涛，2007）。最后，制度因素。就业制度（程连生，2001）、土地制度（黄祖辉，2003）以及社会保障制度（莫起升，2010）和户籍制度（苏碧芳，2011）都会影响农村劳动力的流动，进而导致农村人口空心化。究其实质，城乡二元体制是造成农村人口空心化的根本因素（向卿青，

2012；陈坤秋，2018）。但对其形成机理分析大都以经济因素为主，而非经济因素的研究非常少，缺乏全方位的考量。

（4）对于农村人口空心化治理对策。陈柳钦（2003）提出，农村城镇化是农村剩余劳动力转移的根本出路。杨宝琰（2009）从教育学层面提出，建立面向城乡协调发展的农村教育体系和农村流动人口子女教育保障机制以应对人口空心化。董青青等（2012）等从产业经济学角度认为，缓解农村人口空心化问题需要大力发展县域经济、支持乡镇企业、发展特色农业。许彦彬（2012）从人口学角度提出，农村人口空心化治理的途径主要是重构村庄管理队伍、重构农业生产和社会服务队伍、科学定位农业生产功能并大力发展农民合作组织。温铁军（2013）提出，解决农村人口空心化问题，实现全面小康要根据"东方理性"——村社理性和农户理性解决乡村文明问题。郑万军等（2015）提出，加大农村人力资本投资、加强农村专业人才和高素质农民的培养是治理农村人口空心化的适宜路径。王良健等（2017）认为，地方政府应从就业、医疗、教育和社会保障等方面多措并举破解农村人口空心化困局。李莹莹（2020）建议，应该进一步缩小收入差距，协调好不同年龄段人口在城乡之间的合理流动来破解农村人口空心化问题。目前，学者们主要从经济学、管理学、地理学等学科分析农村人口空心化问题，为本书研究提供了理论借鉴和实践参考。但是从比较社会学角度，针对不同类型的集中连片特困地区，从治理体系现代化的战略高度，关于农村人口空心化分类治理和整体治理的研究还比较有限。

三、研究述评

（1）在研究视域上，目前研究成果关注集中连片特困地区人口空心化问题的比较少。从研究主体上看，对于如何从乡村人才振兴的角度引导农村人口合理流动缺乏充分的关注；目前对农村人口空心化影响缺乏全面评价，农村留守群体的定位大多是弱势群体，忽略了他们的主体能动性及高素质农民人力资本提升的现实性；研究视角较多地局限于传统管理学等学科领域，缺乏从人力资源开发学、人口社会学和比较社会学视角对农村人口空心化形成机理的考量及分类治理体系的现代化建构研究。

（2）在问题研究上，农村人口空心化的理论研究和经验研究相互脱节的"两张皮"现象非常严重，对集中连片特困地区农村人口空心化问题大多是描述性分析，缺乏采用博弈分析、实证分析、性质分析等多种方法对不同类型的集中连片特困地区农村人口空心化问题进行研究，也使得政策建议缺乏针对性和可操作性。

（3）已有的对策研究，农村人口空心化治理方法或者国外引进借鉴的较多，"水土不服"现象时有发生；或者局限于特定区域范围内，缺乏对集中连片特困地区的科学划分和区域实际情况的全面把握，使得农村人口空心化治理政策无法落地生根结果。随着新型城镇化进程加快，农村人口空心化治理成为政府、企业、个人和社会组织等多个主体共同的责任，需要采取城乡二元分析范式从整体治理层面提出农村人口空心化治理模式，已有的研究尚无理想的结果，这为本书提供了发挥空间。本书选择四类集中连片特困地区作为样本，注意对农村人口空心化问题的分类研究和整体研究，规范和实证相结合，避免研究领域不平衡现象，从而强化政策建议的针对性和实效性。

第二节　研究价值

一、理论价值

本书不仅基于区域性整体脱贫和农村人口空心化治理体系研究集中连片特困地区的精准扶贫和精准脱贫等基本理论问题，建构了农村人口空心化现代化治理的基本框架和主要理论体系，揭示集中连片特困地区农村人口空心化治理的特点和规律，进一步深化对农村人口空心化问题的认识和理解。而且，本书采取博弈分析、实证分析、质性分析、经验分析等多种方法全面揭示了集中连片特困地区农村人口空心化现状及其治理困境，从而为创新植根不同类型集中连片特困地区的农村人口空心化治理机制提供了理论背景和现实依据。

二、应用价值

本书立足集中连片特困地区区域性整体脱贫问题，从治理体系现代化视角，建构了四类集中连片特困地区农村人口空心化治理分类治理机制和整体性治理模式等一揽子制度措施和政策建议框架，提高了对策的针对性、全面性和可操作性，有助于进一步把乡村潜在人力资源转变为现实人力资本，有助于吸引更多农业转移人口向农村回流，有助于乡村各类人才的开发及其制度完善，有助于丰富农村留守群体关爱服务体系具体实践，提高区统筹城乡一体化进程，加快推进乡村人才振兴，为行政部门和相关机构提供政策咨询和决策参考。

第三节　研究内容

一、研究对象

本书研究对象有两个：一是在理论研究基础上，在乡村人才振兴战略视野下从乡村人力资源开发的角度研究四类集中连片特困地区农村人口空心化治理的特殊性。二是在国外农村人口空心化治理经验比较研究和借鉴基础上，立足四类集中连片特困地区的实际情况，从乡村人才振兴的角度探讨不同区域农村人口空心化的分类治理机制和整体性治理模式。

二、研究框架

1. 农村人口空心化基础理论研究

主要研究：第一，运用文献研究法，从人口社会学角度分析农村人口空心化产生背景、概念界定和基本判断。第二，从农村人口数量的减少、农村人口质量的下降和农村人口结构的失衡等方面探讨农村人口空心化的主要表现。第三，从发展社会学和经济社会学的角度探讨农村人口空心化形成的一般原因和深层原因。

2. 集中连片特困地区农村人口空心化现状及其治理困境研究

主要研究：在调研基础上，借鉴前人观点，从贫困形成机理入手，把集中连片特困地区进一步划分为人力失衡型、产业滞后型、制度缺位型和资源贫乏型四类，进而分析四类集中连片特困地区的不同特点。第一，基于博弈分析的人力失衡型集中连片特困地区入乡人才激励问题研究。通过对遵义市、毕节地区等乌蒙山集中连片特困地区贵州区域的实证研究，以入乡人才去与留并以此作为重点研究对象，试图引入博弈论，探讨入乡人才激励问题，以此揭示人力失衡型集中连片特困地区农村人口空心化的现实困境。第二，基于实证分析的产业滞后型集中连片特困地区高素质农民培育问题研究。选择武陵山集中连片特困地区（重庆）7个典型区县1 310位高素质农民，采取问卷调查的研究方法，辅之以文献研究、实地调查、深度访谈、个案分析等研究方法，对高素质农民培育问题进行调查分析，找出了影响高素质农民培育制度性供给的主要因素。第三，基于质性研究分析的制度缺位型集中连片特困地区乡村教育人才振兴问题研究。通过对秦巴山集中连片特困地区重庆区域乡村教育人才的调研，试图探讨和破解制度缺位型集中连片特困地区农村人口空心化治理困境。第四，基于经验分析的资源缺乏型集中连片特困地区乡村旅游人才开发问题研究。因此，选择滇桂黔石漠化集中连片特困地区的乡村旅游人才开发作为一个极其重要的切入点，试图分析资源缺乏型集中连片特困地区农村人口空心化治理困境。

3. 国外农村人口空心化治理比较研究

主要研究：第一，鉴于欧洲部分地区与本书研究区域的共通性特点，运用层次分析方法重点研究欧洲在城镇化进程中出现的三类农村问题：第一类是城市郊区的人口密集、环境承受压力过大问题；第二类是大多农村因人口持续流出产生的衰败问题；第三类是特别脆弱地区（偏远农村、高山和丘陵地区）农村出现的特殊问题。第二，通过文献研究、质性研究等研究方法针对三类农村人口空心化问题分析欧洲不同的治理目标和治理策略，总结国外农村人口空心化治理的主要做法和经验。

4. 集中连片特困地区农村人口空心化分类治理机制研究

主要研究：第一，人力失衡型集中连片特困地区的农村人口空心化治理的机制。运用扎根理论研究方法进行开放编码、主轴编码和核心编码，科学寻找出涉及乡村人才振兴的 99 个概念、20 个范畴和 3 个主范畴。在明确核心驱动要素基础上构建"制度性供给—资源性统筹—整体性治理"三维模型并运用"故事线"进行理论阐释。结合乌蒙山集中连片特困地区乡村人才振兴具体实践，从强化制度性供给体系、优化资源性统筹内容、构建整体性治理框架提出推动乡村人才振兴的政策建议。第二，产业滞后型集中连片特困地区农村人口空心化治理机制。从主体论、本质论、属性论和治理论等方面提出习近平总书记对于高素质农民方面的论述主要内容和思维逻辑。从健全高素质农民学历教育体系、完善高素质农民"三位一体"培育制度、改革高素质农民职称评审制度、积极筹建乡村振兴学院、建立智慧乡村人才超市、优化高素质农民培训经费管理等方面构建产业滞后型集中连片特困地区农村人口空心化治理机制。第三，制度缺位型集中连片特困地区的农村人口空心化治理机制。在乡村"五个振兴"大力实施的背景下，立足农村民生建设，以乡村教育人才制度赋权等为突破口，加强乡村人才队伍建设，构建制度缺位型集中连片特困地区的农村人口空心化治理机制。第四，资源缺乏型集中连片特困地区的农村人口空心化治理机制。在乡村旅游人才分类和特征分析基础上，大力推进乡村旅游应用型人才培养体系建设，完善乡村旅游人才职业培训体系，强化乡村旅游人才资源整合能力并构建乡村旅游人才振兴评价体系。

5. 集中连片特困地区农村人口空心化整体性治理模式研究

主要研究：不管是哪种集中连片特困地区，还是何类农村人口空心化治理机制，都需要政府、社会、个体或者群体等多元治理主体之间的整体性治理。第一，政府调控模式。运用公共政策理论，强化公共投资和政策引导，研究集中连片特困地区治理农村人口空心化的"半城镇化"模式、就地城镇化模式和社区化模式等，不仅让留在农村的居民安居乐业，而且对那些农业转移人口产生强大的吸引力。第二，农村自组织模式。坚持农民理性、村户理性和村庄理性原则，完善集中连片特困地区农村留守群体或者村庄的乡村俱乐部模式、合作社模式和个体俱乐部模式等。第三，社会治理模式。搜集各地乡村人才振兴的实践案例，提出乡村人才振兴的浙江"湖州模式"、湖北"咸宁模式"、重庆"永川模式"，继而进行深度剖析和全面比较为四类集中连片特困地区农村人口空心化治理提供参考。第四，职业教育模式。在梳理国家和地方高素质农民职业教育政策和工作实践基础上，根据多中心治理理论的核心思想，将高素质农民职业教育实践划分为"校园＋田园"的"寿光模式""学历＋技能"的"杨凌模式""中职＋高职"的"东台模式"和"定制＋协同"的"太仓模式"四种类型并从治理方式、治理规则、治理目标等层面对四种典型模式进行多案例比较研究，以此为四类集中连片特困地区农村人口空心化治理提供参考。

第四节　研究方法

（1）跨界合作研究方法。运用管理学、社会学、人口生态学、发展人类学等多学科知识探讨农村人口空心化治理问题并组建一个由研究机构、地方政府、新闻媒体、农民等共同构成的研究团队，让每一方都成为实际参与者，提高理论研究的学术性、科学性和集中连片特困地区政策研究的落地性。

（2）定性和定量分析相结合法。在对集中连片特困地区调查基础上，通过田野调查、实地访谈等研究方法获取并建立案例研究资料库，采取案例内分析和跨案例分析，全面揭示集中连片特困地区农村人口空心化治理困境，进而找到解决问题的新突破点，保证后续研究与现实的紧密结合。

（3）经验分析与比较研究相结合法。通过对国内外农村人口空心化治理经验的深入比较分析，概括阐述其一般规律，并吸纳借鉴其中的成功经验。通过比较四类集中连片特困地区贫困形成机理，寻找不同的分类治理机制。总结和归纳国内外乡村人才振兴的典型实践模式，运用经验分析与比较研究相结合的方法，分析不同模式的特征、优劣、应用条件及相互配合机制为农村人口空心化治理提供参考。

（4）决策试行与评价实验室法。运用该方法，利用图论构造直接影响矩阵和综合影响矩阵，综合博弈分析找出影响四类集中连片特困地区人才下乡或者留城的关键环节和核心要素。

（5）定性数据分析与扎根理论相结合法。根据定性数据分析法，运用Nvivo12软件，围绕收集的政策本文资料库和自建的一手资料库构建节点进行结构性整理和分析；运用系统化的程序，根据扎根理论研究方法进行开放编码、主轴编码和核心编码，通过三级编码分析，发现并归纳式地引导出乡村人才振兴的核心驱动要素及其运行机理。

（6）层次分析与专题研讨相结合法。综合运用社会学、人口学、公共政策学、制度经济学等跨学科理论，采用层次分析法系统性地提出四类集中连片特困地区农村人口空心化分类治理和整体性治理框架及其政策体系。根据专题研讨法邀请不同领域专家开展一系列自由讨论、经验交流、专家研讨等活动，对研究内容实施探索、分析、综合，优化四类集中连片特困地区农村人口空心化治理的最佳途径和最佳策略。

第五节　创新之处

一、学术思想

（1）本书以农村人口空心化比较严重的四类集中连片特困地区为样本，力图克服已有研究中"弱势群体"假设和单向度城镇化视角所带来的不足，立足脱贫攻坚和乡村振兴战略的有效衔接，在乡村人力资源开发独特的视域下以入乡人才、高素质农民、乡村教育人才、乡村旅游人才四类主体人口结构优化机制倒逼农村人口空心化治理体系现代化建设，提供了区别于传统人口空心化治理研究的理论依据和路径方法，具有研究视野的创新。

（2）在乡村振兴战略与新型城镇化融合发展进程中引入治理框架，可以把宏观规划与微观治理、战略导向和治理行为、不同个体与社会组织有机结合起来，跨越所谓的"休谟铡刀"，从分类治理和整体性治理的角度对四类集中连片特困地区农村人口空心化问题进行全面系统深入的理论建构。四类集中连片特困地区农村人口空心化分类治理机制和多元整体性治理模式，为该研究领域建构了较为新颖的治理图式。

（3）本书采用计量统计分析与扎根理论研究、定性分析与定量分析、多案例分析与比较研究、层次分析与专题研讨等相结合的研究方法，突破了单一研究方法的局限，形成了较为系统的交叉融合研究方法，全面揭示了四类集中连片特困地区农村人口空心化治理困境并提出相关对策，在同类问题研究中较有特色和创新。

二、学术观点

（1）一切类型的空心化实质是人口的空心化，农村人口结构倒逼机制，将催生农村质量型人口红利。

（2）治理农村人口空心化，从乡村人才振兴的角度破解中国农村人口空心化治理问题是乡村发展、建设和治理相对滞后的关键；农村人口空心化问题根本上还是要在农村当地解决，其突破口就是要关注集中连片特困地区形成原因，从分类治理和整体性治理方面加以政策引导。

（3）面向新农业、新乡村、新农民和新生态，瞄准乡村人才全面能力新特质，围绕四类集中连片特困地区农村人口空心化治理，必须按照新农科建设要求，以协同办学、协同育人、协同就业、协同发展为抓手，采取免费教育、定向培养、合同管理的方式，大力培养"下得去、用得上、靠得住、离不开"的乡村全科人才，打造一支"矢志'三农'、技术为要、复合应用、一专多能"的具有引领和示范作用的乡村全科人才队伍。

（4）推动农村人口空心化治理体系和治理能力现代化，可以尝试建设"智慧乡村人才超市"，主要是利用大数据、智能化等现代信息技术，整合政府资源，集聚社会资源，创新设置乡村人才供需、培育、服务、体验、智库等多元化智慧功能区，为乡村人才提供全过程、全要素、全方位"一站式"服务，打造具有全国影响力的乡村人才振兴"样板"。

（5）不管是哪种集中连片特困地区，还是哪类地区农村人口空心化治理机制，都需要政府、社会、个体或者群体等多元治理主体之间的整体性治理。四类集中连片特困地区农村人口空心化治理的政府调控模式、自组织模式、社会治理模式和职业教育模式必须以克服治理主体、治理层级、治理功能、治理关系、治理行为"碎片化"问题为出发点，以依靠横向和纵向协调与整合的思想和行动为主要内容，以政府与社会各类组织有效的合作为着眼点，才能最终实现从碎片和部分走向整合，达到预期的治理目标，推进治理体系和治理能力现代化。

第六节　社会效益

（1）产出了一批高质量的学术成果。依托国家社科基金项目"四类集中连片特困地区农村人口空心化治理体系研究"，先后在《农业技术经济》《江淮论坛》《教育发展研究》《软科学》《当代经济管理》等 CSSCI 来源期刊或国内外重要期刊、核心期刊发表学术论文 14 篇，其中 CSSCI 或者 CSCD 收录 7 篇；依托该项目，催生研究组主要成员先后获得教育部、重庆市人力资源和社会保障局、重庆市农业农村委员会、重庆市社会科学界联合会、重庆市科学技术局、重庆市科学技术协会、重庆市教育委员会等科研项目 11 项。

（2）形成了一支特色研究团队。依托该项目，以农村人口空心化治理为重点，形成了乡村人才振兴协同创新团队。该团队以习近平新时代中国特色社会主义思想为指导，依托省属本科高校首个乡村振兴学院和省级重点学科（社会学），整合复旦大学、西南财经大学、四川农业大学、重庆市社会科学院和所在单位等省内外高校高端智库资源，以乡村振兴战略实施为背景，以农村人口空心化治理为重点，以跨界组建团队、跨区域开展研究、跨学科方法交叉的协同创新为特色、牢牢抓住乡村人才振兴这个关键问题，围绕乡村人才标准及其振兴评价体系、乡村全科人才培养、乡村人才振兴制度创新、乡村人才振兴公共政策分析等研究方向，初步形成了乡村人才资政研究、社会服务和人才培养"三位一体"整体性治理框架和跨界组建团队、跨区域开展研究、跨学科方法交叉的协同创新特色。

（3）打造了一支高层次人才团队。成功引进"211工程"高校博士生导师领衔的研究团队，助推研究组成员获得"重庆英才·创新创业领军人才""巴渝学者"、重庆市学术技术带头人后备人选、重庆市高校中青年骨干教师、重庆市留学人员回国创业创新支持计划人才等荣誉称号。依托乡村人才振兴协同创新团队，近年培养博士研究生导师2名、引进博士生导师1名，硕士生导师5名、博士后2名、博士（生）4名。其中，重庆市学术技术带头人后备人选1名（学校人文社科领域唯一）、市级"巴渝学者"人才计划入选者2名、重庆市高等学校优秀人才支持计划1名、重庆市留学人员回国创业创新支持计划人才入选者1名、重庆市高校中青年骨干教师1名、国家"双万计划"省级一流专业负责人1名，国务院发展研究中心中国农村劳动力资源开发研究会学术委员2名、共青团中央中国乡村振兴青年服务站负责人2名。

（4）提交了一批高水平资政建议。关于《尽快筹建乡村振兴学院，助推乡村振兴》《进一步完善新型职业农民职称评审制度，助推乡村人才振兴》《关于推动单（县）曹（县）"扶贫车间"向"发展车间"转型的政策建议》等一批资政建议先后获得时任山东省委书记刘家义，时任重庆市副市长李明清、屈谦等省级领导肯定性批示，部分成果已经落地见效，如成功获批了重庆市本科高校第一个乡村振兴学院（中共重庆市委机构编制委员会批复），关于"智慧乡村人才超市"的建议已经纳入地方政府规划并着手试点应用。

（5）实现了全国"五个率先"和省级"五个领先"，示范带动效果明显。依托该项目，积极服务脱贫攻坚和乡村振兴战略，率先发起成立了全国第一个乡村振兴学院联盟——成渝地区双城经济圈乡村振兴学院联盟，搭建了资源共享和优质服务平台，探索了乡村人才培养"川渝方案"；在全国率先提出了乡村全科人才培养的理念和模式，并成功改造了部分涉农专业，推动了所在单位园林、环境设计等专业成为国家"双万计划"省级一流专业建设点，获得省级教学成果一等奖；在全国率先提出了乡村人才分类评价标准（20个）及其指标体系（13个），并在地方政府试点应用；成功申报4项国家级新农科研究与改革实践项目（依托单位在重庆市属高校排名第一）；获批了4个首批共青团中央中国乡村振兴青年服务站（重庆市共5个，全国共51个）。

依托该项目，成功申报了省级人力资源和社会保障局首批脱贫攻坚及乡村振兴专家服务团项目；成功获批了省属本科高校第一个乡村振兴学院（中共省级机构编制委员会办公室批复）；成功获批了所在省份第一个关于乡村全科人才培养的省级教学改革重大项目；成功获批了关于校企合作共建乡村振兴学院的省级教育综合改革试点项目；依托该项目，整合西部职教资源，联合其他高校正在积极申报关于乡村人才培养的省级教学成果奖（拟申请省级一等奖）。本书编写组成员先后受邀到重庆市、甘肃省等10个区县和相关单位作关于乡村人才振兴的主题报告。该项目研究所催生的落地性成果被新华社、人民网、《中国教育报》、中国教育电视台、《重庆日报》、华龙网等10余家主流媒体报道。

总之，该项目引起学界对农村人口空心化问题的关注，更重要的是建构了农村人口空心化现代化治理的理论框架体系，丰富和拓展了人口社会学理论和应用范围，在学界引起广泛共鸣。该项目系统性地提出了农村人口空心化分类治理机制和整体性治理模式，这不仅为乡村治理提供了决策建议，而且这些成果呈送了相关政府部门，被省级领导肯定性批示，产生了较强的示范效应和社会效益。

综上所述，依托国家社科基金项目，该项目研究产出了一批高质量学术成果、形成了一支特色研究团队、打造了一支高层次人才团队、提交了一批高水平资政建议、实现了"五个率先"和省级"五个领先"，示范带动效果明显，高质量完成了项目研究任务。

第二章 农村人口空心化基础理论研究

改革开放以来，随着我国市场经济的发展，城市尤其是东部沿海城市的快速发展，以及农村管控机制式微，农村面临着前所未有的变革和挑战：越来越多的农村剩余劳动力开始向城镇流入，这种现象导致了比较严重的乡村社会问题，制约了乡村建设与发展，且呈现一定的愈演愈烈的趋势，农村人口空心化问题已成了当下人们关注的焦点。本章运用文献研究法，从人口社会学角度分析农村人口空心化产生背景、概念界定和基本判断。

第一节 农村人口空心化问题的背景

随着新型城镇化进程的不断加快，我国城乡之间逐渐显现出发展的差异化，农村空心化现象的出现，导致农村出现人才流失、土地荒置、资源浪费等相关问题，影响了乡村振兴战略的实施进程。在所有空心化现象中，农村人口空心化则是造成其他类型空心化，如土地空心化、产业空心化、农村教育空心化的主要原因[①]。从乡村振兴战略中产业兴旺、生态宜居、乡风文明、治理有效、生活富裕的总要求出发[②]，探析如何有效地治理农村人口空心化问题，关系到我国脱贫攻坚和乡村振兴战略的有效衔接，关系到新型城镇化和乡村振兴战略的融合发展。作为涉及人口众多、收入水平低、地域覆盖面广，贫困具有整体性、关联性、沉淀性和长期性特点的 14 个集中连片特殊困难地区（以下简称集中连片特困地区），是区域性整体贫困最典型的地区，该区域农村人口空心化问题越来越突出，这引起学界和政界的极大关注。面对该世纪难题，即便是借鉴有过类似发展经历的欧美国家，数年来也没有根本解决问题。归根结

---

① 刘祖云、武小龙：《农村"空心化"问题研究：殊途而同归——基于研究文献的理论考察》，《行政论坛》，2012 年第 4 期，第 82-88 页。

② 习近平：《决胜全面建成小康社会夺取新时代中国特色社会主义伟大胜利——在中国共产党第十九次全国代表大会上的报告》，人民出版社，2017 年。

底，在相当程度上亦可归因于学界政策咨询服务的建言失之偏颇，因学界或者操作者动辄便以欧美、日韩、新加坡等发达国家为照搬模板为政府提供所谓的政策建议。殊不知，在庞大的资源配置上，中国根本达不到这种调配的潜在能力和完善的市场调节机制。鉴于此，农村人口空心化问题的解决必须立足中国国情采取中国化的处理方式，这种方式要着眼于国情中的人力资源配置、行政资源调配、市场资源调动和文化资源重置，本书认可华西村实体化运作模式，而非简单的并村、搬迁、进城等方式，发展农村的实体经济，尤其是推动乡村人才振兴，实现第一二三产业融合发展至关重要。本书以 20 年来农村人口空心化问题研究的大量文献为载体，精心选择了部分重要期刊和部分学者的对策建议部分作对比研究，发现研究者们关注农村人口空心化的视角与政策建议，不外乎以下几个方面：①平等权落实。但其操作路径并不具体、明确，他们没有明确回答农村人口空心化是产业问题还是法律问题。②产业回归农村研究。冉光和、刘永飞、刘远风、王介勇等分别提出，解决农村人口空心化的途径是"小农经济→家庭农场→美丽村庄"，合作社、土地流转、回乡创业、龙头企业等农村产业聚集化打造为依托出发解决农村人口空心化问题；以产业导向为突破口，培育新的农业资源体系；以调整农业结构、推进农业产业化、培育农村非农产业。但是，家庭农场容纳农民就业、生存与发展的空间有限，对于解决农村大量剩余劳动力只是杯水车薪，推进过程和资源回流又会带来新问题，同时需要配以其他的工业化措施才能行之有效。③救济式填补农村人口空心化。梁银湘、黄建等认为，用推进农村社区建设和器物下乡的对策建议，拟解决农村人口空心化问题。戴桂斌认为，应从经济、政治、文化、服务协同共建的角度重建农村社区，改变农村人口空心化，本书认为这偏离了农村人口空心化的本质。而且，无论农村社区建设到位程度如何，器物如何下乡，不能从根本上解决农村人口和资源外流现象，无法可持续发展，也只能是"救济式扶贫"的再现，宏观性建议难有实效。④资源集中论。袁海涛从法制到金融对农村进行再造；张春娟认为部分土地资源市场化就能改变农村人口空心化；张茜认为增加农民收入就能解决空心化问题；周春霞提出农村要进行内源型建设，包括回流的务工人员。⑤政府管理论。周学馨从农村基层党组织管理的角度试图解决空心化。当然，其他学者也提出了不同的政策建议，本书认为有些研究并没有完全找到农村人口空心化的本质所在，无论是农民进城、新农村建设，还是土地流转、农民专业合作社发展等方式，均难以从本质上彻底解决农村人口空心化问题。

第二节　农村人口空心化问题的界定

从现有研究成果来看，目前，关于农村人口空心化的概念定义学术界尚未达成共识，无法形成一个统一的概念界定。对于农村人口空心化概念的界定和内涵的阐释，大多数是从地理学、人口学、经济学和社会学等传统学科进行解读。譬如，有学者提出，农村人口空心化是指随着农村劳动力外流，在农村的留守人口大多是老人、妇女和儿童。有学者提出，农村人口空心化是指随着农村贫困地区的青壮年劳动力向东南沿海发达地区转移造成了流出地经济萎缩、人才流失和乡村缺乏活力等现象。对农村人口空心化比较经典的界定是周祝平教授，他在2008年撰文指出，农村人口空心化是指"农村青壮年劳动力大量流入城市，导致农村人口下降和农村青壮年人口比例下降，农村剩下的人口大多数是老人、妇女和儿童①。目前，学界对农村人口空心化还没有一个统一的界定，但是对于新型城镇化过程中的农村人口空心化问题研究，必须回归到这样一个主题上来，即"新型城镇化是谁的新型城镇化、农村的发展靠谁、统筹城乡发展目的是谁"。因此，基于发展人类学的视角，本书认为，农村人口空心化概念可以这样界定，即在新型城镇化过程中，随着农村青年劳动力向城镇转移，引起农村人口数量减少、质量下降和结构失衡，进而导致农村人才流失、资金外移、土地抛荒、农业萎缩、基层组织涣散、社会问题重重等一系列问题的一种现象。

（1）从新型城镇化过程看，农村人口空心化有显性结构和隐性结构之分。根据发展人类学的核心思想，发展就是要以人为本，要注重农村劳动力人力资本的投入，关注职业发展潜力的提升，不能仅仅关注当前人力资源的数量；要关注农村地区的实际情况和村落文化诉求，实现城乡叮持续发展。因此，在部分农村地区，农村人口结构呈现出显性为主，可能是青壮年农村劳动力大幅度减少，农村留守人口以老年劳动力、女性劳动力和16岁非适龄劳动力为主。但也有可能在部分地区，由于当地教育观念受到普遍重视，人力资本投入意识浓厚，学龄儿童和适龄青年劳动力流向城镇的求学人口占了较大比例，或者由于女性主义在当地受到普遍推崇，而导致女性劳动力大量外出城镇就业使得女性劳动力占了较大比例。但这只是农村人口空心化的隐性表现或者特殊情况，并不能否认农村人口空心化的合理性。

（2）从新型城镇化结果看，农村人口空心化有良性发展和恶性发展之分。在发展人类学看来，城镇化的目的根本意义在于推进城市现代化的进程中保障

---

① 周祝平：《中国农村人口空心化及其挑战》，《人口研究》，2008年第2期，第45页。

社会民生、改善人们的生活，提高人们的福利。因此，在城镇化过程中，我们要看农村青年劳动力转移以后农村当地区域发展情况，如果流出地剩余的农村人口不仅能够维持农村正常的生活和生产，而且土地可以部分集中进行规模经营，提高了农业生产率，那么就没有形成实质意义上的空心化。当然，如果农村人口结构、家庭结构和就业结构等诸多方面发生的改变导致正常的农业生产活动无法维持，农村留守人口社会照料成为负担，农村社会日益分化等一系列问题接踵而至，甚至形成农村劳动力转移—农村经济社会发展滞后—农村劳动力再转移的恶性循环，这才是真正意义上的空心化。

要研究农村人口空心化首先界定农村人口空心化问题的实质：工业化社会造成大量的资源配置到中心城市，进而使农民的生存环境恶化，特别是经济环境，导致他们为了追求社会生存空间，优质劳动力资源被迫逐渐向区域中心城市集中，农村人口逐渐变得"稀薄"，基本上留守的是老、弱、病、残、幼，苦苦守候着基本的心理诉求和器物载体象征。从这个意义上来看，农村人口空心化问题存在五大有待认真定性的难题：①规律定律的使用范畴不一样。工业化社会的推进一定会造成农村人口空心化问题，但界定空心化不能是完全依据欧美、日韩、新加坡的标准，中国难以与之形成实质性比较，人口、资源、体制、文化等差距太大，中国农村人口空心化的标准不能抄袭其他国家或者地区的模板（表2-1）。②城市可以反哺农村，却并非必然。市场化行为导致的资源大量集中在中心城市，反哺于农村的根本原因或者说问题的源头被经济史发展规律证明了。经济发展的外溢效应从原理上看，可以带动农村的发展，关键是操作路径。当政府奉行城市中心主义时，农村则难以得到反哺。③大量的农村优质资源流向城市导致市场规律压缩了农村优质资源的生存空间，但也反过来推动新型城镇化进程的不断加快。④泰然自若、怡然自乐的"桃花源"式生活方式难以再始终如一地在广大农村延续，农民的社会生存空间被挤压得越来越小，他们有权利追求原本还属于自己的生存空间，但促使大量农村资源特别是优质人力资源拥往城市的洼地效应在政府层面上如何规制与优化布局必须认真对待。⑤人口空心化的农村对农民心理的象征意义应提上日程，它代表着老弱病残幼在守候着空间上存在的基本心理诉求和器物载体象征，是所有农民（包括外出务工人员）的精神家园，需要有定性和交代。

表2-1 7个村人口外出情况

村	组数（个）	户数（户）	人口（口）	劳动力（人）	外出务工（人）	当地务工（人）	全家外出（户）
1	5	270	1 020	590	418	64	72

（续）

村	组数 （个）	户数 （户）	人口 （口）	劳动力 （人）	外出务工 （人）	当地务工 （人）	全家外出 （户）
2	9	251	887	520	356	83	75
3	6	252	834	467	320	56	85
4	8	232	847	469	337	80	51
5	5	190	713	428	295	65	49
6	8	360	1 300	771	513	93	87
7	5	200	768	422	310	35	51
合计	46	1 755	6 369	3 667	2 549	476	470

数据来源：向卿青，《山区农村人口空心化的调查与思考：以四川省苍溪县为例》，《农村经济》，2012 年第 6 期，第 97 页。

第三节　农村人口空心化问题的判断

基于对学界研究的商榷和对农村人口空心化问题的长期跟踪研究，本书进而得出如下 6 个判断：①"百善孝为先"① 传统文化和家庭养老保障体系造成了农民为回报父辈，唯有千方百计地寻求收益可持续的均衡发展状态，忍辱负重地承担着双重心理枷锁，即城市谋利、心向家庭。但是工业化进程打破了原本的农村生活节奏和均衡的生态环境，使大量农民为了养老、敬老和提高老一辈生活质量在纠结中走向城市，以及为了几辈人的生活品质（20 世纪 80 年代以前并没有这个概念）提高而无奈地离开农村、走向城市。但分析发现，上述状态只能是市场经济规律的初级自然反应。实际上，大多务工农民在心理上对城市有一种排斥感，无法融入城市社会，回归乡村的潜意识一直很强烈，这为从空心化转向实体化奠定了原动力。②农业资源外流诱变着农村人口空心化，几乎所有的优质资源被中心城市吸纳，农村的存在和发展受到威胁。但也有例外，他们的农村实体化固若金汤，如江苏的华西村、永联村，山东的南山村、沈泉庄村，陕西的东岭村等以第一产业为基础，大力发展特色型、地域性的第一产业，将资源回笼；进而，在第一产业的基础上发展第二、三产业，进一步夯实其实体性，有效克服了农村人口空心化问题。③农村产业发展严重失衡，农业作为农村发展的核心支柱已经不能再体现其原有价值，似乎成了城市工业

---

① 王永彬、任乐平：《围炉夜话》，中国画报出版社，2013 年。

的附属品，农民遇到前所未有的"存在"压力，缺乏主导产业——农业的依赖，故而农民也只好追随其他产业的转移而转移。④农民对自身的生存感已经产生了不确定的趋势和渺茫的预期，在这种预期下他们四处寻觅，不自觉中走向了强大魔力的工业化城市，在这里有他们渴求的生计收益和满足前述三点"受损"的些许安慰。⑤社会经济差距带来了一种挫败心理，这种心理致使农民走向资源集中地——城市，通过争取最大化的收益以弥补这种挫败感，表现为回乡过年时的一种炫耀与攀比，但在内心深处，共同道出了一个本质问题所在，那就是挫败心理的补偿与无奈。⑥农村人口空心化问题的本质是"流离失所"的农民重回农村、重建农村的"雁归来"模式，即农民不想离开农村，因为心在农村、身在城中是农村人口空心化的本质体现。在我们访谈的数百人中，认定如果农村像城市一样拥有大量资源可供参与劳动致富，表示坚决不外出的占了89.2%的比例。

第四节　农村人口空心化问题的表现

农村人口空心化问题是伴随着中国社会经济发展而产生的，由于受到城乡一体化进程不断加速的影响，在新型城镇化和乡村振兴战略融合发展的背景下，农村人口空心化带来了很多问题，但最直接的问题主要体现在人口数量、质量和结构三个方面上。

（1）农村人口数量的减少。在人口数量上，由于城乡二元结构、为寻求更高的收入和发展机会等因素，农村青壮年人口大量向城市涌去，农村人口数量发生明显变化。如图2-1所示，根据国家统计局数据，2014年我国农村人口数量为61 866万人，同比，减少1 095万人；2015年我国农村人口数量同比减少1 520万人；2016年同比减少1 373万人，2017年同比减少1 312万人；2018年我国农村人口数量为56 401万人，同比减少1 260万人。结果表明，受城镇化因素影响，我国农村人口数量在不断减少，进而引发农村人口的空心化等社会问题。

（2）农村人口质量的下降。主要表现为：第一，从人口的身体素质角度来看，素质较高的青壮劳力的外出也使得乡村人才短缺，留下来的老弱妇孺在身体方面的条件和参与能力明显不足，以至于农村的劳动力质量呈现退化趋势，从而引发乡村振兴建设难题。第二，从文化素质的角度来看，农村人口的整体受教育程度偏低，受经济等因素的影响，相较于城市，农村所采用的种植技术较为落后。第三，从思想素质的角度来看，农村人口的整体思想受到传统文化影响较大，这就使得现代化经营理念在普及和推广遇到了不少的障碍。从这三

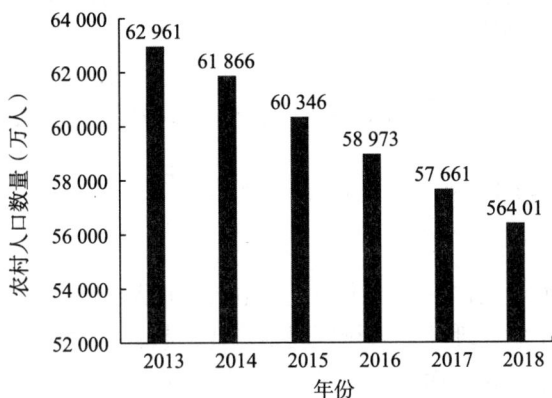

图 2-1　2013—2018 年中国农村人口数量

个角度可以看出，农村人力资本不断下降[1]，最终导致城乡发展不平衡，农村人口空心化现象严重。

（3）农村人口结构的失衡。在人口结构上，"386199"部队是对当下集中连片特困地区农村的一个形象比喻，即该区域农村基本只有妇女、儿童和老人生活[2]。人口结构失衡问题成为制约乡村振兴战略实施的重要因素之一，也是农村人口空心化的重要表现之一。本书结合集中连片特困地区实地调研发现，在农村有两种情况最为常见，一种是孤寡老人和留守儿童的存在，很多年轻人都外出打工以此来维持整个家庭的生计；另一种是村中的年轻妇女是家中的主要劳动力，这就引发了农村人口年龄跟性别结构失衡问题。从人口的年龄结构上看，农村人口集中在老年人和小孩中，年轻人口较少，出现了"两头大、中间小"的人口结构模式[3]；从人口的性别结构上看，女性人口远远大于男性人口。女性在农业生产方面相较于男性来说，劳动效率总体较低是一个不争的事实，这就导致了农村家庭劳动力不足，农民无法自给自足，基本生活无法保障，迫使农民进入城市，使得农村人口空心化更为严重。当前，我们正在全力实施乡村振兴战略，其必须坚持的七大基本原则中的第三项就是要坚持农民主体地位，农民是实施乡村振兴战略的主体，因此要客观全面清醒地认识农村人

---

① 林孟清：《推动乡村建设运动：治理农村空心化的正确选择》，《中国特色社会主义研究》，2010年第5期，第83-87页。

② 陈景信、石开忠：《初探劳动力转移背景下的农村人口空心化》，《南京人口管理干部学院学报》，2012年第3期，第45-52页。

③ 王东强、田书芹、宋凡金：《农村人口空心化的治理模式》，《开放导报》，2014年第3期，第100-103页。

口空心化问题，如何依靠乡村振兴战略本身的吸引力让青壮年"凤还巢"，就成为极为现实的问题①。

第五节 农村人口空心化问题的成因

一、农村人口空心化问题的一般成因分析

1. 经济因素

农民是理性的，是以投入的最小化获取收入的最大化是他们经济活动遵循的不二法则。基于农民理性，农村发展中产业、教育、村庄等各种类型的空心化的实质是人口空心化，而影响农村人口空心化最重要的因素是收入。具体来看，一是城乡居民收入的不平衡。实际上，传统历史原因和城乡二元结构的存在，尤其是农业产业自身也存在周期长、收入低的实际情况，导致了一个既成事实：农民根据理性原则把目光就会投向工资相对较高，生活质量较好的城市，不断地向城市流动，导致农村人口不断地减少。二是区域经济发展水平的不平衡。尤其是东部沿海地区和中部、西部地区收入差距比较大，根据国家统计局数据，2018 年北京、上海居民人均可支配收入首超 6 万元大关，而贵州、甘肃等地不足 2 万元，这一差距也导致西部大量农村劳动力向东部经济发达地区的转移，"孔雀东南飞"的事实也加速了农村人口空心化的进程②。

2. 制度因素

深受改革开放的影响，东部地区城市发展迅猛，吸引了全国各地的劳动力不断涌入，全身心地投入城市的建设，但是在社会保障政策方面却没有得到和城市居民同等的对待，形成了一种身在城市、根在农村的状态。也使得农村的人才流失，得不到像城市一样的发展。究其根本原因还是我国的制度影响着农村与城市的同步发展。制度方面表现为：一是城乡二元体制。在城乡二元体制的背景下，农民工及其家属无法实现市民化，不能享受到与城市居民同样的福利待遇，农民工及其家属不能逐步融入城市，进而带来了一系列的社会问题，对社会的发展起到严重的阻碍作用③。二是社会保障制度的差异。城市的社会保障制度相比农村要相对完善得多。在农村，社会保障没有形成完整的体系，农民难以得到相应的福利保障。城市得到的发展政策相对更多，社保制度更加完善，居民能够享有更多更丰富的保障制度。三是就业政策的不同。相较于农

---

① ③ 于水、姜凯帆、孙永福：《"空心化"背景下农村外出劳动力回流意愿研究》，《华东经济管理》，2013 年第 11 期，第 97-101 页。

② 卢巧玲：《城乡统筹是解决"三农"问题的新出路》，《北方经济》，2005 年第 5 期，第 21-22 页。

村而言，城市的就业机会更多，大量的农村劳动力选择奔赴城市就业、生活、定居。然而，留驻城市的农民相比于城市居民却难以得到更多的就业定居的优惠政策。

3. 家庭因素

农村低收入已经成为农民外出务工的最大动力之一，家里的老人和孩子在外出和不出门之间左右为难。具体来看，一是改变农民社会地位的冲动。农村劳动力在农村依靠传统农业生存，生活相对城市居民更为穷苦，走向城市，融入城市，成为真正的市民从而改变农民的社会地位是农村劳动力合理流动的重要诉求。二是农村的教育水平较低。农民工为其子女可以享有更好的教育环境和资源，纷纷选择流向城市工作定居；且随着社会经济的不断发展，教育逐渐成为当前社会关注的焦点，使农民坚信"知识改变命运"，对儿童教育的投入也在不断增加[①]。这种理念不断地促使农民走向城市，在城市就业、定居、生活，努力地让子女享受到更好的教育。

二、农村人口空心化问题的深层成因分析

传统的研究框架是经济学、管理学的学理性研究，大量地引经据典对农村人口空心化进行论证。本书坚持人类学与社会学对社会问题的一般描述作为对问题原因的梳理。研究发现，造成农村人口空心化的深层原因至少包括以下四点。

1. 一种生存需求

一是表现为国家生存的需求致使在一定时期内抽离了农村一切可以为工业化服务的资源，转移至中心城市（同时也是市场机制在发挥作用），能够优先发展起来为国家更好地生存服务的中心城市，预期可视的未来可以反哺农村。但现在的问题是不但没有反哺，却在无形中更加剧了资源向城市的集中。于是，通过行政调解杠杆对农村进行资源调配，但要真正填补农村人口空心化的庞大资源需求，无异于饮鸩止渴。所以，还需要更优化的资源调配机制，包括行政调节杠杆，本书不主张自由放任的市场经济体系，特别是在农村经济发展领域，"德国在房地产方面的政府干预是较多的，在一定程度上讲是一个严格受到政府管制和大量政府干预的市场，远非自由的市场"[②]。二是农民的生存需求，农村的资源大量外流导致农民的生存空间急剧缩小，生存压力迅速增

---

① 李强：《广西"半城镇化"现象解决途径》，《合作经济与科技》，2015 年第 14 期，第 14-15 页。
② 李稻葵、伏霖：《德国社会市场经济模式演进轨迹及其中国镜鉴》，《改革》，2014 年第 3 期，第 112 页。

大，此背景下他们不得不离开农村，到资源集中的中心城市去务工，离开的结果导致了农村人口空心化的表面现象的产生，即只剩下老、弱、病、残、孕，实质问题是生存压力使然，而非简单地追求物质化的收益。

2. 一种发展权的维护

杨明洪在《压抑与抗争：一个关于农村土地发展权的理论分析框架》中以"使农民的利益受到某种程度损失，农民作为理性经济人就会对此做出反应，并在条件许可的情况下以不同的方式进行抗争"的视角来阐释农民的发展权[①]，本书深以为然。不过，除了理性经济人的利益关系之外，发展权还意味着如何通过自身的发展（如回乡创业等方式）带动左邻右舍和亲戚朋友发展农村，实现农村的"城镇化"。在访谈的数百名农民工中，他们都有一个心声，归纳为"今日进城、忍辱负重，为了发展、拼命积攒，有朝一日、回乡创业，兄弟姐妹、左邻右舍，共同发展、一起致富，共建我村、村村如城，扎根农村、守候家园"的发展诉求，清华大学中国经济社会数据中心 2012—2013 年实施了"中国城镇化与劳动移民研究"项目，根据其调查数据，超过七成的农民工表示"'不打算回乡就业'，'80 后'和'90 后'的新生代农民工群体中，愿意回家务农者更是寥寥无几，分别仅占 7.3％和 3.8％"[②]。数据如此坚定值得怀疑，因为这种静态数据的可采信程度在动态变迁中会打折扣，特别是他们不停地遇到种种无奈时，情况甚至会大变，不知道"本地非农务工和非农自营人数所占农民工人数比重之和为 61.2％，远大于外出从业所占比重"[③]，与清华大学的调研相比，哪个值得采信？

3. 一种无奈的面对

其中有三层含义：一是对学界的无奈，大量的研究者对农村人口空心化的研究越来越注重学理解释，深入农村或者与农民（工）长时间打成一片，深入思考问题的时间不够、力度不够，导致人们对农村人口空心化问题的研究倾向于简单梳理和理论阐释。二是农民对社会的无奈，因为农村资源空心化导致农民只好跟着资源流动的方向走，否则会让自己面临困境，多重"走出去"的结果就是农村人口空心化的体现，这实质上是农民对社会的无奈和一种不知所措的适从。三是对基层政府的无奈，广大的农民期望基层政府有所作为，可以使农民不离土地，也不离乡。不过，基层政府多行使基本的政治管理职能，忽视

---

① 杨明洪：《压抑与抗争：一个关于农村土地发展权的理论分析框架》，《财经科学》，2004 年第 6 期，第 24 页。

② 余晓洁、詹婷婷：《24％的新生代农民工没干过农活 90 后愿意回家务农者仅 3.8％》，http://finance. people. com. cn/n/2014/0228/c70846-24497781. html。

③ 颜婧：《六成成都农民工打工不再往外走》，《现代人才》，2013 年第 4 期，第 8 页。

了包括创业、就业、再培训的经济服务职能。

4. 一种撕裂的体现

其表现在：一是一种精神家园与物质诉求的撕裂，农民很想守住农村作为精神家园的一种安详，但物质的生存需求被割裂之后，又只好去追求基本的经济收益，本质上割裂了这种人性内在需求，二者选其一的时候，农民选择了生存，当利益诉求得以解决之时，回乡守候家园的概率自然会大幅提升。二是熟人社会与生人社会的撕裂，中国"常态的生活是终老还乡，在人和人的关系上也就发生了一种特色，每个孩子都是在人家眼中看着长大的，在孩子眼里周围的人也是从小就看惯的"[①]，恐怕没有多少农民愿意到生人社会中去刨食，又有多少农民适应生人社会的生活，各种研究发现，农民工对生人社会的适应程度较差，且不间断遇到其各种权益被侵害的现象，这是割裂的表现，造成的不适应更值得研究，这也是农村人口空心化在人性上的内在体现。三是农村人的权利与城市人的权利不平等的撕裂，农村人口空心化之前的农民对资源外流只是感觉不公平，迫使农民的生活更为困难。但务工之后，无论是身份歧视、消费歧视、收益歧视等都表现得过犹不及。这种撕裂导致了农村人口空心化的心理割裂效应，即便由空心化转变为实体化，这未尝不是一个有待破解的难题。以华西村为代表的"村集体村党委依旧是企业的直接控制者，尽管华西村企业集团拥有了多家上市公司，华西村村民的股份却不具有多少流动性，吴仁宝等领导层也并没有在股权上成为绝对的控制人，与此同时，至少从表面上看，华西村的发展并未受到什么影响，而是又上了一个台阶"[②]，其发展历程就是从特色农业和乡镇企业发展"两手抓、两手都要硬"开始，一直坚持与农村社会治理实际相结合，进而不断充实农村的一切资源要素，最终从本质上解决这个问题。

---

① 玉珍、刘小峰：《费孝通与"熟人社会"》，《中国社会科学报》，2011年11月22日第19版。

② 中国企业家网，2013. 争议吴仁宝：集体经济还是家族企业［EB/OL］. finance. sina. com. cn/china/hgjj/20130319/085614876563. shtml? from＝wap. 2013-03-19。

第三章　集中连片特困地区农村人口空心化治理困境研究

第一节　基于博弈分析的人力失衡型集中连片特困地区入乡人才激励问题研究

随着新型城镇化进程的不断加快，城乡二元结构促使大量的乡村人才进城谋生和发展。在此背景下，农业边缘化、农村人口空心化和农民老龄化的新"三农"问题十分突出，乡村人才匮乏、乡村人才结构不合理、乡村人才队伍不稳定等问题也比较严重。根据第六次全国人口普查数据，中西部地区，尤其是集中连片特困地区人口空心化程度较为严重。国家统计局数据显示，2019年城镇人口数为 84 843 万人，乡村人口数为 55 162 万人[①]。数据表明，我国乡村每年减少近 2 000 万人到城市中，城市人口数逐年递增，乡村人数逐年降低是一个不争的事实。因此，在乡村振兴战略实施背景下，破解农村人口空心化难题、实现乡村人才振兴是集中连片特困地区推动脱贫攻坚和乡村振兴战略有效衔接的一个亟待解决的重大课题。2018 年 5 月，中共中央政治局审议通过的《乡村振兴战略规划（2018—2022 年）》明确提出，要"强化乡村振兴人才支撑，鼓励社会人才投身乡村建设""以乡情乡愁为纽带，引导和支持企业家、党政干部、专家学者、医生教师、规划师、建筑师、律师、技能人才等，服务乡村振兴事业""全面建立城市医生教师、科技文化人员等定期服务乡村机制"。如何吸引更多的城市人才下乡、本土农民返乡、农村籍大学生回乡投入乡村振兴战略的伟大事业中？本书通过对遵义市、毕节地区等乌蒙山集中连片特困地区贵州区域的实证研究，从上述三类人才（统称为入乡人才）去

[①] 国家统计局：《2019 年城镇常住人口增加 1706 万人，城镇化率突破 60%》，https://www.so-hu.com/a/367423376_114984.

与留并以此作为重点研究对象，试图引入博弈论，探讨入乡人才激励问题，以此揭示人力失衡型集中连片特困地区农村人口空心化的现实困境。

一、研究对象的选择和解读

1. 人力失衡型集中连片特困地区

人力失衡型集中连片特困地区是指相对于城市人才、乡村产业人才、乡村专业人才、乡村治理人才、乡村文化人才、入乡人才相对短缺，乡村人才结构不合理，在乡人才不愿安心扎根农村，有才能的退役军人、农村籍大学生和农民工不愿返乡，城市人才不愿下乡的"三不愿"问题突出的特殊困难地区。乌蒙山集中连片特困地区行政区划跨云南、贵州、四川三省，是国家新一轮扶贫开发攻坚战主战场之一，包括云南、贵州、四川三省毗邻地区的38个县（市、区），其中四川省13个县、贵州省10个县（市、区）、云南15个县（市、区），是集革命老区、民族地区、边远山区、贫困地区于一体，是贫困人口分布广、少数民族聚集多的连片特困地区①。该区域人力失衡型主要表现在：一是城乡人口比例失调。2015年，贵州（主要是遵义和毕节部分县区）乌蒙山集中连片特困地区年末常住总人口738.17万人，占全省年末常住总人口的20.9%，其中城镇人口231.12万人，农村人口507.05万人，城镇化率仅仅为31.3%，农村人口占比接近70%②。二是乡村人才结构不合理。从教育和医疗来看，该区域高中阶段毛入学率为81%；每千人有医护人员0.86③。农村幼儿园和小学教师缺口大，村级卫生室功能不完善，优质师资力量和医生向城镇集中的趋势没有改变。此外，严峻的农村人口空心化问题也影响了脱贫攻坚的进程。面对下乡返乡回乡人才的"三不愿"问题，本书把入乡人才作为重点研究对象，试图揭示人力失衡型集中连片特困地区农村人口空心化的现实困境。

2. 入乡人才

入乡人才，即下乡返乡回乡人才，由下乡人才、返乡人才和回乡人才三类特定人群构成。与高素质农民等具体的职业人群不同，下乡返乡回乡人才是以往长期在本乡村外学习工作生活、现今到本乡村从事乡村振兴相关工作的特定人群，其涵盖了社会中的各种职业。

具体来讲，下乡人才，是指城镇居民中拥有资金、技能等特长优势并将这一特长优势充分运用到广大农村地区的特定人群。据此，下乡人才应同时符合

---

① 百度百科：乌蒙山区，https://baike.baidu.com/item/%E4%B9%8C%E8%92%99%E5%B1%B1%E5%8C%BA/7151835? fr=ge_ala。

②③ 贵州省人民政府：《省人民政府关于乌蒙山片区（贵州省）区域发展与扶贫攻坚"十三五"实施规划的批复》，http://www.guizhou.gov.cn/zwgk/zfgb/gzszfgb/201612/t20161216_70522812.html。

三个基本条件：一是原身份为城镇居民。二是在资金或技术方面具有一定的优势。三是需将自身优势充分应用到广大农村地区。从当前下乡人才的实际情况来看，其作为乡村的外来人才，主要涵盖了企业家、党政干部、专家学者、医生教师、规划师、建筑师、律师等职业，下乡的方式包括下乡担任志愿者、投资兴业、行医办学、捐资捐物、法律服务等[①]。

返乡人才，是指以往长期在外工作、现今回到户籍所在乡村从事乡村振兴相关建设工作的本土农民。返乡人才应同时符合三个基本条件：一是身份依旧是农民。二是曾经长期在外工作。三是现今已回到户籍所在农村进行生产生活。从返乡人才的实际情况来看，当下的返乡人才中绝大多数是外出务工的农民工，另外还有一部分是在城市自主创业的农村居民。与 20 世纪末的农民工不同，新生代农民价值观念相对多元、文化程度相对较高、思想观念比较开放、知识体系较为完善，是解决好当前广大农村人口空心化、老龄化问题，推动农村第一二三产业融合发展的一股中坚力量。

所谓回乡人才，特指回到户籍所在乡村就业的农村籍大学毕业生。相较于返乡人才而言，回乡的大学毕业生具有较为扎实的基础理论，年龄、知识和能力结构比较合理，创业意愿和创业能力亦更加突出。目前，无论国家层面，还是省级层面，均出台许多政策支持大学生回乡创新创业，如"三支一扶"、人才补贴、创业培训等。在这些政策的引导带动下，大量的大学毕业生回乡发展，成为当下乡村振兴战略中不可忽视的一股重要力量。

国外典型国家入乡人才激励代表性的政策措施包括：澳大利亚实施的技术移民下乡计划，鼓励州政府和相关企业吸引技术和商业移民下乡，通过乡村地区移民举措，鼓励外国人口落户乡村。日本不仅开展"一村一品运动"，吸引城市人才下乡，而且实施乡村支援员制度，对于回乡支援员提供青年就农补贴，给予公务员身份并为回乡年轻人才提供农业保障，城市人才在任期结束的前一年和后一年内若在同一个地区创业和就业，将会每人获得 100 万日元补贴[②]。英国则是把下乡当作一种学习和体验的手段，鼓励大学生回乡创业和发展。国内学者蒲实等（2020）提出，政府需要建立乡村人才培养机制，由政府补贴，高校培训，社会人士广泛参与，分层分类制定不同人才职业特点的人才评价标准，加大人才表彰激励的力度。郑万军等（2015）提出，政府需要加大农村人力资本的投资、加强农村专业人才和高素质农民的培养，可促使城市人

---

① 本书编写组：《中共中央、国务院关于实施乡村振兴战略的意见》，人民出版社，2018 年。

② 刘云刚、陈林、宋弘扬：《基于人才支援的乡村振兴战略：日本的经验与借鉴》，《国际城市规划》，2020 年第 3 期，第 94-102 页。

才进一步入乡建设和工作。岳佳慧（2020）提出，要完善人才引进政策的保障机制，要把人才引进政策的内容细节进行优化，解决人才的户籍问题、随行子女的教育问题以及就医问题等。还有部分学者提出，要加大科技人才生活配套设施建设的力度，建设便民服务网点、建设集住房、学校、医院以及商业街一体化园区等，尽可能缩小乡村和城市差距，使得乡村人才引进成为实实在在的可能。此外，有学者还提出，对于引进人才实行与城市企业相同的福利制度，在社会保障方面为其设置专门的办事窗口，不断解决他们流动时社会保险关系的接续问题。但是，对于城市人才入乡激励政策大都局限于宏观政策方面，从微观个体来讲，城市人才为何留城或下乡？到底哪些具体因素影响着他们的决策。本书试图通过人力失衡型集中连片特困地区的调研，在乡村人才振兴背景下进行人才入乡行为选择的博弈分析并提出相应的激励政策建议。

二、乡村人才振兴背景下人才入乡行为选择的博弈分析

2020 年中央 1 号文件提出，要"培养更多知农爱农、扎根乡村的人才""抓紧出台推进乡村人才振兴的意见"。为了探究乡村人才振兴的现实困境，本书以医生为例，基于博弈论的视角试图建立人才入乡行为选择矩阵，综合博弈分析找出影响人才留城或下乡的关键环节和核心要素。

1. 模型选择和研究假设

本书利用美国数学家梅里尔·弗勒德和梅尔文·德雷希尔提出的"囚徒困境"博弈模型，以医生为例，最终得出入乡人才最终均衡策略组合，进而剖析乡村人才振兴的现实困境。"囚徒困境"是博弈论中典型的例子，它反映了每个个体在做出选择时的最佳选择，而不是整个群体的最佳选择。"囚徒困境"在经济学和管理学当中应用广泛，尤其是在市场经济领域的价格竞争和公共管理领域的行为决策方面发挥了相当重要的作用。把"囚徒困境"应用到城市医生和农村医生去与留的乡村人才振兴决策当中，可以发现，城乡人才决策的行为动机和利益诉求，有助于改进政府决策，进而解决乡村一系列问题，加快乡村振兴战略的实施进程。

模型作出如下研究假设：第一，城市出身的医生 A 有先天优势，社会资源丰富；乡村出身的医生 B 虽然在城市学医但出身于农村，社会资本水平与医生 A 相比相对逊色。第二，假设他们所要工作的是同一个乡村或者城市，并且为同一个水平的就业，并且矩阵中所提到的城市和乡村分别是医生 A 和医生 B 的户籍所在地，且医生 A 和医生 B 的医术在同一水平，人力资本水平差别不大，即两者之间存在竞争，但忽略城市或乡村医生数量减少或增多所带来的竞争。第三，假设医生 A 和医生 B 均面临在城市和乡村工作两个行为选择，

也就是策略组合有四种：第一种情况是医生 A 留在城市，医生 B 也选择在城市；第二种情形下，医生 A 选择到农村，医生 B 则选择进入城市；第三种情况是医生 A 留在城市，医生 B 则选择留在农村；第四种情况是医生 A 和医生 B 均在农村工作。第四，本书把乡村振兴战略实施和人才入乡激励政策出台前后作为临界点，分析乡村振兴战略实施和人才入乡激励政策出台前后行为主体的博弈行为和策略选择。

2. 收益矩阵和策略分析

一是在乡村振兴战略实施和人才入乡激励政策出台前，两个行为决策主体的收益矩阵（表 3-1）。

表 3-1　乡村振兴战略实施前和人才入乡激励政策出台前医生 A 和
医生 B 的收益矩阵[①]

		医生 B	
		城市	乡村
医生 A	城市	(30，25)	(30，15)
	乡村	(10，25)	(10，15)

在乡村振兴战略实施前，因为没有相关人才入乡激励政策的出台，鼓励城市人才下乡的政策倾斜力度没有或者有限，加之农村基础设施落后，留在乡村收入不稳定，难以维持家庭生计。因此，在这个特定背景下，医生留在农村的收益可能相对于城市要低，而且城市机会多、收入丰厚、服务好。如果均留在城市工作，因为社会资本的差异，出身于城市的医生 A 比出身于乡村的医生 B 收益可能相对多（30＞25），医生 A 在城市当中所拥有以及获得的资源比医生 B 来说相对多，医生 A 的家人均在城市，而医生 B 的家人基本在乡村，选择在城市工作意味着远离家人，因此在幸福感上比医生 A 相对低。综上所述，农村出身的医生 B 的资源和家庭较医生 A 有劣势。同理，当医生 A 和医生 B 均选择在乡村工作时，出身于乡村的医生 B 获得的收益大于出身于城市的医生 A 所获得的收益（15＞10）。当医生 A 在乡村工作，医生 B 在城市工作时他们所获得的收益分别为 10 和 25。当医生 A 在城市工作，医生 B 在乡村工作时他们所获得的收益分别为 30 和 15。因为在城市有良好的公共服务，较高的薪酬福利，较好的社会资源，能够更好地促进医术水平的提升，所以在城市工作比

---

① 收益矩阵中的收益主要来自项目组对遵义市、毕节地区等乌蒙山集中连片特困地区贵州区域的实证研究，该收益包含了工资、奖金、公积金、职业年金等和其他非货币性薪酬的折算合计。为了研究方便，提出的收益数据均为预估的当量，下同。

在乡村的收益大（25＞10 和 30＞15）。因为出身于城市的医生 A 比出身于乡村的医生 B 有相对良好的资源优势。因此，医生 A 和医生 B 均选择在城市工作时医生 A 的收益大于医生 B 的收益（30＞25），对于医生 B 和医生 A 均选择在乡村工作时，医生 B 的收益会大于医生 A 的收益（15＞10）。

通过矩阵分析，我们可以初步得出如下结论：当医生 A 选择在乡村工作时，医生 B 在乡村工作的收益为 15；而医生 A 在城市工作的收益为 30，远远大于留在农村所得到的收益。因此，在医生 A 选择留在乡村工作时，医生 B 会选择在城市工作。当医生 A 选择在城市工作时，医生 B 在乡村工作的收益为 15，而在城市工作所带来的收益为 25，远远大于在乡村工作所带来的收益。因此，当医生 A 选择在城市工作时，医生 B 也会选择在城市工作。综上所述，在城市工作是医生 B 的最优策略。同理，对医生 A 做同样的分析，得到医生 A 同样选择在城市工作。因此，该"囚徒困境"博弈模型的均衡策略为：（城市工作，城市工作），即在新型城镇化不断加快的背景下，没有任何对乡村发展激励措施前，医生们会选择在城市工作。

二是在乡村振兴战略实施后，人才入乡激励政策出台前，两个行为决策主体的收益矩阵（表 3-2）。

表 3-2　乡村振兴战略实施后和人才入乡激励政策出台前医生 A 和医生 B 的收益矩阵

		医生 B	
		城市	乡村
医生 A	城市	（30，20）	（30，25）
	乡村	（20，20）	（20，25）

乡村振兴战略是以习近平同志为核心的党中央站在全局和战略高度对我国新时代"三农"工作的总部署、总动员，重点是建立健全城乡融合发展的体制机制和政策体系，鼓励更多的城市人才"上山下乡"。因此，对医生 A 和医生 B 都有一定的激励和促进作用。然而，由于相应的人才入乡激励政策不够完善，城乡二元结构依然存在，农村尤其是集中连片特困地区的农村仍然相对落后。因此，就医生 A 而言，留在城市工作的效益大于到乡村工作的效益（30＞20）。作为出身乡村的医生 B，当国家实施乡村振兴战略的同时还倡导一系列向农村倾斜的相关政策，带给医生 B 是在农村工作的效益大于在城市工作的效益（25＞20）。

对比表 3-2，当乡村振兴战略实施后，对于医生 A，由于资源优势，其留在城市的收益仍为 30，而到农村工作的效益可以提升 10。对于医生 B，由于资源的欠缺，其留在城市工作的效益减少 5，而到农村工作的效益可以提升 10。

通过矩阵分析，我们可以初步得出如下结论：当医生 A 选择在乡村工作时，医生 B 在城市工作的收益为 20；而医生 A 在乡村工作的收益为 25，大于在城市所得到的收益。因此，在医生 A 选择留在乡村工作时，医生 B 也会选择在乡村工作；当医生 A 选择在城市工作时，医生 B 在城市工作的收益为 20，而在乡村工作所带来的收益为 25，大于在城市工作所带来的收益。与此同时，当医生 A 选择在城市工作时，医生 B 会选择在乡村工作。综上所述，在乡村工作是医生 B 的最优选择策略。当医生 B 选择在乡村工作时，医生 A 在乡村工作的收益为 20，而其在城市工作所带来的收益为 30，远远大于在乡村工作所带来的收益。因此，当医生 B 选择在乡村工作时，医生 A 会选择在城市工作。当医生 B 选择在城市工作时，医生 A 在乡村工作的收益为 20，而其在城市工作所带来的收益为 30，远远大于在乡村工作所带来的收益。因此，当医生 B 选择在城市工作时，医生 A 仍然会选择在城市工作。综上所述，在城市工作是医生 A 的最优选择策略。因此，该"囚徒困境"博弈模型的均衡策略为：（城市工作，乡村工作），即在新型城镇化不断加快的背景下，乡村振兴战略实施的背景下，人才入乡激励政策出台前，医生 A 会选择在城市工作，医生 B 会选择在乡村工作。

三是在乡村振兴战略实施后和人才入乡激励政策出台后，两个行为决策主体的收益矩阵（表 3-3）。

表 3-3　乡村振兴战略实施后和人才入乡激励政策出台后医生 A 和医生 B 的收益矩阵

		医生 B	
		城市	乡村
医生 A	城市	(25, 20)	(25, 35)
	乡村	(30, 20)	(30, 35)

在乡村振兴战略实施的宏观背景下，政府以及相关部门出台了人才入乡的激励政策，乡村的优势与日俱增，生态环境、公共服务、薪资水平、社会保障以及社会应有的尊重均在激励政策当中有所体现，因此对于医生 A 和医生 B 均有较大的激励。由于城镇化进程已达到一定的高度，此时留在城市工作已经不具备原有的优势了，城市人才济济，生活以及购买房屋的压力非常大，社会资本维护的成本也比较高。乡村振兴战略是目前中国经济社会发展的重大红利，机会日益增多，社会认可度不断提升，推动人才走向乡村、建设乡村和扎

根乡村成为大势所趋。对于医生 A 来说，其在乡村的收益大于其在城市工作的收益（30＞25）；对于医生 B 来说，其在乡村工作的收益同样大于其在城市工作的收益（35＞20）。

对比表 3-3，当乡村振兴战略实施以及大力推进人才入乡激励政策后，对于医生 A 的资源优势已经不足以弥补其生活压力，因此医生 A 留在城市工作的效益减少 5，到乡村工作的激励却非常大，其到农村工作的效益可以提升 10。对于医生 B，其留在城市的收益也为 30，其到农村工作的效益也可以提升 10。

通过矩阵分析，我们可以初步得出如下结论：当医生 A 选择在乡村工作时，医生 B 在城市工作的收益为 20，而医生 A 在乡村工作的收益为 35，远远大于其在城市所得到的收益。因此，在医生 A 选择留在乡村工作时，医生 B 会选择在乡村工作；当医生 A 选择在城市工作时，医生 B 在城市工作的收益为 20，而其在乡村工作所带来的收益为 35，远远大于其在乡村工作所带来的收益。因此，当医生 A 选择在城市工作时，医生 B 还是会选择在乡村工作。综上所述，在乡村工作是医生 B 的最优选择策略。当医生 B 选择在乡村工作时，医生 A 在城市工作的收益为 25，而其在乡村工作所带来的收益为 30，大于其在城市工作所带来的收益。因此，当医生 B 选择在乡村工作时，医生 A 会选择在乡村工作。当医生 B 选择在城市工作时，医生 A 在城市工作的收益为 25，而其在城市工作所带来的收益为 30，大于其在城市工作所带来的收益。因此，当医生 B 选择在城市工作时，医生 A 会选择在乡村工作。综上所述，在乡村工作是医生 A 的最优选择策略。因此，该"囚徒困境"博弈模型的均衡策略为：（乡村工作，乡村工作），即在新型城镇化不断加快的背景下，乡村振兴战略实施和大力推进人才入乡激励政策出台后，医生 A 和 B 都可能会选择在城市工作。

三、人力失衡型集中连片特困地区人才入乡面临的现实问题

基于博弈分析的人力失衡型集中连片特困地区入乡人才激励问题研究表明，一是随着乡村振兴战略实施，尤其是乡村人才振兴战略的大力实施，下乡返乡回乡人才有所增加，但入乡人才增幅并没有达到政府和社会的预期。二是为了寻求更多的机会，生态环境、公共服务、薪资水平、社会保障以及社会应有的尊重都是影响城市人才入乡工作的重要因素，必须引起高度重视。三是乡村振兴战略的实施和入乡人才激励政策出台的时间节点和具体落地在很大程度上决定着城市人才下乡就业、回乡返乡人才入乡创业的行为决策。

1. 入乡人才建设相对滞后

相较于其他地区，毕节市、遵义市等乌蒙山集中连片特困地区相关职能部

门在入乡人才建设方面相对滞后。截至 2018 年，毕节市已走访外出务工、经商成功人士及其他能人 18 490 人，但仅仅成功邀请 132 人担任村党组织书记、407 人担任村"两委"其他职务、320 人列为村后备干部培养对象。与返乡人才素质整体偏低不同，回乡人才中大多是刚毕业的大学生，他们精力充沛、敢想敢做、知识结构合理、思想和眼界较为开放，更有利于乡村的全面振兴。截至 2018 年，毕节市成功回引 45 名大学（中职）毕业生到村担任党组织书记、380 人担任村"两委"其他职务。目前，我国东、中部地区的部分二、三线城市已经"打响"了新一轮的"抢人大战"，通过发放人才引进费、安家费、人才津补贴等方式吸引高校优秀毕业生落户就业。"人才是乡村振兴的关键"，在各地纷纷展开"抢人大战"的社会背景下，毕节市作为乌蒙山集中连片特困地区的"硬骨头"在推进乡村振兴战略的过程中必须主动应对，以"乡情"为纽带加大回乡大学生的吸引力度，提供更具吸引力的配套政策和就业创业环境。

2. 入乡人才整体素质偏低

从客观情况上讲，返乡人才的主体是返乡的农民工，这部分群体虽然相较于长期扎根农村的本土农民而言素质较高，但在整个入乡人才的队伍中整体素质依然偏低。根据《贵州人才发展报告》数据显示，部分地区特别是乌蒙山集中连片特困地区人才偏少，每万人人才资源数毕节市为 648 人，仅为贵阳市的 58.17%。加大乡村培养培训是破解返乡农民工素质偏低、持续提升入乡人才水平的主要渠道。虽然毕节市、遵义市等乌蒙山集中连片特困地区相关职能部门在人才培养培训上做了比较多的工作，但是依然存在一些不足，如由毕节市大方县、黔西市等地农业农村局牵头的高素质农民培训推进缓慢，高素质农民队伍建设相对滞后；对农民通过弹性学制提升学历缺乏必要政策支持（其他发达地区大都已经出台相应政策并逐步落实）等。

3. 引才稳才政策力度不够

一是引才政策的力度不够。经过近年的努力，乌蒙山集中连片特困地区的毕节市出台了《中共毕节市委、毕节市人民政府关于深入推进人才扶贫工程的实施意见》，明确了目标任务和工作举措，也提出了深入实施科技人才联乡帮村、领创项目示范引领、乡土人才扶贫带富、情系毕节人才回归、圆梦小康专项行动"五项计划"，一定程度解决了该区域农村人口空心化的问题。不可否认的是，这些计划更多的是提出数量目标和工作要求，但是缺乏具体的利益联结机制，现有的引才措施对社会上的高学历、高职称、高水平的高层次人才吸引力不足，高素质人才真正下到毕节等乌蒙山集中连片特困地区乡村发挥专业特长的较少。二是稳才政策的力度不够。近年，乌蒙山集中连片特困地区相关政府主管部门比较关心的是下乡、返乡、回乡人才数量的增长，对于人才稳定工作重视不够；在物质层面，相关激励、保障制度不够完善，人才特别是下乡、回乡人才的待遇与业绩、贡献不相称，人才价值体现不充分；在精神层面，正面典型挖掘选树面较窄、宣传报道不多、表彰不够，在一定程度上影响了各类人才能效的发挥。

4. 入乡人才服务工作亟须提升

在人才服务方面，毕节、遵义等乌蒙山集中连片特困地区虽然采取了不少举措，但从毕节、遵义等乌蒙山集中连片特困地区入乡人员数量递增的趋势来看，缺乏配备乡村人才服务专员，不能做到每位人才（特别是下乡和回乡人才）的"一对一"服务。同时，由于乡村人才服务专员数量、工作职责设定等原因，各类下乡、返乡、回乡人才的多元化需求和个性化诉求并不能得到有效的服务和解决，入乡人才在从事乡村振兴建设的同时不得不抽出精力和时间去解决个人的事务性问题，这就给乡村人才带来了许多后顾之忧。

5. 入乡人才收入状况普遍堪忧

收入问题是决定入乡人才"下不下得去""留不留得住"的关键因素。调研发现，目前，毕节、遵义等乌蒙山集中连片特困地区入乡人才的月均收入在3 000元左右，放在贵州省，甚至是全国的收入水平来说，收入依然偏低。毕节市、遵义市等乌蒙山集中连片特困地区在脱贫攻坚和乡村振兴战略有机衔接中解决好乡村人才收入增长和乡村经济社会发展的问题，亟须各相关政府主管部门相互配合、通力合作、积极探索。

基于博弈分析的人力失衡型集中连片特困地区入乡人才激励问题研究表明，乡村振兴战略的实施和入乡人才激励政策的落地可有效地促进城市人才下乡就业、回乡返乡人才在乡村创业。为了寻求更多的机会，生态环境、公共服务、薪资水平、社会保障以及社会应有的尊重都是影响人才不愿意入乡工作的重要因素，必须引起有关部门高度重视。

第二节　基于实证分析的产业滞后型集中连片
特困地区高素质农民培育问题研究

本书选择武陵山集中连片特困地区（重庆）7个典型区县1 310位高素质农民，主要采取问卷调查的研究方法，辅之以文献研究、实地调查、深度访谈、个案分析等分析方法，对高素质农民培育问题进行调查分析，得出高素质农民培育方面存在的主要困境，找出影响高素质农民培育制度性供给的主要因素。

一、研究对象的选择和解读

1. 产业滞后型集中连片特困地区

产业滞后型集中连片特困地区是指第一二三产业发展总量不足,严重落后于新时代国民经济和社会发展的要求;或者第一二三产业结构比例失调,无法满足地方产业转型升级和高质量发展需要的特殊困难区域。这种现象在武陵山集中连片特困地区尤为明显,武陵山区包括湖北、湖南、重庆、贵州四省(直辖市)交界地区的71个县(市、区),是集革命老区、民族地区和贫困地区于一体,也是跨省交界面大、少数民族聚集多、贫困人口分布广的连片特困地区。武陵山民族地区涵盖19个民族自治州、县,居住着以土家族、苗族为主的32个少数民族。区域内自然环境恶劣,经济基础薄弱,民族问题交织,巩固脱贫和防止返贫工作难度较大。尤其是第一二三产业结构比例不合理,与全国相比,第一产业比例明显偏高。该区域产业链条不完整,富有竞争力的产业特色和优势不是很突出,产业集群缺乏核心竞争力和整体实力。产业发展滞后、资金短缺、贫困村和非贫困村发展不平衡是武陵山片区脱贫攻坚工作面临的一些共性问题,需引起有关部门高度重视①。重庆武陵山集中连片特困地区涉及7个国家级贫困区县,辖区面积2.2万千米²,人口411万人,是典型的老、少、边、山、穷地区,是全市脱贫攻坚的主战场和"硬骨头"。近年,黔江生猪、酉阳青花椒、秀山金银花、石柱辣椒、武隆高山蔬菜、丰都肉牛等产业已初具规模,但现代特色效益农业的产业优势并没有显现出来,没有一大批既爱农业、懂技术,又有文化、善经营、会营销、精管理的高素质农民,武陵山集中连片特困地区乡村产业振兴很难有希望。本书聚焦武陵山集中连片特困地区重庆区域,在脱贫攻坚与乡村振兴战略衔接背景下,牢牢抓住乡村人才振兴这个关键问题,对高素质农民培育问题进行深入研究,试图揭示产业滞后型集中连片特困地区农村人口空心化治理困境。

2. 高素质农民

本书所提到的农民就是"以农业为职业、具有一定的专业技能、爱农业、爱农村、有文化、懂技术、善经营、会管理的现代农业从业者"。通过实地调查,一共找到1 310位符合要求的高素质农民。他们所从事的产业多为种植业和养殖业,种植业以猕猴桃、油橄榄、脐橙等为主,养殖业多以鱼、猪、鸡等为主。本书此次调研的目的,主要是通过问卷调查、深度访谈等多种研究方

---

① 湘声报:《武陵山脱贫攻坚规划实施8年效果如何?》,http://www.xiangshengbao.com/nd.jsp?id=5930。

法，了解重庆典型区县高素质农民培育的基本现状，结合问卷调查收集到的数据，找出当前制约高素质农民培育的制度因素，为政府制定和完善高素质农民培育制度，尤其是为人力资本开发相关政策提供决策依据，并就当前高素质农民培育主要困境提出解决措施和合理化建议。调研时间主要集中在 2019 年 1 月 26 日至 2019 年 6 月 17 日。在此次调研的过程中，主要采取问卷调查的研究方法，辅之以文献研究、实地调查、深度访谈、个案分析等分析方法，在明确高素质农民基本概念的基础上，通过组建项目小组深入每一位高素质农民的家中或者田间地头进行实地走访，在访谈基础上进行问卷的填写。

二、样本的描述性统计

首先，样本选择。根据研究需要，此次样本选取主要分布在武陵山集中连片特困地区（重庆）黔江、酉阳、秀山等 7 个区县。共发放问卷 1 500 份，全部收回，回收率达 100%，其中有效问卷 1 310 份，有效率为 87.3%。最终样本既有专业大户，又有家庭农场主、农民专业合作社骨干成员、农业龙头企业带头人等新型农业经营主体；既有从事种植业的高素质农民，又有从事养殖业的高素质农民；既有长期居住在农村的高素质农民，又有返乡创业的高素质农民，具有较强的代表性。

其次，样本特征。根据描述性统计分析，从样本性别分布来看，男性 930 例，占比为 70.99%，女性 380 例，占比为 29.01%；从年龄结构来看，调查对象年龄分布主要集中在 40～49 岁，占比为 34.35%，与重庆市农村现实情况大体吻合，即青壮年农村劳动力大多外出务工，农村留守劳动力年龄普遍偏大。从文化程度来看，初中学历居多，占比达到 42.75%；从外出务工时间来看，多数的高素质农民有 1 年以上的外出务工经历，占比达到 64.11%；从月均收入来看，样本多分布在 3 001～4 000 元，占比达到 28.24%，超过 70% 的样本都超过了 3 000 元，充分表明高素质农民的收入持续增长。值得一提的是，在实地调查中，我们发现，各区县高素质农民收入不平衡，主要原因是地方政府对高素质农民培育重视和扶持力度不同。

三、产业滞后型集中连片特困地区高素质农民培育调研的主要结论

（1）高素质农民培育总体满意，但对个人教育文化程度、基层组织培训情况满意程度不高。由图 3-1 可知，以人力资本开发为例，在本次 1 310 份调查问卷中，有超过一半的被访者（56.49%）对高素质农民培育总体情况比较满意，反映出近年中央和地方政府高度重视高素质农民培育工作，"一主多元"

的教育培训体系逐步形成，高素质农民人力资本开发总体水平在不断提升，但43.51％的数字鸿沟表明，高素质农民培育不充分的问题仍然存在。

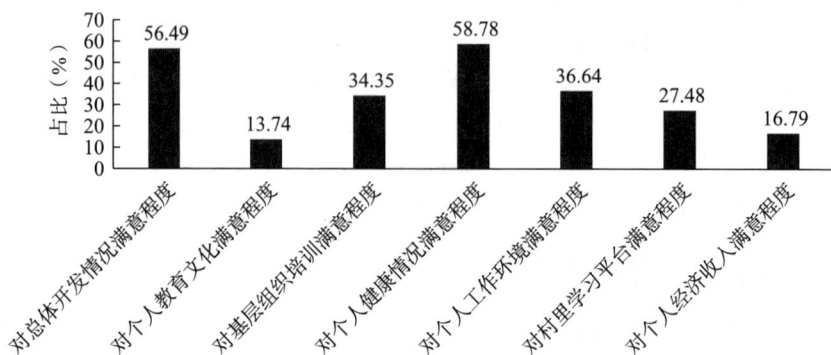

图3-1　高素质农民培育满意程度分析

具体分析：第一，就个人教育文化程度满意度而言，只有13.74％的高素质农民对自身的文化教育程度感到满意，有86.26％的高素质农民对自身的文化教育水平不太满意，这说明越来越多的高素质农民认识到了自身文化教育程度在乡村振兴战略实施和收入地位提高过程中的重要性。

第二，就基层组织培训满意程度来看，1 310份问卷中，满意及以上只有45份，占比为34.35％，而不满意及一般占比为65.65％。说明大多数高素质农民对基层组织培训整体效果不太满意，反映了目前基层组织培训还存在较多问题亟须破解，满足高素质农民个性化诉求的精准培训还任重而道远。

第三，就个人健康情况满意程度而言，满意及以上程度的占比为58.78％，一般程度占比为32.06％，有9.16％的高素质农民对自身健康程度不满意，反映了高素质农民个人健康情况总体良好。

第四，就个人工作环境满意程度而言，有36.64％的高素质农民对自身工作环境比较满意，认为一般满意的高素质农民占比为45.80％，认为不满意的占比较少，反映了现在大多数高素质农民对自身工作环境感觉尚可。

第五，就对村里学习平台满意程度而言，只有27.48％的高素质农民对村里的学习平台感到满意，35.11％的高素质农民对村里的学习平台感到不满意，不满意程度占比高于满意程度，说明村里的学习平台建设还无法适应高素质农民教育培训需求的变化，相关基础设施建设亟待加强。

第六，就对个人经济收入的满意程度而言，有83.21％的高素质农民对个人的经济收入感到不满意，表明绝大多数高素质农民有提高自身经济收入的意愿，城乡二元结构所造成的收入差距必须尽快改变。

上述分析表明，高素质农民培育总体满意，但不充分、不平衡的问题比较明显，必须尽快对教育、培训等重点制度进行结构性调整。

（2）政府对高素质农民培育制度性供给影响力最大，高素质农民个体参与意识不断觉醒。在 1 310 个有效调查对象中，26.72％的人认为政府对高素质农民培育影响力最大；其次是村委会的影响力，占比为 23.66％，而选择企业、其他社会组织及乡村能人等主体对高素质农民培育具有较大影响力的数据均稳定在 10％左右。显然，大多数高素质农民将高素质农民培育，尤其是个人的职业生涯发展寄托在政府和村委会身上表明，在新形势下，无论是政府，还是村委会（村委会作为基层群众性自治组织，仍然承担着不少政府的延伸职能，具有准政府组织的特征），都在高素质农民教育、培训、迁移和卫生保健等方面起着至关重要的作用。政府理所应当地在高素质农民培育的教育培训、社会保障等制度性供给过程中发挥主导作用。此外，有 18.32％的高素质农民认为自身因素对其目前状况甚至以后发展也存在较大的影响，这充分表明个体参与高素质农民培育的意识不断觉醒，由"要我学"，到"我要学，我要改变"，再到"我想学，我想改变"的主体思想观念不断变化，这将逐步影响高素质农民培育的制度性供给进程。

（3）教育和培训是高素质农民培育制度性供给的最重要内容。第一，从高素质农民培育重点分析。在收集到的 1 310 份调查问卷中，有 1 031 份选择了专业知识选项，占比为 26.21％；有 89 份选择了从业技能这个选项，占比为 22.65％。选择心理素质、职业道德和工作环境等项目的则比较少。上述数据表明，高素质农民在日常工作和学习中，比较深刻地认识到了专业知识和从业技能的重要性。因此，从需求侧的角度来看，高素质农民需要知识和技能的双重提升。

第二，从高素质农民培育途径与方式分析。在 1 310 份有效问卷中，高素质农民在众多培育的途径和方式中，有 24.68％的高素质农民更加注重积累经验这一方式，有 23.92％的高素质农民认为培训是最重要的途径，有 19.34％的高素质农民认为教育对他们来说是最重要的途径，其次才是多岗锻炼、外出务工以及身心保健。可以看出，自身积累经验以及教育培训对于高素质农民来说，是最为重要的培育途径和方式。因此，从供给侧的角度来看，高素质农民需要学历教育和专业技能的双重提升。此外，自身积累经验也是建立在不断教育培训基础上的，当然也应该随着个人的成长和发展需要使得自身经验获得认可，这就要以高素质农民职称晋升制度作为保障。

（4）高素质农民培训制度性供给需要正确处理不同环节的关系。本书以培训为例，重点调研了高素质农民培育制度性供给所要重点关注的问题：第一，培训目的分析。由图 3-2 所示，在高素质农民培训需求中，胜任工作需要、人际交往和知识更新较为重要，分别占比为 25%、17%、16%。而兴趣爱好则占比最低，仅仅占到了 5%。由此可以看出，高素质农民培训重点应该优化培训课程体系设置，突出课程的实用性。

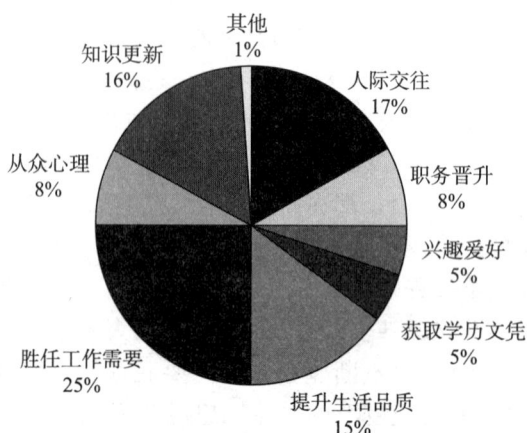

图 3-2　高素质农民培训目的

第二，培训频率分析。如表 3-4 所示，在 1 310 份有效问卷中，接受过 6 次以上的只有 109 人，仅占比 8.32%，参加过 1~3 次培训的和 4~6 次的也仅占比为 34.20% 和 21.53%，且有超过 1/3（35.95%）的高素质农民没有参加过相关培训。因此，就重庆而言，组织高素质农民培训次数还比较有限，政府应该进一步加大培训力度，利用多种途径和方式加强高素质农民培训（图 3-3）。

表 3-4　高素质农民培训基本情况

近几年组织的高素质农民培训次数			比较愿意接受的培训时间		
调查项目	频数（次）	占比（%）	调查项目	频数（次）	占比（%）
1~3 次	448	34.20	3~7 天	578	44.27
4~6 次	282	21.53	8~15 天	432	32.82
6 次以上	109	8.32	16~30 天	2 771	20.61
无	471	35.95	30 天以上	29	2.29

第三，愿意接受的培训形式分析。在包括地方政府、职业院校、村委会、用人单位、农民专业合作社、商业培训机构、个人自学 7 种培训方式中，高素质农民最愿意接受的是地方政府组织的培训，占比达到 22.39%；其次是农民专业合作社，占比是 16.79%，而职业院校和商业培训机构所占比例较低，分

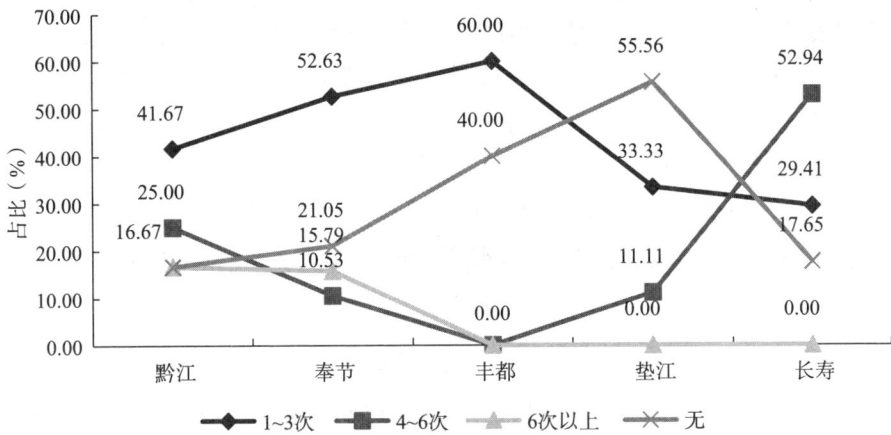

图 3－3　部分区县高素质农民培训次数对比

别为 9.67％和 8.14％。之所以有上述不平衡问题，大概是因为地方政府和农民专业合作社组织的培训公益性较强，授课教师经验丰富，培训质量有保障，而职业院校和商业培训机构组织培训由于种种原因还没有得到高素质农民的认可。

第四，愿意接受的培训时间分析。通过对部分区县高素质农民培训时间分析，结果表明，愿意接受 3～7 天和 8～15 天的分别占比为 44.47％和32.82％，而超过 15 天的占比不到 1/4。由此可以看出，高素质农民比较容易接受的培训大多是短期的，这主要是由高素质农民所从事的职业属性所决定的。因此，"学分银行""半工半读"等培训模式比较符合高素质农民培训需求（图 3－4）。

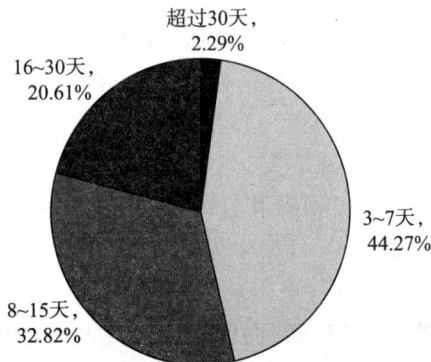

图 3－4　部分区县高素质农民培训时间分析

第五，影响高素质农民参与培训因素分析。高素质农民参与培训最主要的考虑因素是担心没有时间和精力参加培训活动以及缺少培训等方面的信息，分别占比为 33.59%、25.19%。除此之外，文化基础差，担心培训效果不好以及不能迅速对就业、工作或者收入产生影响也比较重要。因此，无论是哪一类机构组织的培训都应该充分考虑新型职业农民的职业特点和工作性质，同时做好宣传工作，通过线上和线下相结合的方式提高新型职业农民培训的认知度。

四、产业滞后型集中连片特困地区高素质农民培育制度性供给关键问题

第六次全国人口普查数据表明，重庆市常住人口增长幅度为－6.6%，每年流出人口超过了 300 万人，人口空心化程度最为严重，排在中西部地区各省份的第 1 位。在此背景下，重庆大量农村青年劳动力外流，成为游走在城乡之间的"两栖人"。据重庆市农业农村委统计，截至 2018 年底，全市乡村振兴人才共有 42.46 万人。其中，农业行政管理人才 8 457 人，农业科技研发人才、农业技术推广人才、农业教育培训人才 14 405 人，农村实用人才 40.17 万人（小学和初中学历的农村实用人才占比达 63.75%，经营型、技能服务型和社会服务型的农村实用人才只有 13.88 万人，占比为 34.60%）。乡村振兴人才中，一线人才多，管理型人才少；农村实用人才学历较低、数量不足、类型单一等问题严重制约了乡村振兴战略实施进程。具体到武陵山集中连片特困地区（重庆）的高素质农民培育问题，基于上述问卷调查分析结合 2018 年度全国农业广播电视教育培训事业发展综合统计等相关资料分析和实地调研等情况认为，当前影响武陵山集中连片特困地区（重庆）高素质农民培育的制度性供给关键问题主要表现在以下几个方面。

（1）高素质农民学历教育规模有待进一步扩大。根据 2018 年度全国农业广播电视教育培训事业发展综合统计显示，围绕高素质农民教育培训，抛开武陵山集中连片特困地区（重庆），就是整个重庆市各级各类农广校学历教育招生仅为 90 人，毕业 80 人，在校生 246 人，而东部沿海地区的江苏省和浙江省该组数据分别为 2 991 人、4 955 人、11 196 人和 3 619 人、4 346 人、5 375人；与之相对应，四川省、贵州省和云南省该组数据分别为 2 026 人、2 684人、6 187 人；634 人、423 人、1 574 人和 1 345 人、1 286 人、5 185 人。不仅是武陵山集中连片特困地区（重庆），就是整个重庆市农业广播电视学校开展的中等职业教育竟然处于空白，而江苏、浙江两省中职在校生人数分别为10 676 人和 5 316 人，四川、贵州和云南三省这一数据也分别达到 3 261 人、11 330 人和 658 人。显然，与东部沿海地区和西南地区比较，武陵山集中连片

特困地区（重庆）高素质农民学历教育才刚刚起步，亟待加强。

（2）高素质农民教育培训、认定管理和政策扶持衔接度有待进一步提升。与西南地区和东部沿海地区典型省份比较，武陵山集中连片特困地区（重庆）高素质农民教育培训和认定管理衔接度还有很大差距。即使通过高素质农民认定，获得的补贴范围还比较窄，主要限于生产发展资金和社会保障补贴，创新创业、金融信贷、税收优惠、农业保险等方面的政策扶持还比较有限。目前，武陵山集中连片特困地区（重庆）1 000～5 000 元幅度的政策扶持力度还比较小，无法有效激发高素质农民职业发展的内在动力和保障其坚定从事该份职业的信心。

（3）高素质农民职称评审制度有待进一步完善。高素质农民职称评审不仅是实施乡村振兴战略的必然要求，也是推动其职业生涯发展和获得职业社会认同的现实需要。重庆市农业委员会办公室虽然出台了《关于印发〈重庆市农民技术人员职称评定暂行办法〉的通知》（渝农办发〔2011〕155 号），但高素质农民职称评定从总体上来说还处于区县试点阶段，整体推进比较缓慢，还存在很多问题：①很多区县把高素质农民职称评审纳入农业系列（技术或者工程）职称评审，并未针对高素质农民的特殊性进行独立设置和单独评审。②评审对象没有很好地涵盖新型农业经营主体负责人、回乡农村大学生、返乡农民工、农村创客、退役军人等新兴人才，一定程度上阻碍了农业农村战线上各类乡村人才的成长发展通道。③传统农民技术员、农民助理技师、农民技师、农民高级技师职称晋升体系，缺乏分类指导和系统设计，评审方式过于单一，评审标准针对性、精准性不够，"唯学历、唯资历、唯论文"的评审导向还不同程度地存在。④对现行制度中关于农民技术职称不与个人身份、工资待遇挂钩的规定，显然囿于"面朝黄土背朝天"的传统身份观念，不仅无法从物质上调动其从事"三农"工作的内生动力，而且也无法从精神上满足其社会的认同需要。

（4）高素质农民培育功能体系有待进一步完善。当前，武陵山集中连片特困地区（重庆）乡村振兴战略实施还刚刚起步，高素质农民培育面临着许多亟待解决的难点问题，需要理论指导和资政服务。面对人民日益增长的美好生活需要和不平衡不充分的发展之间的矛盾在"三农"问题上的转化，实施高素质农民培育资政研究，做好乡村人才振兴战略顶层设计，是解决武陵山集中连片特困地区（重庆）发展不平衡、不充分问题的根本之策。以高素质农民培训为例，"一主多元"教育培训体系中，武陵山集中连片特困地区（重庆）多元教育培训能力还存在不足，既没有专门的区域乡村振兴学院，传统培训模式又无法满足乡村人才成长和发展需求，针对高素质农民学历教育更几乎是空白，因此成立区域乡村振兴学院，有利于开展不同类型、不同层次的非学历教育和学历教育，搭建乡村人才教育培训的"立交桥"，为武陵山集中连片特困地区（重庆）乡村振兴战略的全面实施提供强有力的人力资源保障。

（5）传统人才市场有待进一步提档升级。目前，还没有针对高素质农民，甚至乡村人才的专门人才市场。①传统人才市场作用有限。传统人才市场中主要还是城镇户籍人员，覆盖面较窄，市场机制在统筹城乡人力资源配置中还没有起到根本性作用。②要素整合能力不足。一方面，涉及高素质农民服务和管理的农业、教育、卫生、社保、财政等行政职能部门"孤岛化"，传统人才市场缺乏有效统筹。另一方面，涉及高素质农民供需和成长发展的用人单位、高等院校、培训机构、金融机构、人才服务机构等社会要素"分割化"，传统人才市场缺乏有效整合能力。③精准服务能力不足。传统人才市场对用人单位的岗位需求和高素质农民的胜任能力很难实现精准匹配；被动化和格式化的公共服务平台服务方式单一，无法为高素质农民提供从岗位招聘、管理咨询、职业培训到社会保障全程化、全天候和个性化服务。④现代信息技术支撑能力欠缺。当前，智能化发展水平还不平衡，不仅现代信息技术支撑乡村人才振兴的能力和水平有限，而且高素质农民对现代信息技术掌握和运用能力也存在明显不足。同时，对高素质农民供求和结构变化的信息收集、整理和发布不够及时和准确，无法定期更新乡村人才各类信息，还没有形成独立的信息共享智慧平台。此外，对于高素质农民寻求到的工作岗位，由于缺乏虚拟现实等现代信息技术运用，无法身临其境体会和感受真实的工作条件和工作环境。

五、产业滞后型集中连片特困地区高素质农民培育经费管理困境

2012年以来，连续几年的中央1号文件对高素质农民培育工作作出重要部署，财政安排从2014年11亿元到2018年20亿元，经费增长接近一倍，近三年每年培训高素质农民100万人以上，为乡村振兴战略提供了坚实的人力资源保障。其中，高素质农民培育可持续开展的关键在于经费有效保障。反观现实，"拼盘式"的培训资金投入、"单一化"的经费配置方式、"任务式"的经费绩效考核（黎家远，2015）等问题都不同程度地影响着高素质农民培育工作的实效性。因此，在乡村振兴战略实施背景下，围绕高素质农民培育经费这个常常因各种原因"被回避"的要害问题，研究其政策支撑体系具有重要的理论和现实意义。鉴于数据采集困难，为了研究方便，本书没有局限于武陵山集中连片特困地区的重庆典型区域，而是选择整个重庆市作为研究对象，探讨重庆市高素质农民培育经费管理存在的问题，借此来突出集中连片特困地区农村人力资本开发过程中的经费投入这个关键问题。

1. 研究设计和方法

（1）研究设计。①农业广播电视学校的选择。农业农村部农民科技教育培训中心发布的《2019年度全国农业广播电视教育培训事业发展综合统计情况》显示，2019年度承担国家高素质农民培育工程任务的县级农广校1 169个，各级农广校承担国家高素质农民培育工程和地方高素质农民培育项目共计培训570 231人，占到全部培育总任务数的56.6%，农广校提供基础服务支撑覆盖85 538人。据《2019年度全国农业广播电视教育培训事业发展综合统计情况》及有关数据统计表明，重庆市有33个区县建立了农广校，其中独立建制的25所，县级农民科技教育培训中心27个。全市参与高素质农民培训的机构共61个，其中农广校占比为46%，职业院校占比为41%，其他培训机构占比为13%；2017年和2019年农广校体系培训高素质农民分别为14 636人和21 365人，占全市培训总任务量的78.0%和67.6%。从这个意义上讲，无论是全国，还是重庆市，以农广校为主体，其他社会资源为补充的"一主多元"的高素质农民培训体系基本形成。从这个意义上讲，以高素质农民培训主体——农广校为例，一定程度上可以反映重庆市高素质农民培训经费管理的总体情况。②参照省（区）的选择。国家统计局发布的《2018年国民经济和社会发展统计公报》显示，2018年全国城镇化率（城镇人口占总人口比重）为59.58%，较上年提高了1.06个百分点。根据各省份2018年的统计公报数据，选取常住人口及城镇化率作为参照点，与重庆市城镇化率（65.50%）比较相近的省份为内蒙古、山东、湖北（分别为61.18%、60.30%、60.10%）。基于参照省份，进一步分析农村人口占总人口（含农业和非农业人口）比率与重庆市相当省份的农村劳动力培训经费情况，一定程度上可以反映重庆市高素质农民培训经费管理的总体情况。

（2）研究方法。本书综合运用一般统计学和人口统计学相关理论、数据和方法，采取计量分析法和比较研究法了解重庆市高素质农民培训经费投入数量、使用质量、收支结构等总体管理态势。同时，辅之以文献研究、实地访谈、档案分析等研究方法获取资料建立数据库和案例库，以期揭示重庆市高素质农民培训经费管理的基本现状及其存在的主要问题，试图找出影响重庆市高素质农民培训经费管理困境的主要原因。

2. 当前主要困境

（1）总量相对有限。农业农村部农民科技教育培训中心发布的《全国农业广播电视教育培训事业发展综合统计情况》显示，2019年，内蒙古、山东、湖北三省（区）农广校办学经费总额分别达到8 945.55万元、17 661.78万元、7 923.31万元，而重庆市仅为7 111.60万元。其中，同年度三省（区）

农广校高素质农民培训专项经费为 6 711.10 万元、14 645.97 万元、4 900.50 万元，而重庆市仅为 4 114.05 万元（同期江苏省为 21 380.87 万元）。2018 年三省（区）该项目经费为 5 989.00 万元、9 097.32 万元、4 707.90 万元，而重庆市项目经费为 3 662.30 万元。就农广校高素质农民培训经费增长情况而言，较之 2018 年，2019 年除湖北省增长有限外，山东省和内蒙古自治区增长分别为 5 548.65 万元和722.10 万元，增长率分别为 60.99% 和 12.06%，而重庆市仅增长了 451.75 万元。显然，无论办学经费总投入，还是培训经费纵向比较抑或横向比较，重庆市高素质农民培训经费总量都相对有限，这与重庆市西部唯一一个直辖市的定位不相符合，更无法适应重庆集大城市、大农村、大山区、大库区于一体的基本市情对高素质农民培训的内在需求。

（2）结构不平衡。根据《全国农业广播电视教育培训事业发展综合统计情况》，本书整理了 2018 年和 2019 相关省份年办学经费（表 3-5 和表 3-6）。统计研究发现，农广校办学经费主要来源于工作经费、项目经费、事业收入和其他收入，其中项目经费包括农民培训专项、学历教育专项和其他专项。如表 3-2 所示，对比 2019 年内蒙古、山东、湖北、重庆四省（区）农广校办学经费，工作经费分别为 1 799.05 万元、2 797.25 万元、2 164.30 万元和1 533.65 万元，学历教育专项经费分别为 0 万元、6.00 万元、210.60 万元和20.00 万元。这说明，重庆市农广校办学过程中工作经费和学历教育专项经费相对较低。从结构上分析，我们发现，2019 年农民培训专项经费内蒙古、山东、湖北、重庆四省份农民培训专项经费占办学经费总数的比例分别为 75.02%、82.92%、61.85%、57.85%。进一步分析表 3-3 中的 2018 年数据，发现上述比例分别为 75.17%、72.29%、70.74%、52.63%，重庆市学历教育经费更是罕见地为零。这充分说明，相对于城镇化率相近的省份，虽然有其他专项项目经费、事业收入和其他收入，但重庆市高素质农民培训经费占比还是相当低，经费投入结构不平衡。总之，目前，无论是农广校的办学经费，还是高素质农民培训经费主要来源是政府财政投入，用人单位及农民个人承担非常有限，渠道比较单一。

表 3-5 2019 年四省份年办学经费统计

单位：万元

省份	年办学经费总数						
	总计	工作经费	项目经费			事业收入	其他收入
			农民培训专项	学历教育专项	其他专项		
内蒙古	8 945.55	1 799.05	6 711.10	0.00	298.40	81.00	56.00

（续）

省份	年办学经费总数					事业收入	其他收入
	总计	工作经费	项目经费				
			农民培训专项	学历教育专项	其他专项		
山东	1 7661.78	2 797.25	14 645.97	6.00	174.76	14.80	23.00
湖北	7 923.31	2 164.30	4 900.50	210.60	162.55	463.06	22.30
重庆	7 111.60	1 533.65	4 114.05	20.00	800.70	593.17	50.03

表 3-6　2018 年四省份年办学经费统计

单位：万元

省份	年办学经费总数					事业收入	其他收入
	总计	工作经费	项目经费				
			农民培训专项	学历教育专项	其他专项		
内蒙古	7 967.28	1 461.77	5 989.00	110.00	315.00	91.51	0.00
山东	12 583.94	2 940.26	9 097.32	14.00	313.00	195.36	24.00
湖北	6 655.66	1 187.55	4 707.90	211.00	239.88	300.33	9.00
重庆	6 958.03	1 513.57	3 662.30	0.00	1 246.80	257.00	278.36

（3）部门碎片化治理。从学历教育分析，高素质农民既可以参加普通高等教育、成人高等教育，又可以参加自学考试和远程网络教育等教育形式，但管理主体都在教育行政部门。非学历教育却有所不同，就高素质农民职业培训而言，既有农业行政部门、人力资源和社会保障行政部门、教育行政部门，甚至还有移民行政部门、商务行政部门，又有农业广播电视学校、高等院校、中等职业学校、党校、职业培训机构等各种类型的教育培训机构和农民专业合作社、农业企业等各类新型农业经营主体。以重庆市为例，调研发现，该市高素质农民职业培训、继续教育、移民培训就分属市农委、市人社局和市移民局等不同行政机构管理。高素质农民培训经费管理部门碎片化治理滋生的多头管理、政出多门的问题必然导致培训资金无法集中、使用权力过于分散，无法集中力量办大事，影响了高素质农民培训实际效果。当前，培训资金来源比较分散、管理政出多门问题是导致高素质农民培训经费管理困境的症结所在。

（4）职能缺乏整合。目前，"差异化切块模式"是高素质农民培训经费管理过程中比较普遍的做法，操作要点是政府逐级根据下一级地方政府所在区域农业产业规模、农村发展实际、农民人口规模等差异化程度，切块下达高素质农民财政经费补助资金①。虽然这种方法操作简单、方便易行，但是该模式重点强调的是单一化配置职能，还有很多问题和不足，主要表现在：高素质农民培训经费管理部门往往不仅对生产经营型、专业技能型、专业服务型和创新创业型高素质农民培训多元化和个性化需求缺乏应有的调查分析和研究判断，而且由于是政府财政投入缺乏拓展经费投入渠道的主动性和积极性。结果，机构职能缺乏有效整合导致经费投入动力不足、培训供需不匹配、支出不合理、监督不健全等问题时有发生。如何构建科学的理论分析框架，从机构、投入、配置、支出、监督等方面进行整体性治理，仍然缺乏系统性研究和具体实践。

第三节　基于质性分析的制度缺位型集中连片特困地区乡村教育人才振兴问题研究

2019 年 4 月，习近平总书记在重庆考察并主持召开解决"两不愁三保障"突出问题座谈会指出，"乡村振兴和持续发展的关键在教育"。乡村振兴，根本在教育，关键在教师。本书就秦巴山集中连片特困地区重庆区域的深度贫困乡镇的中小学教师现状做了研判，认为乡村振兴必先振兴乡村教育，教师是教育发展的第一资源，是破解贫困地区中小学教育难题的关键所在。但是，贫困地区中小学教育发展不充分，资源配置不均衡，中小学教师职称评审难以获得与其他地区学校同等的待遇，教师专业发展空间十分有限；反过来，优秀教师难以脱颖而出，影响了乡村中小学教育可持续发展和乡村振兴战略实施进程。本节基于质性分析探讨制度缺位型集中连片特困地区乡村教育人才振兴问题研究。

一、研究对象的选择和解读

1. 制度缺位型集中连片特困地区

制度缺位型集中连片特困地区是指在某个或者多个领域，缺乏相关的政策支撑、规章制度和规范性文件，或者制度本身存在着巨大的结构性缺陷，制度无法落地见效，导致城乡户籍、医疗和教育、就业、社会保障和公共服务等方面的二元结构矛盾突出的特殊困难区域。秦巴山集中连片特困地区区域范围包括河南、湖北、重庆、四川、陕西、甘肃6省（市）的80个县（市、区），国

① 鲁布碧、田书芹：《新型职业农民培训经费补助的三种模式及其比较研究》，《成人教育》，2018年第 8 期，第 53-55 页。

土总面积为 22.5 万千米²。该区域地跨长江、黄河、淮河三大流域，水资源丰富，森林覆盖率达 53%，矿产资源品种多样，旅游资源丰富，区内外交通运输网络发达。该区域人均教育卫生支出仅仅相当于全国平均数的 56%，乡村师资队伍建设滞后，教育基础设施落后，乡村发展整体较为缓慢，现代农业产业体系还不健全。当前，城乡医疗、卫生、教育和公共服务等二元结构造成的深层次矛盾仍然比较突出，制度缺位是影响集中连片特困地区农村人口空心化治理的重要瓶颈。重庆秦巴山集中连片特困地区是集大农村、大山区、大库区于一体的区域，总体上仍处于欠发达阶段、属于欠发达地区的基本市情，该区域教育事业虽然取得了长足的进步，但教育总体质量和水平有待提高，还不完全适应重庆市经济社会发展和人民群众接受良好教育的要求。乡村教育人才是乡村教育发展的第一资源，是破解贫困地区中小学教育难题，推动制度缺位型集中连片特困地区农村人口空心化治理的重点所在。

2. 乡村教育人才的界定

乡村教育有广义和狭义之分，广义的乡村教育是指为了促进乡村发展的一切教育活动，狭义的乡村教育指乡村学校教育。乡村（农村）学校是乡村教育教学的重要场域，乡村（农村）教师是乡村学校教育教学的核心。从事乡村教育的相关群体被界定为乡村教育人才，本书主要指的是乡村中小学教师。以乡村中小学教师作为人才主体的乡村教育人才则是乡村教育发展的主体，对乡村教育发展举足轻重，是破解贫困地区中小学教育难题的关键所在。本书正是基于此背景，对秦巴山集中连片特困地区重庆区域的城口县、云阳县、奉节县、巫山县、巫溪县等国家级贫困区县的教育发展，重点是对乡村中小学教师队伍建设进行调研，试图探讨和破解制度缺位型集中连片特困地区农村人口空心化治理困境。

二、制度缺位型集中连片特困地区乡村教育人才振兴面临的一般性问题

1. 区县域内教育资源不均衡

（1）农村学校呈现城郊少、远郊多的分布状况，与人口分布不匹配。秦巴山集中连片特困地区重庆区域的农村学校绝大多数分布在距离县城 10 千米以外。城口县包含农村中小学 97 所，农村地区没有普通高中学校，距离县城 2.5 千米以内 2 所，5 千米以内 3 所，10 千米以内 6 所，10 千米以外 86 所。酉阳县包含农村中小学 275 所（含教学点 152 个），距离县城 5 千米以内 2 所，10 千米以内 6 所，10 千米以外 267 所。

（2）学生大量流向城镇，农村教育资源出现闲置或浪费。随着城镇化进程

的加快，秦巴山集中连片特困地区重庆区域的农村生源急剧向城区、沿江沿路和中心集镇聚集，城区学校、中心集镇生源爆满，办学容量不足，造成部分学校大班额较严重，城区学校规划建设不足与入学需求剧增之间的矛盾凸显。农村教学点办学规模小，村小、教学点生源逐渐萎缩，有的甚至成为"空壳"，但资源占有量过大，造成大量资源浪费。城口县包含 200 人以下学校 69 所（其中 1～10 人的学校有 61 所），占比为 71％；200～500 人学校 17 所，占比为 18％；500～1 000 人学校 8 所，占比为 8％；1 000 人以上学校 3 所，占比为 3％。

2. 教育教学质量城乡差距大

秦巴山集中连片特困地区重庆区域的农村学校优秀骨干教师难留，新教师较多，教学水平不高，教学方法简单，严重影响了农村教育的改革创新力度。云阳县近年小学质量抽测综合排名，城区校际平均综合成绩为 382.75 分，农村平均综合成绩为 295.06 分，相差 87.69 分；从近年初中质量抽测看，农村初中二类学校中得分在 100 分以上仅 2 所，其余 20 所农村初中得分都在 100 分以下，且得分在 70 分以下的学校有 6 所。城乡之间、学校之间教育质量的差距仍然明显，尤其是城口县各级各类教育仍然在全市处于垫底的状况。

3. 教师队伍建设仍显滞后

（1）教师结构性缺员。随着城镇化进程的推进，秦巴山集中连片特困地区重庆区域的教师资源向城区及条件好的乡镇集中，农村教师逐步减少；校点布局分散，教师编制占用率高；艺体、综合实践等专任教师在农村学校严重不足，招聘困难，导致在教师配置上出现学科结构性缺编，特别是边远农村学校更为严重。

（2）教师性别比例失衡。例如，城口县教职工中男性 1 109 人，占比为 42.64％；女性 1 492 人，占比为 57.36％；新教师中，男性教师与女性教师比例为 3∶7，部分农村小学教师性别比更加低。云阳县农村新教师男女比例为 2∶8，失衡状况更加突出。

（3）教师队伍不稳定。秦巴山集中连片特困地区重庆区域的贫困区县由于区位优势和条件较差，教师招不来、留不住，高水平人才引进困难。例如，城口县地处偏远，经济发展相对较慢，许多优秀的师范生、大学毕业生不愿到城口县任教，导致教师队伍引进优秀人才困难。新招的教师多为县外教师，随经济发达地区对人才引进的力度不断加大，他们通过正常调离、辞职等方式不断外流。再如，云阳县作为贫困区县面向全国招聘教师，教师来源广泛，但立志扎根云阳的教师少，一些教师刚招进来就想调动，工作不安心。

4. 教育科研仍需加强

在秦巴山集中连片特困地区重庆区域，村小、教学点对教研教改重视不够，教学手段落后、教学方法陈旧。部分学校教育管理者对教育科研存在认识不足的问题，不重视教育科研，学校没有形成抓教育科研的氛围。县域内缺少教育教学引领带动的人才，没有形成真正意义上的学术梯队，影响了学科专业建设和发展。例如，城口县市级特级教师仅 3 名，正高级教师仅 2 名，高水平学术带头人严重缺乏。

5. 激励机制亟须完善和优化

调研秦巴山集中连片特困地区重庆区域，在教师绩效分配方面，按劳分配的原则体现得不充分，优质优酬没有完全落实。执行教师收入不低于或高于当地公务员平均水平的相关政策还有差距。例如，酉阳县教师绩效工资的 30% 部分被用于班主任津贴等管理费用，挫伤教师工作积极性。特别是中小学副校级干部、教务处、德育处、安稳办等管理人员的津贴如果在绩效工资中提取，教师意见非常大，导致管理人员无津贴发放，愿意从事管理工作的人员非常少，学校管理走入困境。在教师职称评聘方面，政策不够完善。高级职称评聘范围只针对一线教师和干部，而区县教委大量借调人员（不可能上课）职称评聘难，严重影响工作积极性。秦巴山集中连片特困地区重庆区域的部分学校存在职称越高的教师工作量越少，积极性越差的现象，职称评聘政策对于这部分教师的约束性和刺激性不够。

三、制度缺位型集中连片特困地区乡村教育人才振兴面临的制度性问题

据调查，秦巴山集中连片特困地区重庆区域的深度贫困地区乡村中小学师资队伍建设主要存在以下几点问题。

1. 师资队伍结构不尽合理

（1）学历结构不尽合理。秦巴山集中连片特困地区重庆区域的各乡镇中小学中具有本科学历的教师普遍偏少，具有本科以上学历的教师更是微乎其微；有相当大比例的教师为中师、专科学历，其知识背景、眼界视野等与新时代基础教育发展的新要求存在一定差距。

（2）专业结构不尽合理。秦巴山集中连片特困地区重庆区域的各乡镇中小学中均有一定比例的非师范科班出身的教师，有 10 所学校非师范科班出身的教师占比达到 30% 以上。其中，有 5 所学校非师范教师占比超过 60%，个别中小学如巫溪县天元乡高楼中心小学的非师范教师占比甚至高达 95%。部分学校由于教师数量不足、师生比例较高等问题，存在一名教师承担多门课程的

现象，在一定程度上影响了教学质量。

（3）职称结构不尽合理。《重庆市人民政府办公厅关于贯彻落实乡村教师支持计划（2015—2020年）的通知》（渝府办发〔2015〕148号）明确提出，重庆市乡村小学按1∶5∶4、初中按1.5∶5∶3.5的比例设置专业技术高级、中级、初级岗位，即重庆市乡村小学、初中高级职称教师占比平均值应分别为10％和15％。然而，秦巴山集中连片特困地区重庆区域的深度贫困地区的乡镇中小学中有超过一半的学校教师高级职称占比在6％以下，个别学校甚至至今还没有教师获得高级职称。

2. 引才聚才机制不够健全

（1）经济收入不高，岗位吸引力不足。重庆市于2014年开始为乡村教师发放生活补助。根据乡村教师在当地工作、生活条件的艰苦程度，各区县发放数额有所不同，但普遍在200～1 000元。调研发现，生活补助作为稳才留才的一种方式，确实使得近年秦巴山集中连片特困地区重庆区域的深度贫困地区乡村教师队伍相较以往更加稳定，但从近年深度贫困地区乡村教师队伍的"纳新"情况来看，生活补助对教育人才的吸引力还是有所不足，优秀人才"下不去"的问题依然存在。"人才振兴是乡村振兴的基础"。在乡村振兴成为国家战略的当下，秦巴山集中连片特困地区重庆区域在探索乡村教育人才振兴方面行动还较为缓慢，吸引人才特别是高层次人才到乡村学校工作至今还缺乏有效的激励机制。

（2）社会地位不高，岗位认可度不够。长期以来，由于一些主客观因素的影响，教师社会地位不高的问题普遍存在。目前，全国各地都在认真贯彻习近平总书记在全国教育大会上的重要讲话精神，纷纷采取各种措施着力提高教师的政治地位、社会地位、职业地位。重庆市委、市政府也于2018年9月出台了《关于全面深化新时代教师队伍建设改革的实施意见》，提出从建立健全教师表彰激励机制、评奖评优等多个方面提升教师社会地位，但相较于其他省份而言，重庆市在提升教师社会地位、提高教师身份认同、强化教师身份认同方面做得还有所不足。

3. 人才提升发展缺乏引导

（1）学历提升通道尚未完全打通。重庆市委、市政府一直以来高度重视乡村教师的继续教育，以往通过研修培训、置换交流、线上教育等方式对乡村教师的教育教学能力进行了有效提升，切实解决了阻碍秦巴山集中连片特困地区重庆区域的乡村教育发展的部分实际问题。然而，调研发现，秦巴山集中连片特困地区重庆区域的大部分深度贫困地区的乡村教师对于学历提升具有强烈的意愿和诉求，无论出于乡村振兴战略对人才的需要，还是基于新时代基础教育发展对教师队伍结构改善的要求，乡村教师队伍的学历提升已经到了一个刻不容缓的地步。据调查，目前秦巴山集中连片特困地区重庆区域对乡村教师学历提升还缺乏必要的政策支持，专门化从事乡村教师学历提升的高等教育机构还未真正建立。

（2）职称提升缺乏有效的政策照顾。与城镇教师相比，秦巴山集中连片特困地区重庆区域的乡村教师在各种资源的占有上存在较为明显的劣势。为此，重庆市人社局、市教委在 2016 年专门出台《关于贯彻落实乡村教师支持计划职称评聘政策的通知》（渝人社发〔2016〕133 号），为乡村教师评聘专业技术职务（职称）提供了免考职称外语和职称计算机、把乡村学校任教年限作为主要评定条件、艰苦地区工作的教师不作论文发表和课题要求等政策优惠。可以说，该政策在职称评聘上对乡村教师给予了较大的倾斜和照顾，但是，由于该政策对职称评审要求过度放宽且对教师在乡村学校任教年限要求过长，导致了当前秦巴山集中连片特困地区重庆区域的乡村教师队伍职称结构依然不太合理、部分教师出现"熬年限、混资历"的思想问题。

（3）人才分类发展激励机制尚未建立。与城镇中小学多元化的教师引导机制不同，秦巴山集中连片特困地区重庆区域深度贫困地区的乡镇中小学对教师进行鼓励、引导大多停留在追求教学课时等各类任务的完成上，功利性较强；对教师进行激励主要是通过传统的评选先进等方式，受益面较小，在一定程度上存在"轮流坐庄"的现象。调研数据显示，目前秦巴山集中连片特困地区重庆区域的深度贫困地区不同类型教师于不同发展阶段在目标定位、教学理念、教学范式方面都有着不同的个性化特点和多样化需求，现有的乡镇中小学教师引导激励机制根本无法满足不同教师群体职业生涯向上发展的可持续性要求，缺乏对各种类型教师的分层引导、激励措施。

4. 教师教学激励性不足

（1）"铺砖式"的任务堆砌代替了"垒砖式"的职业发展。调研发现，目前，秦巴山集中连片特困地区重庆区域的很多贫困地区中小学针对教师参与教学给予了多重支持，虽然通过优秀教师评选、教学示范岗等形式对教师教学进行了激励，但主要还是停留在"点"的层面，受益"面"小；职责方面单纯追求教学课时等各类任务的完成，功利性较强。结果，教师教学激励过程中"点状化""碎片化"倾向明显无法立足不同类型教师在不同发展阶段计划定位、教学理念、教学范式方面的个性化特点和多样化需求，无法满足其职业生涯向上发展的可持续性要求，导致教师职业发展通道不畅，大多中小学教师更多的是忙于"铺砖式"地完成一个又一个的任务，而无法通过任务的完成实现"垒砖式"的职业成长和专业发展，这是制约当前贫困地区中小学教师教学激励的关键问题。

（2）"共性化"的教学培训代替了"个性化"的定制培养。在现阶段，秦巴山集中连片特困地区重庆区域内很多贫困地区中小学开展了资格培训、岗前培训、课程教学培训等各种类型的培训活动，但这些培训更多强调的是"项目化"的活动策划和"任务式"的目标培训，缺乏对不同教师不同发展阶段职业成长的关注。如何既能保障贫困地区中小学对教师培训的共性需求，又能以教师为中心，区别新进教师、青年教师、中年教师、老教师等不同群体在专业发展过程中的个性化培养需求，瞄准职业生涯目标，找准各类教师成长成才存在的问题，精准施策，分类培训和培养，增强不同群体教师培养的针对性和目的性，这是制约当前贫困地区中小学教师教学激励的普遍问题。

（3）"单一化"的物质奖励代替了"多元化"的需求激励。调研发现，秦巴山集中连片特困地区重庆区域的贫困地区中小学大多采用"重奖激励教学"的方式激励教师参与教学改革，投入教学实践。该种物质激励的方式在一定程度上调动了教师教学的积极性，但"短期化"和"单一化"倾向明显，无法从可持续发展的角度推动教师发展。如何将教师教学发展由单一的物质奖励转变为国内培训、短期休假、评优评先、出国研修、职称晋升等多元激励方式；如何将物质激励和精神等其他激励相结合，融入教师教学发展层级设置、评选条件、履职方式、相关待遇、分类培训和晋级等一系列内容，进行一体化设计，实现阶梯递进式发展，这是制约当前贫困地区中小学教师教学激励的重点问题。

第四节　基于经验分析的资源缺乏型集中连片特困地区乡村旅游人才开发问题研究

党中央和国务院关于新一轮西部大开发的重大决策给乡村旅游产业的快速发展带来了前所未有的机遇，不仅为滇桂黔石漠化集中连片特困地区贵州区域乡村旅游经济开发提供了政策支持和战略保障，而且为该区域乡村旅游人力资源开发提供了重要契机。当前，滇桂黔石漠化集中连片特困地区贵州区域乡村旅游人力资源开发理念滞后，人才短缺、结构失衡、培养机制不健全等现实问题极大地影响了其乡村旅游产业的可持续发展，更直接影响了该区域脱贫攻坚和乡村振兴战略的进程。因此，从这个意义上来讲，要破解资源缺乏型集中连片特困地区的农村人口空心化问题，乡村旅游人才开发是一个极其重要的切入点。本书选择全国14个集中连片特困地区中扶贫对象最多、少数民族人口最多、所辖县数最多、民族自治县最多的滇桂黔石漠化集中连片特困地区典型区域进行乡村旅游人才开发问题的研究颇具代表性。

一、研究对象的选择和解读

1. 资源缺乏型集中连片特困地区

在国家 14 个集中连片特困地区，资源缺乏型集中连片特困地区是指总量方面自然资源贫乏、土地资源短缺、生产资料短缺，人均矿产资源、人均耕地等个体面积也在全国区域排位靠后，资源需求量远远超过资源供应量的特殊贫困区域。滇桂黔石漠化集中连片特困地区跨广西、贵州、云南三省（区），集民族地区、革命老区和边境地区于一体，是典型的资源缺乏型集中连片特困地区。该区域呈现三个特点：一是全国石漠化问题最严重的地区。滇桂黔石漠化集中连片特困地区碳酸盐类岩石分布广，是世界上喀斯特地貌发育最典型的地区之一。岩溶面积 11.1 万千米^2，占地区总面积的 48.7%，其中石漠化面积 4.9 万千米^2，中度以上石漠化面积达 3.3 万千米^2，有 80 个县属于国家石漠化综合治理重点县。二是资源就地转化程度低。滇桂黔石漠化集中连片特困地区土壤贫瘠，人均耕地面积仅为 0.99 亩。资源环境承载力低，干旱洪涝等灾害频发，生态条件脆弱。能源、矿产、生物等资源优势没有转化为产业优势，精深加工能力弱，缺乏具有市场竞争力的主导产业集群和大企业。三是少数民族人口最多的片区。滇桂黔石漠化集中连片特困地区有壮、苗、布依、瑶、侗等 14 个世居少数民族，共有少数民族人口 2 129.3 万人，民族优秀文化资源丰富，侗族大歌、苗族古歌、布依族八音坐唱等非物质文化资源丰富。在这种资源缺乏型集中连片特困地区，作为世界上喀斯特地貌发育最典型的地区和少数民族文化色彩斑斓的区域进行乡村旅游开发是破解农村人口空心化的重要途径，其中最为关键的是乡村旅游人才开发。

2. 乡村旅游人才

2018 年国家发展改革委会同有关部门共同研究制定的《促进乡村旅游发展提质升级行动方案（2018—2020 年）》、文化和旅游部会同有关部门共同研究制定的《关于促进乡村旅游可持续发展的指导意见》等相关文件都明确提出，要加大力度培育乡村旅游人才，但未对乡村旅游人才的分类有明确的界定。结合滇桂黔石漠化集中连片特困地区贵州区域实际和研究需要，本书研究的乡村旅游人才主要包括：①宏观层面的乡村旅游决策人才，主要指政府部门、文化和旅游局和乡村旅游行业协会；②从事旅游企业的经营管理者，包括旅游产品开发与规划者、业主、旅游企业经营管理者；③乡村旅游从业人员，包括农家厨师、农民导游、餐饮服务人员、住宿服务人员等。

二、资源缺乏型集中连片特困地区乡村旅游人才教育滞后

2020 年 5 月,《中共中央、国务院关于新时代推进西部大开发形成新格局的指导意见》出台,清晰擘画了加快新一轮西部大开发新格局的时间表和路线图,这为滇桂黔石漠化集中连片特困地区脱贫攻坚和乡村振兴战略有效衔接带来了新契机。通过对该区域六盘水市、安顺市、黔西南布依族苗族自治州、黔东南苗族侗族自治州和黔南布依族苗族自治州的调研,我们发现,滇桂黔石漠化集中连片特困地区贵州区域乡村旅游人力资源的需求大量增加,但落后的学历教育体系和滞后的乡村旅游人才培养模式严重制约了滇桂黔石漠化集中连片特困地区贵州区域乡村旅游人力资源的有效供给。一方面,滇桂黔石漠化集中连片特困地区贵州区域旅游专业学历教育体系不完整。目前,旅游管理专业主要分布各地州的六盘水师范学院、安顺学院、兴义民族师范学院、黔南民族师范学院等高校。学历教育主要集中在高职专科和大学本科,缺乏硕士学位点和博士学位点,使得旅游专业高层次的学历教育匮乏,难以为滇桂黔石漠化集中连片特困地区贵州区域乡村旅游战略规划提供科研支撑和人才支持。另一方面,旅游人才培养模式滞后。目前,该区域部分高校旅游人才培养方案设计还不能很好地与滇桂黔石漠化集中连片特困地区贵州区域乡村旅游产业发展实践很好地接轨,在实践操作中主要表现在课程体系不完整、教学范式局限于传统"说教式"传授、实践教学体系不完善、双师型师资力量缺乏、实验实训设备匮乏、科研基础薄弱,导致旅游行业和相关企业所需求的旅游管理、策划与讲解等复合型人才不能得到有效满足。

三、资源缺乏型集中连片特困地区乡村旅游人才培训实效性有待提升

培训是乡村旅游人力资源开发的重要手段。目前,滇桂黔石漠化集中连片特困地区贵州区域乡村旅游人力资源培训实效性还不尽如人意。主要表现在:①乡村旅游人力资源培训机构不健全。调研发现,滇桂黔石漠化集中连片特困地区贵州区域乡村人力资源培训更多的是依靠政府旅游教育培训机构。由于组织培训的动力不足,导致培训形式单一,培训效果不佳。很多旅游企业员工职业发展机制和人才激励机制不完善致使行业企业参与乡村旅游人力资源培训积极性不高。各类培训机构因缺乏一定的准入标准,进入乡村旅游人力资源培训行业还有一定的难度。总之,乡村旅游人力资源培训尚未建立一套立体化的培训机构体系,从而影响了滇桂黔石漠化集中连片特困地区贵州区域乡村旅游人力资源培训数量与质量,制约了乡村旅游产业向高水平方向发展。②乡村旅游

人力资源培训体系不完善。由于对滇桂黔石漠化集中连片特困地区贵州区域乡村旅游人力资源未有明确的定位，缺乏从组织、岗位和个人层面进行大量翔实的培训需求调查，导致乡村旅游培训的内容与人力资源的需求存在较大的差距。在乡村旅游人力资源培训规划和实施方面，由于缺乏系统的培训设计，不切实际的培训教材、缺乏行业实践的培训师资、理论性较强的培训课程、落后的培训方式往往无法调动参训学员的积极性，再加之缺乏有效的培训评估和应用、培训经费得不到有效保障，常常使得滇桂黔石漠化集中连片特困地区贵州区域乡村旅游人力资源培训大打折扣。所以，该区域乡村旅游人才的职业资格证书获取率相对较低，乡村旅游人才获得的个人荣誉称号较少也是必然的。

四、资源缺乏型集中连片特困地区乡村旅游人才资源缺乏有效的整合

滇桂黔石漠化集中连片特困地区贵州区域乡村旅游人力资源具有战略性、文化性、复合型和创新性等特征。但由于缺乏有效的整合，导致该区域乡村旅游人力资源总体素质不高，行业实践能力不够。主要表现在：①乡村旅游人力资源没能很好地将文化和旅游进行有效的融合和提升。在滇桂黔石漠化集中连片特困地区贵州区域乡村旅游人力资源开发过程中，旅游开发者往往过分重视旅游人力资源的旅游知识和行业技能的培训和提高，忽视了旅游的核心理念——文化，缺乏对文化和旅游的融合、创新和发展，使得滇桂黔石漠化集中连片特困地区贵州区域乡村旅游缺乏文化内涵，无法有效地吸引旅行者形成难以忘却的旅游回忆和文化怀念，不利于该区域旅游产业的可持续发展。②乡村旅游人力资源缺乏区域性整合。滇桂黔石漠化集中连片特困地区贵州区域乡村十分广阔，乡村旅游资源非常丰富；地广人稀，对乡村旅游人力资源的专业素养要求非常高。同时，滇桂黔石漠化集中连片特困地区贵州区域乡村旅游项目开发非常注重通过乡村旅游线路连接和产业链整合的方式开发旅游项目，这对乡村旅游人力资源的跨区域协作能力提出了更高的要求。但现实情况是，云南、广西和贵州省际之间和集中连片特困地区区域之间地方保护主义和分割的劳动力市场阻碍了区域之间乡村旅游人力资源的良性流动，加之区域政府面对区域乡村旅游人力资源的整合困境，往往缺乏科学的调控方式和手段导致滇桂黔石漠化集中连片特困地区贵州区域乡村旅游人力资源缺乏区域性整合实效。

五、资源缺乏型集中连片特困地区乡村旅游人才总体满意度水平一般

根据滇桂黔石漠化集中连片特困地区贵州区域乡村旅游人才的调研，结果

显示，该区域乡村旅游人才对本职业的满意度水平有待提高，具体表现如下：①对工资薪酬及政府提供培训内容、政策支持的满意度为一般。比较研究表明，虽然滇桂黔石漠化集中连片特困地区贵州区域乡村旅游发展很快，且乡村旅游接待游客增长率、乡村旅游收入的增长率有很大提高，但是滇桂黔石漠化集中连片特困地区贵州区域乡村旅游从业人员的人均可支配收入与周边的广西壮族自治区和云南省相差不小。与此同时，地方文旅部门尚未建立乡村旅游从业人员数据信息库，面向乡村旅游从业人员开展的培训较少，即便有也主要是部门内部的岗前培训。主要原因可能是，滇桂黔石漠化集中连片特困地区贵州区域乡村旅游人才的投入力度有限，针对乡村旅游的培训实效性有待提升，这使得乡村旅游人才对政府提供的相关政策持有保留意见。②对目前所享受的社会保障不满意。滇桂黔石漠化集中连片特困地区贵州区域乡村旅游人才对自身工作薪酬满意度一般，且对享受的社会保障满意度较差，这虽然是整个乡村产业人才都存在的普遍现象，但该区域表现尤甚。当前，农家乐等乡村旅游经营单位尚未保证所有员工的社会保险，政府也尚未建立农户的社会保障制度，这使得滇桂黔石漠化集中连片特困地区贵州区域乡村旅游人才缺乏安全感。

第四章　欧洲农村人口空心化治理比较研究

20 世纪 80 年代，欧洲农村出现了三类农村问题：第一类是城市郊区的人口密集、环境承受压力过大问题。这类问题表现为人口涌入、人口过多与密度过大，环境受到了污染，超过了环境承受能力。第二类是农村衰败问题。这类问题表现为农村人口持续流出、边缘土地荒芜化、基础设施缺乏，农村经济占当地国内生产总值（GDP）的比重持续下降。第三类是特别脆弱地区的农村问题。这类问题表现为人口极其稀少、土地荒芜化严重、公共基础设施严重缺乏等。欧洲通过有针对性的农村人口空心化治理，已取得了初步成效。欧洲的治理策略和路径为其他国家的农村治理所效仿，其中，美国、澳大利亚参照欧洲的治理方法已取得了效果，当地农民对此积极回应[①]，如澳大利亚的昆士兰农村地区已扭转了 1950 年以来人口持续下降的局面，人口与经济已稳定增长多年[②]。本书以期欧洲的做法能为我国的农村人口空心化治理提供经验借鉴。

第一节　欧洲农村人口空心化治理的背景

欧洲农村变化肇始于 20 世纪 50 年代。1957 年，法国、联邦德国、意大利、荷兰、比利时和卢森堡共同签订《建立欧洲经济共同体条约》，提出成立欧洲经济共同体。为促进农业的发展，欧共体制定了共同农业政策，主要目标是：提高农业生产率，稳定地为消费者提供所需的粮食，确保欧共体农民有一个适当的生活水平等。为此，欧共体实施了一系列的措施，包括保持合理的农

---

① M. Murray, L. Dunn, *Capacity Building for Rural Development in the United States*, *Journal of Rural Studies* 11 (1), 1995, pp. 89-97.

② Lynda Herbert-Cheshirea, Vaughan Higgins, *From Risky to Responsible: Expert Knowledge and the Governing of Community-led Rural Development*, *Journal of Rural Studies*, 20, 2004, pp. 295.

产品消费价格，建立有效的农产品共同价格机制，以及与共同价格机制相配套的农产品价格运行机制等。通过这些措施，欧共体成员国农业生产率得到了提高，农民生活水平得到了改善。农业生产的产量在过去 10 年间稳定地按每年 2% 的速度增长。随着欧共体内需求增长放慢至每年 0.5%，许多主要的农产品出现了自给自足后的结构过剩。与此同时，欧共体的农村出现了新的问题，欧共体将这些问题分为了以下三类。

第一类是城市郊区的人口密集、环境承受压力过大问题。这类问题主要发生在大城市附近的农村地区和进入大城市交通干道周围的农村区域。这些地区由于优越、便捷的地理区位和有利的经济条件，吸引了越来越多的移入民。同时，机械化、新的育种技术、复合繁殖技术、微量元素肥料、保护庄稼的农药为农业发展提供了物质基础；农民容易获得农业贷款和欧共体提供的价格支持为农业发展提供了资金支持；对市场前景看好为农业发展提供了信心支持。在这些因素的共同作用下，农业生产率在这些地区相较于其他地区提高得更快，农业产出成倍增加，以至在这些地区出现了农业现代化和农业生产空前程度密集化。在这些地区，农业产业结构多样化，修建了无数的旅游景点和供游人休闲的娱乐设施，工业和服务部门非常分散，农业经济活跃。也正是在这些地区，肥料的大量使用造成了污染。在 1971 年和 1983 年，当地氮肥的使用比过去增长了 67%，磷肥使用增长了 15%，钾肥使用增长了 19%。现在，这些地方由于地理位置优越、投资回报率高而正在竞争性使用土地，土地的外貌改变较大，季节性旅游超负荷，人口增多所增加的建筑、土地的密集化与高产出严重超出了这些地区的承受能力，影响了生态平衡，产生了人口密集、环境承受压力过大的问题。这类问题在英格兰的东南部、巴黎-布鲁塞尔-波恩三角区等表现得尤为突出。

第二类是农村衰败问题。近年，欧洲许多农村地区存在着农村人口持续流出现象。这种流出以两种方式出现：一种是从一个地区净流出的方式。因为人们在当地农村不能就业而流向大城市，这主要发生在希腊、意大利南部地区、西班牙和葡萄牙的内陆地区、爱尔兰和北爱尔兰；另一种是同一地区内从农村流向城市的方式。以这种方式流出时，该地区的人口总量没有减少，但城镇人口增加、农村人口减少。农村人口的流出导致了农村人口减少而产生了农村衰败现象。农村衰败主要表现为：①经济结构单一。在农村衰败地区，因为自然和经济结构障碍，农业是其主业，经济缺少多样化，经济来源主要依靠农业。②人口外流。许多小型农场因为太小以至于不能提供一个人的工作量，而补充或替代的工作在这些地区太少或根本没有，由此产生了相当大比例的隐性失业，一些人甚至是完全失业。面对就业问题，当地 15～45 岁的劳动力，特别是妇女和年轻人纷纷离开农村，这造成了这些农村地区的人口持续减少和人口老龄化。隐性失业导致了人口外流。③服务提供差。一方面，人口的减少导致对服务的需求减少而影响服务业的存在；另一方面，这些地区服务业因远离城市所产生的交通、修理等导致服务价格高。在这些地区，建筑、洗衣、维修的价格高且质量较差。因此，人口的减少通常导致公共部门服务和私人部门服务的衰落，服务的衰落不仅表现在提供服务的数量上，也表现在提供服务的质量上。④基础设施落后或缺乏。这些地区的基础设施落后甚至缺乏，不能满足经济多样化的要求。⑤边缘性土地荒芜化。一些边缘性地区的土地因缺乏耕种及治理，造成土地荒芜化。没有林木保持水土的地区，甚至出现了植被为山火所破坏的现象。农村衰败主要发生于西班牙西北部、爱尔兰西部、北爱尔兰和苏格兰西部、希腊、葡萄牙、西班牙中部和南部地区、意大利南部地区。

第三类是特别脆弱地区的农村问题。这类问题主要发生在人们难以到达的非常偏远的农村地区。在这些地区，如同存在第二类问题的地区一样，存在着农村人口持续严重流出现象；属于偏远地区或相对不易进入的地区，存在着自然和经济结构障碍，以农业为主业；农场不能提供人们充分就业；经济结构缺乏多样化；公共服务和私人服务提供存在着问题；基础设施较少且经济多样化的潜力小；一些土地被荒芜化且受到侵蚀。这类地区与第二类问题出现的地区的区别在于：农村衰败和人口减少更为明显，经济多样化的潜力更有限，需要经济多样化的基础设施发展成本特别高。这种类型的问题主要出现在高山和丘陵地区，分别是阿尔卑斯山和比利牛斯山脉的部分地区、高地中部、希腊的南部山区、意大利、西班牙、葡萄牙、英格兰高地和许多岛屿①。

第二节　欧洲农村人口空心化治理的策略

针对上述农村问题，欧共体提出，要解决这些问题须采取多方面的行动措施，包括通过立法和资金来支持农村发展。同时，欧共体所采取的措施须以目标为导向且应直接、谨慎，所采取的政策和措施应符合欧共体农村的实际情况。此外，欧共体认识到，欧共体不能解决所有农村的发展问题，欧共体的行动措施必须具有选择性、持续性和符合相关目标。欧共体的治理策略具体到三类农村问题上，其策略如下②：

---

① Commission of European Communities，*The Future of Rural Society*，1988，pp. 17-30. http://ec. europa. eu/agriculture/cap-history/crisis-years-1980s/com88-501 _ en. pdf. 2013-9-22.

② Commission of European Communities，*The Future of Rural Society*，1988，pp. 31-66. http://ec. europa. eu/agriculture/cap-history/crisis-years-1980s/com88-501 _ en. pdf. 2013-9-22.

第一类问题的核心矛盾是环境保护和农村发展之间的矛盾。欧共体首先确定了解决这类问题的价值目标是从环保的角度保持农村完整而不受损害。因为环境不仅具有生态缓冲和再生自然资源的功能，而且还能为城市居民提供娱乐和休闲的活动区域，所以这类农村区域的经济发展步伐应服务于农村的环境保护，应避免竞争性使用土地和增加污染，应满足城镇居民的绿色空间需求。其次，欧共体确立了环境受损农村地区的治理方案。欧共体提出，随着环境保护作为一个明确的目标，应当避免加深环境受损地区的进一步环境损害；应制定法规来鼓励环保型农业和林业技术的使用；对已有环境损害的农村地区，应尽可能制定土地一体化的使用规划，应使用一个高效率和弹性的框架来管理，政治决策者应使用这个框架提供的信息和决策程序来评估各种利害关系方竞争性使用土地以及它们可能对自然环境产生的影响，并在此基础上作出选择。再次，欧共体重视利用环境评价程序。共同体认为，应充分利用评价程序来评定某些公共和私人项目对环境的影响，并修改其中不适合的规定。最后，欧共体确定了地区一体化规划是其成员国和相关地区主管部门的责任，欧共体仅负责补充研究和推荐建议，但在欧共体援助的地区或有农村发展项目的地区，欧共体将提供金融和技术援助。

对于第二类问题，欧共体主要通过发展农村经济多样化和发展农村内在潜力来解决。这类问题的关键是农村地区的经济结构方面远远滞后于其他地区，缺少多样化的经济，没有大的动能来改善农业结构。因此，首先要恢复这些农村地区的活力和发展，不仅需要对农业本身采取相应的行动措施，还需要采取其他行动措施，如对初级农产品和次级农产品深加工，改变农产品的高附加值在外地完成的局面，促进相关农业产业升级；提升产品品质，形成当地特有标识，对当地产品加贴本地区特有标识；水产养殖不仅能带来高附加值，还能带动上下游产业并提供就业岗位，要利用池塘和其他水域为水产养殖提供集团生产；要充分利用旅游景点、农村教堂、风景等这些自然条件和文化遗产开发来发展旅游业。其次，欧共体成员国的各级政府从资金、税收、服务方面激励中小型企业（small and medium-sized enterprises，简称 SMEs）到这些农村地区投资。因为区外的大型公司不愿来此投资，所以农村经济多样化主要依靠中小型企业。再次，欧共体为刺激企业来此投资并吸引劳动力到此类地区工作，采取多种措施发展服务业以改善社会环境。欧共体为市场调查、可行性研究、管理咨询、商业共用设施、投资资本的获取、创新技术的应用、综合配套服务中心等服务提供资助；建立一系列旅游配套服务设施，包括休闲活动设施、儿童看护设施、导游、信息提供等。从次，欧共体要求加强基础设施建设。建设新的基础设施或改进现有的基础设施不仅是经济多样化的必要条件，而且还是吸引劳动力到此工作的必要要件。这些基础设施不仅是基础的交通、电信设施等，还包括企业所需的其他基础设施。最后，欧共体强调人力资源的教育与培训。欧共体除对现有产业转型的工人培训外，还注重对年轻一代进行教育。欧共体提供的教育培训包括针对管理者和农民的信息技术培训，对农村地区建筑工人的高素质培训，深层次的职业培训等。

对于第三类问题，欧共体认识到，这类农村地区地处高山、丘陵和某些岛屿，远离旅游线路，地处不利的自然条件区域，缺乏配套发展措施，缺少经济发展动机。因此，对这类问题解决的总体思想是，要通过长时间和不懈的努力来发展这类农村地区。首先，通过实施强制性补贴和调整共同农业政策来刺激农民，保持农村人口维持在现有水平。其次，在林业发达地区实现林业生产和木材加工一体化，促进现有小型商业和小型企业的发展。再次，协调欧共体与各成员国的规划干预，以确保当地人口得到所需要的援助。应给当地人口提供基本的服务，开展教育和职业培训，保证所必需的基础设施，发展必需的通信基础设施，建立多媒体中心，谨慎引入适合当地人口特定需要的新信息技术和电信技术。最后，这类地区要保护建筑物、民族遗迹等文化遗产和自然环境。自然环境不仅具有再生的自然功能，还因为自然环境是发展旅游业的特殊资产；文化遗产不仅因为其本身是文化载体，还因为文化遗产也是发展旅游业的资产[①]。

第三节　欧洲农村人口空心化治理的实效

通过对人口密集、环境承受压力过大问题的治理，一些地方的环境压力明显得到了改善。针对过度使用农地问题，通过土地使用规划，对农业区域划界，对绿色农业给予援助，保持了农业竞争力，注重了环境保护，土地的需求压力被减轻，土地的脆弱性得到了改进；针对公众过度使用林地及造成的环境污染，通过引导公众接纳环保型的休闲、娱乐和度假活动，让公众对环保给予足够的重视，从而保护林地免受破坏，修复受损的绿地，平衡城市和林地区域[②]；针对生产的工厂化与集约化问题，通过控制农药、化肥、杀虫剂的使用，改变这类地区的价格支持政策，减少产量，避免因产品过剩造成的农产品积压问题；通过相应的土地使用规划、环境法规与标准、农业服务建议、环保技术、设立保护区等手

---

① Mark Goodwin, the Governance of Rural Areas: Some Emerging Research Issues and Agendas, *Journal of Rural Studies*, 14（1），1998，pp. 5-12.

② J. S. C. Wiskerke, B. B. Bock, M. Stuiver, H. Renting, *Environmental Co-operatives as a New Mode of Rural Governance*, *Netherlands Journal of Agricultural Science*, 51-1/2, 2003, pp. 9-27.

段，使人口密集、生产集约化造成的农业及环境问题得到了有效治理①。

在解决农村衰败问题方面，欧洲改善地区储蓄信贷条件，提供咨询服务援助，加强农产品食物原料品质集团化建设，支持创建地区标识，尽可能在海生物区实行集团化生产；欧洲提供产业服务支持，改善和加强企业对信息及通信网络的获取，帮助服务企业形成有效需求，援助新技术应用，发掘服务企业的内生潜力，鼓励形成集团和组织，成立发展机构，促进旅游和微型企业的发展；欧洲形成了农村教育网状结构，建立了有培训设施的农村培训中心；通过补贴、贷款补息等实质性资金援助，欧洲支持创新，鼓励中小型企业的出口与研究合作。通过治理，一些地区的经济多样化得到了提升，人口与劳动力得到了回流，农业产业结构得到了升级，对农业产业形成了地区原产地标识，援助的环保型农业有序发展，划分了适合海洋生物的海岸区，改变了过去木材产业以低价的次级木材品质为主、林地财产碎片化、林地集中度低、未充分开发利用林地的做法，形成了废弃农地森林化、林地重新配置和整合、发展木材产业的局面。2009 年，通过欧盟、欧盟各成员国及当地政府的治理，英国的威尔士不仅解决了传统的农业问题，还形成了农村经济多样化和高附加值的经济②。

针对第三类问题，欧洲通过融资和引导社会资本投资农业、工业、服务业、电信化发展所需的基础设施，一些山区的基础设施得以建设；通过发展服务业来提供劳动力所需的行政管理、健康、教育和交通服务，一些地区相应的服务设施得以建设；通过收入支持，改善了农村的居住条件、土壤保护，创造了保护区，保护了环境③；通过经济多样化，解决了农业结构单一、生产条件和生活条件恶劣的问题，增加了农民收入，使得农民继续留在这些农村地区④；通过刺激木材和纸业，实行农业食品原料集团化，最大化地利用"欧洲高山产品"标识等措施，一些高山、丘陵地区的人口数量、经济多样化、环境得到了改善⑤。

① Nigel Walford, *Agricultural Adjustment：Adoption of and Adaptation to Policy Reform Measures by Large-scale Commercial Farmers*, *Land Use Policy* , 19 (2002) pp. 243-257.

② Simon Pemberton, Mark Goodwin, *Rethinking the Changing Structures of Rural Local Government-State power*, *Rural Politics and Local Political Strategies？ Journal of Rural Studies*，26 (2010)，272-283, pp. 278. 281.

③ J. S. C. Wiskerke, B. B. Bock, M. Stuiver and H. Renting, *Environmental co-operatives as a new mode of rural governance*, *Netherlands Journal of Agricultural Science*，51-1/2, 2003, pp. 9-27.

④ I. Cunningham, *Human Resource Management in the Voluntary Sector：Challenges and Opportunities*，*Public Money and Management*，19 (2)，1999, pp. 19-25.

⑤ H. Meert, Farm Household Survival Strategies and Diversification on Marginal Farms. *Journal of Rural Studies*，21 (1)，2005, pp. 81-97.

第四节　欧洲农村人口空心化治理的经验借鉴

（1）整体规划。欧洲于1962年共同农业发展政策的作用下，一方面取得了农村劳动生产率提高、粮食供大于求的成绩，另一方面却在农村中产生了一些问题。针对这些农村问题，欧洲首先对农村情况进行普查，在普查的基础上对欧洲的农村问题整体规划、分门别类，对不同的农村问题确定不同的治理价值目标并采取不同的治理措施。欧洲针对城郊和接近主干道的农村地区所受到的人口密集和环境压力问题，确定的治理价值目标完全不同于农村衰败地区和高山、丘陵地区。针对城郊和接近主干道的农村地区的治理价值目标是，农村经济发展须受制于环境保护，以环保为价值目标；但对农村衰败地区和特别脆弱地区的治理价值目标却是，发展农村经济结构多样化，以发展农村经济为中心。欧洲的整体规划，有利于欧洲对农村整体情况的充分了解和认识；有利于欧洲各国和地方政府有针对性地采取措施，防止采取不当措施和浪费资源；有利于欧洲内部之间的地区合作，对属于不同行政区划下具有相同问题的农村区域，打破行政区划限制，实行一体化治理；有利于欧洲内部地区发展的相互协调一致。

我国近年农村人口流向城镇，造成了农村人口空心化，而各地人口减少与土地荒芜的情况各不相同，如东部经济发达地区，农村人口空心化情形相较于西部更轻，而西部的农村人口空心化分布也不均匀，一些地方相对较轻，一些地方则严重到整体空心化。我们可以借鉴欧洲的整体规划做法。通过整体规划，可以了解我国农村整体情况是什么，农村人口空心化分布的地区与程度轻重；通过整体规划，我们可以对农村人口空心化问题分类，分别归类出不同类别的农村人口空心化问题，然后制定不同的规划目标和解决措施，同时对于一些跨行政区划的、需要一体化治理的区域则实行跨地区规划与治理。农村人口空心化治理涉及多部门、多地区与多学科，因此，首先需要治理的整体规划。

（2）经济多样化。欧洲一些农村从20世纪70年代开始，经济发展呈现多样化，这些产业常常以纺织、服装、皮革、鞋袜等劳动密集、低技术型为主，经济结构的多样化为欧洲该时期的农村经济发展注入了活力，同时又提高了就业率。在20世纪70年代，意大利60%以上的新工作是在农村地区。但到了20世纪80年代，一些因农村大量的劳动力、便宜的建筑场所和当地政府提供的许多投资激励措施而投资的企业，因与当地社会和经济结构没有多大联系，度过各种危机的能力差，许多企业纷纷倒闭；一些与当地农业有直接联系的产业，如主要由农业和林业提供的原材料的小型加工厂，也出现了关门情况。在针对农村衰败、特别脆弱地区的农村问题时，欧洲提出了发展经济多样化的经济策略，要求原有的经济多样化地区恢复经济多样化，没有经济多样化的地区发展经济多样化。通过经济多样化，既可以为农村经济增长提供源泉，又可以为农村劳动力提供雇佣岗位，为隐性失业状态的农村劳动力提供工作来源和收入[①]。

我国农村人口空心化地区的经济落后，部分土地荒芜，农村经济占当地GDP 的比重日益下降。对农村人口空心化最根本的治理就是对农村经济的治理，只有发展了农村经济才能留住人口，才能繁荣农村。农村经济的繁荣，除了农业产业本身的繁荣外，还要因地制宜，发展多样产业[②]。因此，我们可以借鉴当时欧洲的做法，在发展农业与林业的同时，发展多样产业。通过经济多样化，可以为我国的农村提供经济增长，解决我国农村空心化的农村隐性失业问题，吸引外流农民返回当地就业，增加农民收入，从源头上解决农村因经济落后造成劳动力外流的农村人口空心化问题。

（3）配套支持。欧洲对第二、三类农村问题的治理，除其他措施外，还注重相应的配套设施和措施支持。欧洲认识到，有限的基础设施是农村发展的严重阻碍，缺乏基础设施会使农村投资缺乏吸引力[③]，如果没有相应配套设施和措施的支持，第二、三类农村问题的治理是不可能成功的。首先，没有交通、电信、企业服务等基础服务设施的建设，这类农村地区很难吸引企业到此投资。由于缺乏相应的设施建设及环境因素，即使有企业在此建厂，也很难吸引劳动力流动到此工作。其次，即使有劳动力流动到此，如果劳动力缺乏相应的素质与技能，也根本适应不了企业生产的需要，无法参与企业生产。因此，还需提供劳动力的培训与继续教育配套服务。最后，对一些适合发展旅游的农村地区，如果缺乏相应的配套设施，旅游产业也很难蓬勃发展。欧洲正是认识到相应配套设施与措施的重要性，才采取相应的对策。例如，欧洲为减少农村投资的风险，增加投资营利性，要求各成员国提供市场调查、可行性研究等一些基础服务，还要求提供相应的人力资源教育、培训服务。

① S. McNally, *Farm Diversification in England and Wales-What Can We Learn From the Farm Business Survey? Journal of Rural Studies*, 17 (2), 2001, pp. 247-257.

② C. Barbieri, E. Mahoney, *Why Is Diversification an Attractive Farm Adjustment Strategy? Insights from Texas Farmers and Ranchers. Journal of Rural Studies*, 25 (1), 2009, pp. 58-66.

③ C. F. Jaarsma, T. Van Dijk, *Financing Local Rural Road Maintenance. Who Should Pay What Share and Why? Transportation Research Part A: Policy and Practice*, 36 (6), pp. 507-524.

越难以获得高水平的服务、信息和其他资源，经济发展的挑战就越大①。现在普遍认可高质量商业服务的有效性对产业活力和范围具有的重大影响。同样，对个人服务的有效性也对一个地区人力资源的质量和数量有积极影响。在一定条件下，对基础设施的投资是发展的先决条件，必须纳入一个地区内的综合性发展规划与策略中②。因此，我国在治理农村人口空心化发展经济时，需注意相应的配套设施与措施建设。如果只注意经济发展其他方面因素的建设，而忽视了相应的配套设施与服务提供，则农村经济不能健康发展，农村人口空心化治理也不能成功。欧洲的交通、电信、企业服务等基础设施的建设，劳动力的培训与继续教育配套服务提供，旅游地区的配套设施建设等无疑可以为我国农村人口空心化地区所借鉴。

（4）资金投入。农村地区曾被作为廉价与富余劳动力的获取地。当劳动力廉价且占产品成本的比重高时，外面的一些投资者就会到农村设立工厂以减少产品的成本，农村地区的投资就会快速增长，农村经济也会快速增长；但当交通运输、资本和技术在产品成本中的比重变得日益重要时，投资就会转移至城市。现在，农村劳动力不再富余也不再廉价，且农业的资本回报率只有其他产业的40%，因此，只能通过资金支持来激励农村衰败地区和特别脆弱地区的经济发展。欧洲先对这些地区进行评估，在评估需要资金支持后，会事先拟定资金支持所要达到的目标。在投资的对象上，欧洲的资金支持主要投向中小企业，原因在于农村地域广、人口分布不均匀，中小企业相较于大型企业转型快、见效快，所需资金少，更容易见效和达到欧洲设定的目标。欧洲还从1991年发起了LEADER③项目④，由欧洲出资资助第二、三类问题的农村地区经济建设，当地执行团体（local action groups，简称LAGs）作为各方利益代表可以去欧洲竞争资助⑤。欧洲所有的成员国都承认，如果不对农业和农村地区提供金融支持，便不可能实现共同农业政策的两个目标。目前，欧盟财政

①　S. O'Hagan，B. Cecil，*A Macro-level Approach to Examining Canada's Primary Industry Towns in a Knowledge Economy*. *Journal of Rural and Community Development*，2（2），2007，pp. 18-43.

②　Commission of European Communities，*The Future of Rural Society*，1988，p. 33.

③　LEADER 是 Liaisons Entre Actions de Development de l'Economie Rurale 的缩写，意为参与农村经济发展。

④　Michael Böcher，*Regional Governance and Rural Development in Germany：the Implementation of LEADER＋*，*European Society for Rural Sociology*，p. 378.

⑤　Sally Shortall，*Are Rural Development Programmes Socially Inclusive? Social Inclusion，Civic Engagement，Participation，and Social Capital：Exploring the Differences*，*Journal of Rural Studies*，24，2008，p. 455.

预算的 40％用于农业支持①。

我国一些偏远的农村地区，农村人口空心化问题严重，地理位置差，交通不便，投资回报率特别低，如果不对这类区域进行资金支持，就难以吸引企业到这类地区开展活动，难以促进这类地区经济繁荣。因此，我国有必要借鉴欧洲的资金支持这一做法，对一些经济发展特别困难的农村地区进行评估，在评估后设立资金支持拟要达到的目标，实行以目标为导向的资金支持。我国可在具体的方式上，根据实际情况，对农村地区的市场进行资金支持，也可以对该类农村地区的企业进行资金支持或采取其他方式。我国农村人口空心化的治理离不开国家的资金支持。

（5）生态治理。欧洲在解决农村问题时，注重环境治理。欧洲对第一类的农村问题，设定了环境保护优先的目标，但欧洲并没有忽视对第二、三类农村问题的环境保护。欧洲提出一些地方适合吸收电子、生物技术产业，因为这些产业无污染；一些地方可以承接有污染但不会造成严重问题的重工业。欧洲对可能影响农村环境的项目实行环境影响评价制度，避免了一些国家出现的边发展边污染的情况。欧盟要求农村的土壤免受腐蚀、保护生态平衡和原住民；促进林业发展；建立特殊性的生产区，如生物带、树林带、清洁水域等生态保护区②；鼓励使用能减少电力消耗、节约能源的太阳能。

我国的农村人口空心化地区也出现了一些环境问题，如一些地方长期无人居住而缺乏对当地自然灾害的治理，一些地方土壤长期荒芜而导致品质下降，农村人口空心化地区基础设施、生产与生活方式落后，一些污染环境的做法需要治理。我们可以借鉴欧洲一边注重农村经济发展，一边注重农村环境治理的做法，在农村人口空心化地区进行环境规划，实行严格的环境影响评价制度，引导农民生产与生活方式的科学化、环保化，实现农村人口空心化地区经济与环保同步发展③。

① European Commission，*A Partnership Between Europe and Farmers*，pp. 6-7. http：// europa. eu/pol/pdf/flipbook/en/agriculture _ en. pdf. 2013-12-13.

② Commission of European Communities，*The Future of Rural Society*，1988，p. 46. http：// ec. europa. eu/agriculture/cap-history/crisis-years-1980s/com88-501 _ en. pdf. 2013-9-22.

③ N. Ward，K. McNicholas，*Reconfiguring Rural Development in the UK：Objective 5b and the New Rural Governance. Journal of Rural Studies*，14（1），1998，pp. 27-39.

第五章 集中连片特困地区农村人口空心化分类治理机制研究

实施乡村振兴战略为解决集中连片特困地区农村人口空心化提供了契机，其中最重要就是落实以组织振兴、产业振兴、文化振兴、人才振兴、生态振兴为主的五大乡村振兴战略理念，实施五大振兴为解决农村人口空心化治理带来了重要的影响和契机[①]。人才是解决集中连片特困地区人口空心化的关键，有了人才，乡村产业发展才能有序开展。实现乡村人才振兴，能够吸引走出去的有知识的农民工回乡工作；能够吸引优秀的毕业生回乡利用丰富的资源创业；能够推动农村第一二三产业融合，将传统农业与现代产业相结合，发展新型农业打造具有农村特色的产业链，推动农村经济社会高质量发展。因此，在乡村人才振兴战略背景下，从乡村人力资源开发的角度研究四类集中连片特困地区农村人口空心化分类机制具有重要的现实针对性。

第一节 人力失衡型集中连片特困地区的农村人口空心化治理

党的十九大报告中提出，"实施乡村振兴战略"。这是以习近平同志为核心的党中央站在全局和战略高度对我国新时代"三农"工作的总部署、总动员，是新时代"三农"工作的总抓手，也是决胜全面建成小康社会、全面建成社会主义现代化强国的一项重大战略任务，为我国农业农村经济社会发展勾画了宏伟而美好的蓝图。2018 年中央 1 号文件《中共中央、国务院关于实施乡村振兴战略的意见》指出，"当前，我国发展不平衡不充分问题在乡村最为突出，农民适应生产力发展和市场竞争的能力不足，新型职业农民队伍建设亟须加

[①] 刘春燕：《乡村振兴战略背景下的乡村治理体系探究》，《南方农业》，2018 年第 24 期，第 106-107 页。

强"。2019 年中央 1 号文件《中共中央、国务院关于坚持农业农村优先发展做好"三农"工作的若干意见》中强调，"在经济下行压力加大、外部环境发生深刻变化的复杂形势下，做好'三农'工作具有特殊重要性"。当前，部分农村空心化、老龄化和妇女化现象凸显，乡村人才队伍建设滞后成为制约乡村振兴战略实施的短板。党的十九届四中全会通过的《中共中央关于坚持和完善中国特色社会主义制度、推进国家治理体系和治理能力现代化若干重大问题的决定》明确提出，"要构建系统完备、科学规范、运行有效的制度体系，加强系统治理、依法治理、综合治理、源头治理，把我国制度优势更好转化为国家治理效能"①。围绕农业农村现代化的总目标和产业兴旺、生态宜居、乡风文明、治理有效、生活富裕的总要求，在产业振兴、人才振兴、文化振兴、生态振兴和组织振兴"五个振兴"大力实施的背景下，人才振兴是乡村振兴战略的核心引擎与关键环节，加强乡村人才队伍建设是人才振兴的硬支撑。因此，依据已经出台的国家关于实施乡村振兴战略的意见和各省、自治区、直辖市贯彻落实乡村振兴战略的实施意见中关于人才振兴重要论述的政策文本，辅之以笔者主持完成的国家和省部级项目所自建的案例库和数据库，运用扎根理论研究方法，科学寻找乡村人才振兴的核心驱动机制，精准设计乡村人才振兴的治理策略，试图为人力失衡型集中连片特困地区农村人口空心化治理提供现实参考，不仅可以有效破解"谁来种地""谁来发展农村"等"三农"难题，而且可以为全面实施乡村振兴战略提供坚实的人才保障和智力支持。

一、政策回顾

欧美发达国家在农业现代化和工业化过程中，为提高农村劳动力的素质，都非常重视农村人才开发工作，积累了许多宝贵的经验，譬如高度重视农村实用人才开发立法、充分发挥政府在农村实用人才开发中的主导作用、形成了特色鲜明的农村实用人才开发体系。代表性的如瑞士学徒制强调把职业教育和岗位培训结合起来推动乡村人才队伍建设；法国体现了国家支持、教学的内容广泛实用性及培训模式灵活多样性的特点；德国"双元制"模式注重企业和学校的有机结合；美国更加关注能力本位；韩国以农业协会为组织载体，农协大学为龙头，培养专业农民为核心。国外乡村人才队伍建设模式比较成熟，积累了丰富的经验，这为我国乡村人才振兴实践提供了许多有益启示和现实参考。

自新中国成立以来，尤其是改革开放以来，党和国家都十分重视乡村人才

---

① 《中共中央关于坚持和完善中国特色社会主义制度、推进国家治理体系和治理能力现代化若干重大问题的决定》，人民出版社，2019.

队伍建设。早在 2006 年陕西省在全省 58 个贫困县正式实施了包括乡村教师队伍建设、乡村医生队伍建设、乡村农技队伍建设等在内的"七大工程",启动了农村基层人才队伍振兴计划。2008 年四川省出台了《关于实施民族地区人才振兴计划的若干意见》,采取"一村(社区)一名大学生干部"计划、"三支一扶"计划,努力为民族地区农村跨越发展提供人才支撑。国家在 2010 年和 2011 年先后出台《国家中长期人才发展规划纲要(2010—2020 年)》和《高技能人才队伍建设中长期规划(2010—2020 年)》。2011 年 9 月,人力资源和社会保障部和财政部联合下发《关于国家高技能人才振兴计划实施方案》,该方案旨在以培训技师、高级技师为重点,为城乡统筹发展培养高技能领军人才。2007 年,中共中央办公厅、国务院办公厅印发的《关于加强农村实用人才队伍建设和农村人力资源开发的意见》中提出,农村实用技术人才是农村奔小康的致富生力军,是推动农村经济社会事业发展的重要力量。近年,中央 1 号文件连续关注"三农"队伍建设问题。2017 年农业部印发了《"十三五"全国新型职业农民培育发展规划》,为高素质农民培育提供了指导意见和发展方向。2017 年中央 1 号文件《中共中央、国务院关于深入推进农业供给侧结构性改革加快培育农业农村发展新动能的若干意见》中,更是第一次系统论述了"开发农村人力资源"这个主题。党的十九大报告中提出,"培养造就一支懂农业、爱农村、爱农民的'三农'工作队伍"。2018 年的中央 1 号文件《中共中央、国务院关于实施乡村振兴战略的意见》,第一次有专门章节系统论述"汇聚全社会力量,强化乡村振兴人才支撑"。上述探索和实践,不仅充分体现了党和国家对乡村人才队伍建设问题的高度重视,也表明了党和国家加大农村人力资本开发力度,实施乡村人才振兴战略的决心和信心。

本书聚焦人力失衡型集中连片特困地区的农村人口空心化治理问题,围绕已经出台的国家关于实施乡村振兴战略的意见和各省、自治区、直辖市贯彻落实乡村振兴战略的实施意见中关于人才振兴重要论述的政策文本,运用扎根理论研究方法进行深入的实证研究,寻找和建构乡村人才振兴的核心驱动要素和理论分析框架,提出类别化和有效化的治理建议。

二、研究方法与资料来源

1. 研究方法

建立在后实证主义、批判主义和解释主义理论基础之上的质性研究是"以研究者本人作为研究工具,在自然情境下,采用多种资料收集方法,对研究现象进行深入的整体性探究,从原始资料中形成结论和理论,通过与研究对象互动，对其行为和意义建构获得解释性理解的一种活动"①。作为质性研究最重要的研究方法之一——扎根理论研究方法，是由美国芝加哥大学的 Barney Glaser 和哥伦比亚大学的 Anselm Strauss 于 1967 年首先提出，核心要旨是"从经验资料的基础上建立理论"②。该方法的主要思想是抛开既定的理论束缚，通过深度访谈、参与观察、实地调查、个案分析等多种方法广泛地搜集和占有资料，然后在归纳总结基础上形成与研究问题相关的概念和范畴，然后对这些看似毫无联系或者联系松散的概念和范畴反复比较进行分门别类和整理升华，建立逻辑关系，然后建构能够直击社会现象内在实质的理论，借此解释和解决社会科学问题。扎根理论的关键环节是对原始资料进行开放编码、关联编码和选择编码，在理论饱和度检验后建构理论，获得启发。

2. 资料来源

本书的研究资料来源主要是 2018 年以来国家关于实施乡村振兴战略的意见和各省、自治区、直辖市贯彻落实乡村振兴战略的实施意见中关于人才振兴的重要论述，辅之以笔者承担的其他项目研究过程中实地调研、问卷调查、深度访谈所获得的第一手资料及其整理形成的案例库和数据包。之所以选择已经出台的政策文本作为主要资料来源，原因如下（表 5-1）。

表 5-1　国家和各省、自治区、直辖市乡村振兴战略实施意见政策文本

序号	意见名称	发布日期
1	《中共中央、国务院关于实施乡村振兴战略的意见》	2018 年 2 月 4 日
2	《中共北京市委、北京市人民政府印发〈关于实施乡村振兴战略的措施〉的通知》	2018 年 5 月 5 日
3	《中共重庆市委、市政府关于印发〈重庆市实施乡村振兴战略行动计划〉的通知》	2018 年 2 月 24 日
4	《上海市乡村振兴战略规划（2018—2022 年）》《上海市乡村振兴战略实施方案（2018—2022 年）》	2018 年 11 月 29 日
5	《天津市乡村振兴战略规划（2018—2022 年）》	2019 年 4 月 5 日
6	《中共河北省委、河北省人民政府关于实施乡村振兴战略的意见》	2018 年 3 月 2 日
7	《中共江苏省委、江苏省人民政府关于贯彻落实乡村振兴战略的实施意见》	2018 年 5 月 14 日
8	《中共吉林省委、省政府关于实施乡村振兴战略的意见》	2018 年 2 月 9 日

---

① 陈向明：《质的研究方法与社会科学研究》，《教育科学出版社》，2000 年。

② 陈向明：《扎根理论的思路和方法》，《教育研究与实验》，1999 年第 4 期，第 58-63 页。

（续）

序号	意见名称	发布日期
9	《山东省乡村振兴战略规划（2018—2022年）》	2018年5月14日
10	《中共陕西省委、陕西省人民政府〈关于实施乡村振兴战略的实施意见〉》	2018年3月29日
11	《中共四川省委、四川省人民政府〈关于实施乡村振兴战略开创新时代"三农"全面发展新局面的意见〉》	2018年2月8日
12	《中共河南省委、河南省人民政府关于推进乡村振兴战略的实施意见》	2018年3月28日
13	《中共湖北省委、湖北省人民政府关于推进乡村振兴战略实施的意见》	2018年3月22日
14	《中共湖南省委、湖南省人民政府关于实施乡村振兴战略开创新时代"三农"工作新局面的意见》	2018年4月10日
15	《中共海南省委、海南省人民政府关于乡村振兴战略的实施意见》	2018年2月5日
16	《中共广东省委、广东省人民政府关于推进乡村振兴战略的实施意见》	2018年6月19日
17	《吉林省委、省政府关于实施乡村振兴战略的意见》	2018年2月14日
18	《中共辽宁省委、辽宁省人民政府关于贯彻〈中共中央、国务院关于实施乡村振兴战略的意见〉的实施意见	2018年3月23日
19	《中共青海省委、青海省人民政府关于推动乡村振兴战略的实施意见》	2018年3月7日
20	《中共贵州省委、贵州省人民政府关于乡村振兴战略的实施意见》	2018年4月19日
21	《中共云南省委、云南省人民政府关于贯彻乡村振兴战略的实施意见》	2018年5月29日
22	《中共甘肃省委、甘肃省人民政府关于实施乡村振兴战略的若干意见》	2018年4月20日
23	《中共福建省委、福建省人民政府印发〈关于实施乡村振兴战略的实施意见〉》	2018年3月26日
24	《中共浙江省委、浙江省人民政府关于印发〈全面实施乡村振兴战略高水平推进农业农村现代化行动计划（2018—2022年）〉》	2018年4月23日
25	《中共安徽省委、安徽省人民政府关于推进乡村振兴战略的实施意见》	2018年2月13日
26	《中共江西省委、江西省人民政府关于实施乡村振兴战略的意见》	2018年2月13日

（续）

序号	意见名称	发布日期
27	《中共山西省委、山西省人民政府关于推进乡村振兴战略的实施意见》	2018 年 4 月 16 日
28	《中共广西壮族自治区委员会关于实施乡村振兴战略的决定》	2018 年 4 月 16 日
29	《内蒙古自治区党委、自治区人民政府关于实施乡村振兴战略的意见》	2018 年 2 月 26 日
30	《新疆维吾尔自治区乡村振兴战略规划（2018—2022 年）》	2018 年 11 月 19 日
31	西藏	暂未查找到
32	《宁夏回族自治区党委、自治区人民政府关于实施乡村振兴战略的意见》	2018 年 2 月 13 日

1. 政策文本的权威性

恩格斯在《论权威》中指出，"这里所说的权威，是指把别人的意志强加于我们；另一方面，权威又是以服从为前提的"[①]。公共政策作为政治系统决定的权威性输出，最为显著的特点就是它的权威性。无论是它的发布机构，还是执行机构，都代表着最广大民众的根本利益，必须坚决服从和贯彻。国家关于实施乡村振兴战略的意见和各省、自治区、直辖市贯彻落实乡村振兴战略的实施意见分别是以中共中央、国务院和各省、自治区、直辖市党委、人民政府的名义发布的，层次和规格都非常高，代表的是一种集体权威，各级机构、社会团体和个人都必须内化于心、外化于行，自觉服从和执行。因此，权威性是本书选择政策文本作为主要资料来源的首要理由。

2. 政策文本的公信力

一般意义上来讲，公信力是指公共机构赢得社会公众认可和信任的影响能力。政策文本公信力可以认为是"政策获得公众信任、忠诚和认可的一种品格和力量"[②]，具体体现在政策制定主体、政策制定过程、政策主要内容、政策实施效果等各个方面。对于《中共中央、国务院关于实施乡村振兴战略的意见》及地方贯彻落实乡村振兴战略的实施意见，不仅政策制定主体具有无可比拟的公信力，而且政策制定是一个直面问题、深入调研，反复讨论、广泛征求社会各方面意见的过程，是一个层层论证、逐级审查、程序严密的过程。同时，政策文本确立起了国家和地方乡村振兴战略的"四梁八柱"，内容亮点多、

---

① 恩格斯：《论权威》，见《马克思恩格斯选集》，人民出版社，1972 年。

② 王琳、漆国生：《网络舆情与公共政策公信力危机治理》，《福建行政学院学报》，2010 年第 4 期，第 5-8 页。

政策突破点多、工作抓手多，在政策实施效果层面更是充满了美好的预期。因此，实施乡村振兴战略的政策文本完全具备获得社会成员信任和认可的公信力，作为原始资料的信度和效度都是非常高的。

3. 政策文本的代表性

代表性是统计性样本的属性，是样本是否再现或代表总体的一种性质[①]，强调的是既来源于母体，又能全面反映母体情况。虽然，部分省、自治区、直辖市贯彻落实乡村振兴战略的实施意见还没出台，但是国家关于实施乡村振兴战略的意见及地方贯彻落实乡村振兴战略的实施意见具有较强的代表性，既有中央层面的，又有地方层面；既有东部地区的，又有西部地区和中部地区的；既有发达地区的，又有欠发达地区的。与此同时，政策文本的可信度和精准度也非常高，不仅可以很大程度上反映乡村人才振兴的整体面貌，而且可以利用部分省份代表性政策文本的实证研究结果推断乡村人才振兴驱动规律；既能够反映乡村人才振兴的普遍性特点，又能够体现反映不同区域乡村人才振兴的特殊性。

三、研究过程

围绕已经出台的国家关于实施乡村振兴战略的意见和各省、自治区、直辖市贯彻落实乡村振兴战略的实施意见等政策文本，抽取关于人才振兴的重要论述，建立资料库并进行编码，笔者主持完成的国家和省部级项目所自建的案例库和数据作为辅助材料备用。针对政策本文资料库，运用系统化的程序，运用扎根理论研究方法进行开放编码、主轴编码和核心编码，通过三级编码分析，发现并归纳式地引导出乡村人才振兴的内在机理，从而作为实施乡村人才振兴战略的重要参考。

1. 开放编码

开放编码，即一级编码，是对原始资料的首次整理，通过对相关文献和访谈资料进行逐行、逐句编码和命名，将原生编码概念化，用相关的概念来反映资料的内容[②]，核心要旨是以开放的态度，将原始资料贴上标签，再进行概念化和范畴化。本书在对国家关于实施乡村振兴战略的意见以及地方贯彻落实乡村振兴战略的实施意见中抽取人才振兴方面的重要论述形成的资料库后，分门别类进行编码。针对编码后的靶向资料，逐句对原始资料进行抽象提炼出原生编码，进而上升为具体概念，最后将初始概念进行重新组合，使其进一步范畴

---

① 王宁：《代表性还是典型性：个案的属性与个案研究方法的逻辑基础》，《社会学研究》，2002年第5期，第123-125页。

② Charmaz K, Grounded Theory, *Methodology and Theory Construction*, *International Encyclopedia of The Social and Behavioral Sciences* (*Second Edition*), 2015 (4), pp. 402-407.

化,开放性编码分析过程的举要如表5-2所示。在具体概念化和范畴化过程中,除了《中共中央、国务院关于实施乡村振兴战略的意见》,笔者选取了东部地区的浙江省、中部地区的安徽省、西部地区的四川省的人才振兴重要论述作为重点样本资料,在开放编码之后,再用其他省、自治区、直辖市的原始资料进行补充,剔除反复出现和相互矛盾的概念,在不断比较研究基础上对整理后的概念和范畴进行优化,最终形成了开放性编码分析结果,即99个概念和20个范畴,具体如表5-3所示。

表5-2 开放性编码分析过程(举要)

序号	原始资料摘录	资料来源	原生编码	概念化	范畴化
1	"研究开设与推进农业农村现代化相适应的实用专业,逐步建立初、中、高三级新型职业农民教育体系,支持新型职业农民通过弹性学制参加中高等农业职业教育"	《中共四川省委、四川省人民政府〈关于实施乡村振兴战略开创新时代"三农"全面发展新局面的意见〉》	加强涉农专业学历教育	提升学历教育水平	教育体系完备性
2	"发挥工会、共青团、妇联、科协、残联等群团组织和农合联、行业协会等社会组织的优势和力量,实施乡村振兴'巾帼行动',发挥各民主党派、工商联、无党派人士等积极作用,支持乡村振兴"	《中共浙江省委、浙江省人民政府关于印发〈全面实施乡村振兴战略高水平推进农业农村现代化行动计划(2018—2022年)〉的通知》	发挥群团、社会组织的支持作用	整合社会力量	社会参与性
3	"以乡情乡愁为纽带,吸引支持企业家、党政干部、专家学者、医生教师、规划师、建筑师、律师、技能人才等,通过下乡担任志愿者、投资兴业、包村包项目、行医办学、捐资捐物、法律服务等方式服务乡村振兴事业"	《中共安徽省委、安徽省人民政府关于推进乡村振兴战略的实施意见》	鼓励社会各界投身乡村建设	建立有效激励机制	人才流动激励性
4	……	……	……	……	……

表 5-3　开放性编码分析结果

序号	初始概念	范畴
1	a1 人才形势研判；a2 人才振兴思路；a3 人才振兴定位；a4 人才振兴行动纲领	人才规划战略性
2	a5 提升学历教育水平；a6 灵活设置涉农专业；a7 公费农科生招生；a8 灵活设置涉农专业；a9 卓越农林计划；a10 创新人才培养模式	教育体系完备性
3	a11 整合培训资源；a12 建立培训基地；a13 创新培训组织形式；a14 探索培训方式	能力培训实效性
4	a15 农村人才分类评价和认定制度；a16 社会保障制度改革；a17 职称评审制度改革；a18 高素质农民融入制度改革；a19 高素质农民制度	人才制度创新性
5	a20 保障基层用人主体自主权；a21 统筹使用基层编制资源；a22 人才管理部门简政放权；a23 县域专业人才统筹使用制度；a24 乡村人才"一站式"公共服务	人才行政职能转变
6	a25 落实乡村教师支持计划；a26 实施教师补充资助计划；a27 农村学校服务期制度；a28 "县管校聘"管理改革；a29 走教教师补助制度	乡村教师政策倾斜性
7	a30 加大乡村医生培训；a31 开展乡村全科执业助理医师资格考试；a32 在岗乡村医生养老保险；a33 老年乡村医生生活补助	乡村医生政策倾斜性
8	a34 实施"三支一扶"；a35 实施高校毕业生基层成长计划；a36 开发高校毕业生乡村基层公益性岗位；a37 大学生志愿服务西部	高校毕业生政策倾斜性
9	a38 农技推广融合发展机制；a39 农技推广体系改革；a40 农技推广人员分配新政；a41 农技推广增值服务合理取酬；a42 农技推广服务特聘	农技推广人才政策倾斜性
10	a43 农业科技领军人才引进；a44 农业创新创业国际团队打造；a45 乡村高层次人才公寓	农业科技人才政策倾斜性
11	a46 新型农业经营主体带头人轮训；a47 现代青年农场主培养；a48 脱贫带头人培育；a49 专业大户培育；a50 农民专业合作社负责人培育；a51 农业产业化龙头企业骨干培育	新型农村经营人才政策倾斜性
12	a52 农业职业经理人培育；a53 经纪人培育；a54 乡村工匠培育；a55 文化能人培育；a56 非遗传承人培育；a57 乡村旅游人才培育；a58 休闲农业人才培育；a59 家庭服务人才培育；a60 特色产业人才培育	农村乡土人才政策倾斜性
13	a61 市场准入；a62 财政投入；a63 金融服务；a64 用地用电；a65 创新创业培训；a66 创新创业人员公共服务；a67 创新创业孵化基地	农村创新创业人才政策倾斜性

（续）

序号	初始概念	范畴
14	a68 基层党组织培养；a69 村党支部书记轮训；a70 村级后备干部培育	农村党组织人才政策倾斜性
15	a71 建立有效激励机制；a72 创新服务方式；a73 乡情乡愁纽带	人才流动激励性
16	a74 允许公职人员回乡任职；a75 城市专技人员乡村兼职挂职制度；a76 "三区"人才支持；a77 大学生村官；a78 第一书记；a79 乡村援助服务；a80 专家下基层活动；a81 科技副职选派制度；a82 科技特派员制度；a83 城乡、区域、校企人才合作交流	人才流动政策持续性
17	a84 退休干部返乡扶持；a85 知识分子返乡扶持；a86 工商界人士返乡扶持；a87 退伍军人返乡扶持；a88 返乡杰出人士界别	新乡贤政策倾斜性
18	a89 融资贷款落实；a90 配套设施建设补助；a91 税费减免；a92 财政支农投入考评制度；a93 人才发展专项资金	公共财政优先性
19	a94 整合党派群团力量；a95 发挥社会组织作用	社会力量参与性
20	a96 统一领导；a97 分工负责；a98 人才工作目标考核；a99 绩效应用	组织领导重视性

2. 主轴编码

主轴编码，即二级编码，主要任务是运用"因果条件—现象—情境—影响因素—行动或互动策略—结果"[①] 这一典范模型把各范畴联系起来，发现原始资料中呈现的问题表征和隐藏的客观规律。本书把开放编码得到的 20 个范畴结合国家关于实施乡村振兴战略的意见以及地方贯彻落实乡村振兴战略的实施意见，通过反复比较和深入反思进行聚类分析，明确类属的属性和维度，按照典范模型寻找彼此之间的逻辑关系。最终，随着研究的不断深入，在充分考虑国家乡村人才振兴战略的实施背景和利益相关者的博弈诉求基础上，把 20 个范畴高度抽象归纳为 3 个主范畴，具体如表 5-4 所示。

表 5-4　主轴编码分析形成的主范畴

序号	主范畴	范畴	关系的范畴
1	制度性供给	教育体系完备性	包括中等职业教育、高等教育等在内的学历教育和网络教育、自学考试等在内的非学历教育体系是制度性供给的主要方式，文化教育程度也是乡村人才振兴的首要衡量标准

---

① 何继新、杨鹏、高亚君：《楼宇经济影响因素分析：一个扎根理论探索性研究》，《区域经济评论》，2015 年第 3 期，第 142-148 页。

（续）

序号	主范畴	范畴	关系的范畴
1	制度性供给	能力培训实效性	能力培训是提升乡村、提升人力资本最直接、最有效的途径之一，能力培训体系是制度性供给的重要方式
		人才制度创新性	社会保障制度改革、职称评审制度改革、高素质农民认定制度等在内的制度创新是完善制度性供给机制的动力源，具有明显的内在激励性和外在的保障性，在乡村人力资本开发过程中具有重要的影响作用
		人才制度持续性	"三区"人才支持、大学生村官、科技特派员等制度持续性是保持制度性供给长效性的重要保障
2	资源性统筹	乡村教师政策倾斜性	乡村人才振兴要靠乡村义务教育筑基，必须统筹教师资源配置，强化乡村教师政策支持力度
		乡村医生政策倾斜性	只有提升乡村医疗服务水平，才能为乡村振兴战略提供健康支撑，因此需要加大乡村医生培训培养、养老保险、生活补助方面的统筹力度
		高校毕业生政策倾斜性	高校毕业生是充实乡村人才队伍，尤其是高素质农民人才队伍的重要渠道，必须强化政策支撑
		农技推广人才政策倾斜性	农技推广人才是乡村人才振兴的重要力量，其体系创新是城市专业技术人员管理制度改革的延伸和深化
		农业科技人才政策倾斜性	农业科技人才是乡村人才振兴的"领头雁"，需要强化区域人才的交流与合作
		新型农村经营人才政策倾斜性	新型农村经营人才是乡村人才振兴的新型力量，必须统筹城乡培育资源，提升新型农村经营人才专业能力和综合素质
		农村乡土人才政策倾斜性	农村乡土人才是乡村振兴战略，尤其是文化振兴的人力资源支撑，无论哪一类乡土人才的培育，都需要资源性统筹
		农村创新创业人才政策倾斜性	农村创新创业人才政策倾斜性是资源型统筹机制重要组成部分
		农村党组织人才政策倾斜性	农村党组织人才队伍是乡村人才振兴的政治保障，必须通过上挂、访学、研修等方式纳入资源性统筹
		人才流动激励型	城乡之间的人才流动，尤其是城市人才向农村流动必须以乡情乡愁为纽带，建立有效的激励机制是资源性统筹的内在要求
		返乡杰出人士政策倾斜性	退休干部、知识分子、商界人士、退伍军人等返乡扶持是整合人力资源进行统筹配置的应有之义

（续）

序号	主范畴	范畴	关系的范畴
3	整体性治理	人才规划战略性	人才规划战略性是整体性治理机制的前提，必须发挥其在乡村人才振兴中的战略性先导作用
		人才行政职能转变	人才行政职能转变是整体性治理机制的催化剂，可以有效保障乡村人才振兴战略的顺利实施
		组织领导重视性	组织领导重视性是整体性治理机制的核心，是乡村人才振兴的根本所在
		公共财政优先性	公共财政优先性是整体性治理机制的重要环节，优化公共财政投入支出机制是乡村人才振兴的有力抓手
		社会力量参与性	社会力量参与性是整体性治理机制的关键，只有形成合力，才能有效推进乡村人才振兴

3. 选择编码

选择编码，即三级编码，主要任务是在主范畴基础上对主范畴之间的逻辑关系进行进一步的提炼和归纳，通过挖掘核心范畴，以"故事线"的方式描绘现象与脉络架构①。通过对 99 个概念和 20 个范畴及 3 个主范畴的认真再梳理，本书发现制度性供给、资源性统筹、整体性治理都可以归于一个核心范畴——乡村人才振兴核心驱动。在所有概念和范畴中，这一核心范畴居于中心位置，不仅能够很容易地与其他类属发生关联，而且能够最大限度地统领其他概念和范畴，尤其是主范畴，具有"提纲挈领"的作用；在所有关于乡村人才振兴重要论述的原始资料中，这一核心范畴以不同形式最大频率地反复出现，最适合成为所有原始资料的核心。

4. 饱和度检验

饱和度检验用来决定何时终止采样分析编码，只有当采样的数据不会再产生新的理论且不能再揭示核心范畴中新的属性时，就能认定为是"饱和"的②。本书随机选取 6 个省份贯彻落实乡村振兴战略的实施意见中关于人才振兴重要论述的原始资料，尤其是 2018 年 9 月 27 日出台的中共中央、国务院印发的《乡村振兴战略规划（2018—2022 年）》，查阅了笔者根据项目研究自建

---

① 刘何鑫：《关系化行为驱动组织知识演化的案例研究》，大连理工大学，2014 年。
② 沈璐、庄贵军、郭茹：《复杂型购买行为模式下的在线购买意愿：以网购汽车为例的网络论坛扎根研究》，《管理评论》，2015 年第 9 期，第 221-230 页。

的案例库和数据包，通过反复比对之后认为，即使新增文本数据产生的原生编码都可以归并到研究结果中去，也无法增加新的范畴。因此，可以认为理论通过饱和度检验。

四、核心驱动模型与理论阐释

1. 模型建构

三级编码分析结果表明，乡村人才振兴核心驱动可以作为本书的核心范畴，那么，围绕核心范畴，对比国家关于实施乡村振兴战略的意见以及地方贯彻落实乡村振兴战略的实施意见中关于人才振兴重要论述的原始资料，我们可以再次梳理主范畴、范畴、概念之间的关联，构建这样一个"故事线"：乡村人才振兴核心驱动的关键要素包括制度性供给、资源性统筹、整体性治理三个方面。在此基础上，本书试图建构一个行动取向的理论架构——乡村人才振兴核心驱动模型，即"制度性供给—资源性统筹—整体性治理"（institutional supply-resource integration-comprehensive governance，简称 IS-RI-CG）模型，如图 5 - 1 所示。其目的是在实践理性基础上，明确乡村人才振兴核心驱动机理，给出乡村人才振兴的实施路径，着力解决乡村人才振兴面临的现实问题。

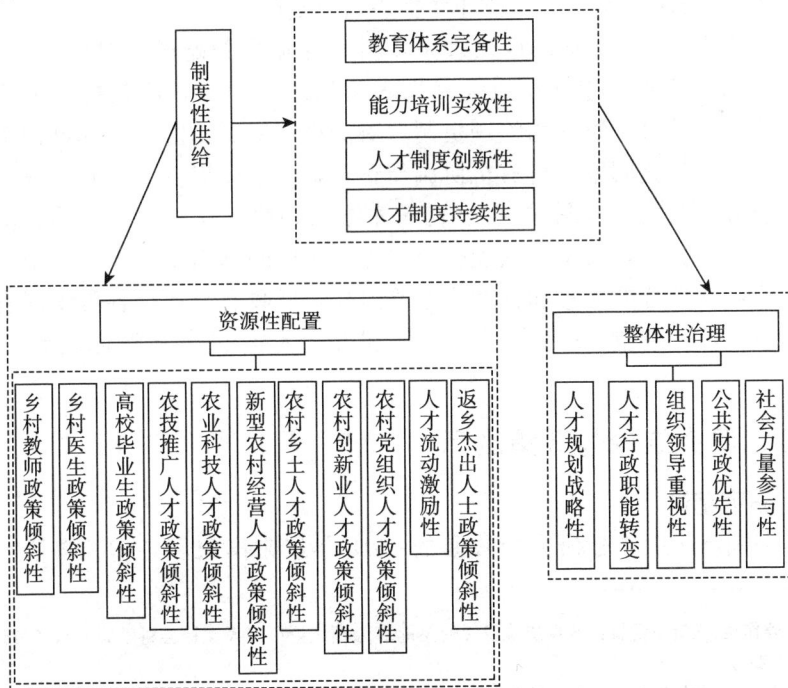

图 5 - 1 乡村人才振兴核心驱动模型

2. 理论阐释

（1）制度性供给。制度性供给是乡村人才振兴的前提条件和根本动力。2017 年中央农村工作会议第一次提出"强化乡村振兴制度性供给""破除一切束缚农民手脚的不合理限制和歧视"。2018 年的中央 1 号文件《中共中央、国务院关于实施乡村振兴战略的意见》中明确提出，"推进体制机制创新，强化乡村振兴制度性供给""实施乡村振兴战略，必须把制度建设贯穿其中"。包括各种成文的法律、法规、政策、规章、契约等在内的制度作为运用组织权力以某种明确的形式被确定下来的行为规范，通过有效的监督实施具有明显的强制性和外在的约束力，在乡村人才振兴过程中制度具有根本性的作用。

（2）资源性统筹。资源性统筹是乡村人才振兴的关键环节和核心引擎。随着新型城镇化进程的不断加速，城乡差距扩大的核心问题在于城乡发展速度问题，城乡发展速度的核心问题在于城乡资源投入问题①。在很大程度上，区域人力资本开发程度既取决于当地资源投入数量和结构优化组合的状态，又取决于区域吸引和聚集资源为我所用的能力和水平。因此，包括城乡、区域、组织、团队、个体等在内的政策法规、财政投入、物质财富等资源性统筹是实现乡村人才振兴的核心路径，必须牢牢抓住这个主线。

（3）整体性治理。整体性治理是乡村人才振兴战略的基础和实施保障。整体性治理的核心思想就是以公民需求为治理导向，以信息技术为治理手段，以协调、整合、责任为治理机制，对治理层级、功能、公私部门关系及信息系统等碎片化问题进行有机协调与整合，为公民提供无缝隙且非分离的整体型服务的政府治理图式②。乡村人才振兴必须以克服治理主体、治理层级、治理功能、治理关系、治理行为"碎片化"问题为出发点，以依靠横向和纵向协调和整合的思想和行动为主要内容，以政府与社会各类组织有效的合作为着眼点，才能最终实现从碎片和部分走向整合和整体的预期治理目标。

五、研究结论与政策启示

1. 研究结论

本书围绕运用文献研究所收集的 2018 年以来国家和各省、自治区、直

---

① 姜作培：《资源配置：城乡统筹发展的关键》，《福建论坛（人文社会科学版）》，2015 年第 2 期，第 23-28 页。

② 蔻丹：《整体性治理：政府治理的新趋向》，《东北大学学报（社会科学版）》，2012 年第 3 期，第 230-233 页。

辖市乡村振兴战略意见中有关乡村人才振兴重要论述的 28 个政策文本，辅之以笔者主持完成的国家和省部级项目过程中运用实地调研、问卷调查、深度访谈所获得的第一手资料及其整理形成的案例库和数据包，基于质性研究最重要的方法之一扎根理论，通过开放编码、主轴编码、选择编码三级编码分析和饱和度检验，获得了制度性供给、资源性统筹、整体性治理的三个主范畴，紧紧抓住乡村人才振兴核心驱动这个核心范畴，构建了"制度性供给—资源性统筹—整体性治理"乡村人才振兴核心驱动模型并进行了理论阐释。

2. 政策启示

（1）强化乡村人才振兴的制度性供给体系。在实现乡村人才振兴战略过程中，制度性供给应该注重以下三个方面：①夯实教育培训制度。文化教育程度是乡村人才振兴的首要衡量标准，必须围绕乡村人才队伍学历提升构建职业教育、高等教育、成人教育、继续教育和网络教育等不同层次的教育体系，完善中专、高职专科、职教本科（或者应用型本科）、专业学位研究生等相互衔接的乡村人才培养"立交桥"。培训是农村人力资本开发最直接、最有效的途径之一，因此，针对乡村人才的各类培训要进行科学的培训需求分析，把握乡村人才的真实需求，做好科学的培训规划，推进严密的培训实施，落实系统的培训评估，并使培训制度运行和更新规范化和常态化。②保持制度创新性和持续性。社会保障制度改革、职称评审制度改革、高素质农民认定制度等在内的制度创新是完善制度性供给机制的动力源，具有明显的内在激励性和外在的保健性，是乡村人才振兴制度性供给的重中之重。持续性是保持制度性供给长效性的重要保障，以"三区"人才支持、大学生村官、科技特派员等为代表的制度，在乡村人才振兴过程中具有重要的惯性影响。③必须处理好正式制度和非正式制度的兼容关系。乡村振兴战略对乡村人才队伍建设工作提出了严峻的挑战，一方面既要强调正式制度的权威性，保障正式制度的运行效率，同时又要根据经济社会发展改革创新正式制度，以此促进正式制度的合理变迁；另一方面要以树立职业认同理念、重构社会资本、重建"生态学习"文化等非正式制度支撑正式制度，克服非正式制度中的负面作用，确保正式制度落细落实。只有实现乡村人才振兴过程中正式制度与非正式制度相互补充和协调，才能有效解决城乡二元制度所滋生的种种问题，提高乡村人才队伍建设的实效性。

（2）优化乡村人才振兴的资源性统筹内容。基于乡村人才振兴核心驱动模型，结合美国心理学家赫兹伯格提出的"激励-保健"理论，要真正实现乡村人才振兴，必须通过内在激励因素和外在保健因素的资源性统筹，既让高素质农民和农村专业人才队伍"留得住"和"培养好"，又把流向农村的社会各界人才"引进来"和"沉下去"。①激励性资源统筹。真正激发乡村人才积极性的是内在激励因素，即那些涉及工作本身所获得的责任感、发展感、成就感和认可感。包括乡村教师、乡村医生、农村农技推广人员、新型农村经营人才、乡土人才、农村科技人才、农村创新创业人才、农村党组织人才在内的乡村专业人才队伍和高素质农民最为关注的就是他们的职业得到社会认可，发展有广阔的前景，工作富有挑战、成就能得到社会赞誉，因此，包括资格认证、岗位聘任、职称晋升等方面的资源性统筹必须首先聚焦这些以工作为核心的内在激励因素，尽快向乡村人才队伍建设倾斜。②保健性资源统筹。以工作环境和工作关系为核心的薪酬福利、工作条件、人际关系等外在保健因素在乡村人才振兴过程中具有预防产生不满情绪和消极行为的作用。因此，必须推动公共资源向乡村人才队伍优先配置，要加大农村公共交通、供水供电、网络通信等基础设施资源投入，推进农村生活垃圾分类处理、强化污水处理和清洁水资源供应等公共基础设施建设，为乡村人才生活提供良好的条件保障；要从提高农村义务教育质量、优化职业培训资源配置，深化农村劳动力就业市场改革、增加乡村人才退休养老金、完善基本医疗保险制度和大病保险制度、健全劳动关系调解机制等公共服务方面为乡村人才队伍建设提供良好的工作环境和成长条件。

（3）构建乡村人才振兴的整体性治理框架。根据所提出的乡村人才振兴核心驱动"故事线"，乡村人才队伍建设要做好以下工作：①做好人才振兴规划。人才规划战略性是整体性治理机制的前提，必须发挥其在乡村人才振兴中的战略性先导作用，围绕高素质农民、农村专业人才、流向农村的社会各界人才扎实推进乡村人才振兴指导思想、基本原则、目标任务、重点工作和保障举措的整体性规划。②转变人才行政职能。人才行政职能转变是整体性治理机制的催化剂，可以有效保障乡村人才振兴战略的顺利实施，必须借助现代信息技术和互联网手段建立及时回应乡村人才队伍建设和发展需求的扁平化组织机构和管理模式，按照"放管服"要求，及时下放人事行政权能，建立县域专业人才统筹使用制度①，更多地让区县统筹乡村人才选聘、使用、培育、留用等管理职能。③强化统一组织领导。组织领导重视性是整体性治理机制的核心，是乡村人才振兴的重要环节。以高素质农民培育为例，政府需要把分散在农业行政部门、教育行政部门、人力和社会保障部门、水利部门、移民管理部门等的培育职能予以整合，建立统整乡村人才管理的"大部门"，加强整体性组织领导。④优

---

① 本书编写组：《中共中央、国务院关于实施乡村振兴战略的意见》，人民出版社，2018 年。

先进行公共财政投入。公共财政优先性是整体性治理的重要保障，优化公共财政投入支出机制是乡村人才振兴战略实施的有力抓手。针对"逆部门化"和"碎片化"问题整合分散在不同部门的财政资源，改变乡村人才队伍建设的"拼盘式"的财政资金投入为"整合性"经费投入，建立乡村人才队伍建设经费增长的长效机制，探索政府投入为主，企业投资、社会捐赠、个人出资的"一主多元"财政投入机制。⑤鼓励社会力量广泛参与。社会力量参与性是整体性治理机制的关键，只有形成合力，才能有效推进乡村人才振兴。一方面，要鼓励和支持企业家、党政干部、专家学者、医生教师、规划师、建筑师、律师、技能人才等社会力量积极参与服务乡村振兴战略实施的伟大事业。另一方面，要充分整合政府组织、工会、共青团、妇联、企业事业单位、高等院校、职业培训机构、社区、行业协会等机构的优势资源，寻求各利益竞争主体之间的利益平衡点①，实现各类组织之间的有效衔接和良性互动，共同参与乡村人才振兴。

虽然本书占有的资料还存在不完备的地方，笔者主观性倾向亦有一定的影响，但不可否认的是，基于扎根理论的乡村人才振兴核心驱动模型确实从研究方法上弥补了传统文献研究和经验研究的不足，政策本文的权威性、公信力和代表性更加印证了该模型的科学性和合理性，尤其是围绕99个概念、20个范畴和3个主范畴所建构的"故事线"，进一步厘清了核心驱动要素在乡村人才振兴过程中相互作用、相互关联的逻辑关系和互动机理，有助于揭示乡村人才振兴的主要特征和基本规律，有助于丰富乡村人才振兴的理论基础。与此同时，乡村人才振兴核心驱动模型为公共政策制定者和监督者提供了可以参考的政策评价工具，也为人力失衡型集中连片特困地区农村人口空心化治理提供政策咨询和决策参考。

第二节　产业滞后型集中连片特困地区的农村人口空心化治理

项目组在对武陵山集中连片特困地区重庆区域高素质农民培育情况的全面摸底和深入调研基础上，分析了该集中连片特困地区当前高素质农民培育及其影响制度性供给的关键问题，在明确高素质农民培育概况和借鉴国外及其他省份经验做法基础上，提出了关于完善制度供给体系，加快产业滞后型集中连片特困地区重庆区域高素质农民培育的建议，也为产业滞后型集中连片特困地区

---

① 秦素粉：《利益博弈下行业协会参与职业教育的路径选择》，《重庆高教研究》，2014年第2期，第53-56、88页。

农村人口空心化治理提供政策咨询和决策参考。

一、高素质农民培育概论[①]

1. 习近平总书记关于高素质农民重要论述略论

本书通过梳理习近平总书记关于高素质农民问题的重要论述，从主体论、本质论、属性论和治理论方面提出了习近平总书记关于高素质农民重要论述的主要内容和思维逻辑：高素质农民是破解"三农"难题的中流砥柱；高素质农民是体面的职业而非狭隘的身份；高素质农民的基本内涵是懂农业、爱农村、爱农民；高素质农民培育需要构建现代治理体系。

（1）主体论——高素质农民是破解"三农"难题的中流砥柱。建设习近平新时代中国特色社会主义新农村，实现农业大发展，必须紧紧依靠拥有现代化思维、观念和技能的高素质人才，而高素质农民正是破解"三农"难题的中流砥柱。习近平总书记高度重视高素质农民队伍建设。2013 年 11 月 28 日，习近平在山东农科院召开座谈会时指出，"要适时调整农业技术进步路线，加强农业科技人才队伍建设，培养新型职业农民"。2013 年 12 月 23—24 日，习近平总书记在中央农村工作会议上指出，"农村经济社会发展，说到底，关键在人""要提高农民素质，培养造就新型农民队伍，把培养青年农民纳入国家实用人才培养计划，确保农业后继有人"。高素质农民作为"三农"工作队伍的主体力量，他们不仅是单纯农村科技人才，更是农业繁荣、农村发展、农民富裕的带头人，具有典型的示范和引领作用，在实现城乡融合发展过程中起着至关重要的作用。2015 年 4 月 30 日，习近平在中共中央政治局就健全城乡发展一体化体制机制进行的第二十二次集体学习时强调，"农村要发展，根本要依靠亿万农民。要坚持不懈推进农村改革和制度创新，充分发挥亿万农民主体作用和首创精神，不断解放和发展农村社会生产力，激发农村发展活力"。习近平总书记多次强调，"小康不小康，关键看老乡"，这不仅是讲破解"三农"难题，全面建成小康社会主要依靠高素质农民，更是讲衡量是否实现小康，关键也要看农民是否高素质、是否职业化、是否真正实现收入增长和个人全面发展。

（2）本质论——高素质农民是体面的职业而非狭隘的身份。从传统农民到高素质农民的本质性转变，从根本上赋予了现代农民与城市居民同等的政治和社会地位，不仅有助于解决农村职业教育发展困境，而且可以为农业现代化提

---

① 参加项目组研究成果，收录在郑瑞强、翁贞林、黄季焜：《乡村振兴战略：城乡融合、要素配置与制度安排——"新时代实施乡村振兴战略与深入推进农业供给侧结构性改革"高峰论坛综述》，《农林经济管理学报》，2018 年第 1 期，第 1-6 页。

供坚强的人才支撑。习近平总书记在 2013 年中央农村工作会议上指出，要"通过富裕农民、提高农民、扶持农民，让农业经营有效益，让农业成为有奔头的产业，让农民成为体面的职业，让农村成为安居乐业的美丽家园"。长久以来，由于城乡分割的二元户籍制度，"农民"二字被深深打上了身份的烙印，面朝黄土背朝天、收入低、文化素质落后成为农民的象征性符号。改革开放以来，参加高考上大学、外出务工落户城市成为许多农民跳出农门的选择，当然农村人口空心化问题的出现也给农业农村的发展带来了前所未有的挑战。"让农民成为体面的职业"彻底改变了农民"被赋予"的政治身份，不囿于农村户籍制度的限制，高素质农民逐渐成为一种体面光鲜的职业。从社会学角度分析，农民可以在城乡劳动力市场中自由流动、自由选择职业，他们从事的是收入更加有保障、社会中更加受尊重的体面劳动。随着城乡一体化进程的加速，高素质农民政治和社会地位的改变，让他们一跃成为真正的"政治人"，可以充分享有城乡居民平等化的政治权利和均等化的公共服务，使他们可以内化自我的社会角色，发挥主观能动性，不断推动农业农村可持续发展，释放更多的人口红利。正如 2016 年 4 月 24—27 日，习近平总书记在安徽调研时指出的那样，"着力构建现代农业产业体系、生产体系、经营体系，加快构建职业农民队伍，形成一支高素质农业生产经营者队伍"。在农民成为体面职业的前提下，只有不断更新知识、强化从业技能、提升职业素养，才能把高素质农民潜在的人力资源转化为现实的人力资本。

（3）属性论——高素质农民的"九字定义"。如何界定高素质农民的内涵关系到能否调动一切积极因素，团结一切可以团结的力量，从人力资源数量和质量两个角度为决胜全面建成小康社会，实现城乡融合发展提供生力军。2017年 3 月习近平总书记在两会四川代表团参加审议时指出，要"就地培养更多爱农业、懂技术、善经营的新型职业农民"。"爱农业"指的是扎根中国土地，保持对农业的一种敬畏感和亲近感，这是成为高素质农民的前提条件。"懂技术"指的是掌握先进的农业科学技术，提升发展农业和富裕农村的扎实本领，这是成为高素质农民的内在要求。"善经营"指的是在农业产业化的过程中，具有了解市场、回应市场和把控市场的商业运营能力，这是成为高素质农民的关键环节。面对当前农业、农村和农民发展困境，"爱农业、懂技术、善经营"这九个字很好地概括了高素质农民的基本内涵，为农业农村可持续发展指明了新的道路和举措，必将吸引大批返乡农民工、涉农大学生和农村实用人才投身农业现代化建设。党的十九大报告中明确提出实施乡村振兴战略。在乡村振兴这个重大战略背景下，提出培养造就一支爱农业、懂技术、善经营的高素质农民队伍，不仅视野更开阔、站位更高、格局更大，而且有助于培养乡土情怀、知识扎实、能力突出的高素质农民,可以最大限度地吸纳不同类型、不同层次、不同领域的"三农"从业者投身到乡村振兴战略实施中来。

(4)治理论——高素质农民培育需要构建现代治理体系。高素质农民培育需要运用包括正式制度和非正式制度在内的所有现代治理工具,通过多主体的有效衔接和良性互动构建现代治理体系。2013年11月28日,习近平在山东农业科学院召开座谈会时指出,"要稳步推进农村改革,创造条件赋予农民更多财产权利"。这里不仅强调高素质农民培育要考虑自身的主动性和积极性,而且要充分赋权赋能,使其具备优化自身人力资本结构的能力,这是构建高素质农民培育现代治理体系的内生动力。习近平总书记在2013年中央农村工作会议上指出,"要把加快培育新型农业经营主体作为一项重大战略,以吸引年轻人务农、培育职业农民为重点,建立专门政策机制,构建职业农民队伍,为农业现代化建设和农业持续健康发展提供坚实人力基础和保障"。2013年11月3—5日习近平在湖南考察时强调,"要切实办好农村义务教育,让农村下一代掌握更多知识和技能"。2014年6月23—24日全国职业教育工作会议召开,习近平就加快发展职业教育作出重要指示,"要加大对农村地区、民族地区、贫困地区职业教育支持力度,努力让每个人都有人生出彩的机会"。职业教育、技能培训都是打造高素质农民队伍重要的方式和手段,需要政府、职业院校、培训机构、企业和社会组织的共同参与,才能形成高素质农民培育合力。2017年12月28—29日,习近平在中央农村工作会议上强调,"要汇聚全社会力量,强化乡村振兴人才支撑""全面建立职业农民制度,加强农村专业人才队伍建设,发挥科研人才支撑作用,鼓励社会各界投身乡村建设,创新乡村人才培育引进使用机制"。2015年7月16—18日,习近平在吉林省调研时的讲话,"任何时候都不能忽视农业、忘记农民、淡漠农村。必须始终坚持强农惠农富农政策不减弱、推进农村全面小康不松劲,在认识的高度、重视的程度、投入的力度上保持好势头"。

2. 高素质农民基本内涵

随着新型城镇化进程的不断深入,相对制造业的"民工荒"来说,从事种植业的合格劳动者(农民)的供给大幅减少,无法满足正常的农业生产需要,农民正走向结构性短缺。因此,在"农民荒"背景下,要从根本上解决"三农"问题,必须完善农村职业教育培训体系,创新职业教育培训模式,加快高素质农民人才队伍建设,为全面推进乡村文明和农业现代化提供人力资源保障。高素质农民是指以农业生产为职业、具有较高专业技能、收入主要来自农业且达到一定生产规模和经营管理水平的、居住在农村或集镇的现代农业从业者,主要分为生产经营型、专业技能型和社会服务型三类。高素质农民有三个基本内涵：一是在自然属性上，指具有农村户籍的劳动者；二是在职业选择上，立志农业、以农业为职业者；三是在职业能力上，是经过教育培训，是爱农业、懂技术、善经营的新型农民。

3. 高素质农民培育制度

制度经济学理论认为，正式制度和非正式制度作为制度的两个不可分割的部分，对经济绩效都具有重要的影响。包括各种成文的法律、法规、政策、规章、契约等在内的正式制度作为运用组织权力以某种明确的形式被确定下来的行为规范，通过有效的监督实施具有明显的强制性和外在的约束力。在社会转型时期，由于一些领域的利益关系还没有理顺，还没有形成合理的利益结构，因此这些领域的制度处于非均衡状态。包括意识形态、伦理观念和道德规范在内的非正式制度对于缓解制度失衡，推动高素质农民培育具有自发性、非强制性、广泛性和持续性的作用。因此，高素质农民培育要依靠国家，以优惠的政策和完善的教育培训制度、社会保障制度、就业制度来提升高素质农民人力资本，同样也需要价值观念、伦理规范和风俗习惯等非正式制度安排引导全社会重视高素质农民培育，只有具有约束性强制力的正式制度和拥有强大影响力的非正式制度的有机配合，才能构建科学合理的现代治理体系。

乡村振兴战略包括产业、组织、人才、生态和文化五大振兴，必须坚持以人为本，协调人口、资源、社会和环境的关系，推动城乡一体化发展。因此，从这个意义上讲，乡村振兴战略实施要求高素质农民培育制度方面必须革故鼎新，这样才能实现高素质农民在职业理念、思维方式和社会保障等方面真正融入乡村振兴战略。

二、国内外高素质农民培育制度典型经验借鉴

通过文献分析、质性研究、实地调研等研究方法分析西方发达国家和国内东部沿海地区高素质农民培育的主要制度和供给策略，得出国内外高素质农民培育的制度性供给基本经验，反思和总结了实施乡村振兴战略背景下武陵山集中连片特困地区重庆区域高素质农民培育的制度性供给的基本思路。

1. 高素质农民学历教育的"福建经验"

早在 2014 年，福建省就高素质农民学历教育开展了招生和培养试点。其主要做法如下。①政府主导，高校承办。2018 年，在福建省农林海洋行政部门的统筹下，福建农林大学、福建农业职业学院、福建林业职业技术学院等 7 所高校开始招生，涉及经济信息管理、市场营销、园艺、畜牧兽医、食品生物技术、食品加工技术、水产养殖等 9 个专业，学制 3 年，共计划招生 2 000 人。②分类招生，免费教育。新型农业经营主体中，"从事劳动作业的农业劳

动力以及有志从事农业生产经营的农村高中毕业生、返乡农民工、退役士兵等都可以报名，但只有在职村'两委'主干或农民专业合作社负责人才可报名福建农林大学的经济信息管理专业。同时，在职干部、公职人员或城市居民不可参与该项目"①。参加学历教育的高素质农民，学杂费、住宿费和职业资格考试费全面免费，还可以获得一定的生活补助。③函授为主，注重实践。福建省规定，高素质农民通过统一的成人高等教育自主招生入学考试后参加学历教育，课程体系以实战为主，学习主要以函授为主，根据农闲时间，每个学期进行 10 天左右集中面授，同时开展农业职业技能鉴定理论知识课程和操作技能专项培训，学习期满考核合格可获得专科学历证书和农业职业资格证书。

2. 高素质农民认定和社保有效衔接的"江苏经验"

江苏省昆山市是全国培育高素质农民试点地区，该市提出的高素质农民享受社保补贴的办法，在全国开创了高素质农民纳入社保体系的先河。2016 年，昆山市出台了《昆山市新型职业农民认定管理办法（试行）》。一是认定对象主要针对具有初中及以上学历，男 50 周岁及以下、女 45 周岁及以下的昆山籍现代农业从业者，分生产经营型、专业技能型和专业服务型三类，通过教育培训后进行考核认定。二是认定后可享受各种不同的优惠政策。获得认定的高素质农民在提高补助、表彰奖励、出国考察等方面享受政策倾斜。特别是在社会保险方面，在新型合作农场职业农民岗位工作，经认定为高素质农民，"签订一年以上劳动合同按规定缴纳社会保险费，由市财政给予单位和个人缴纳部分全额的社会保险补贴。在其他职业农民岗位工作，经认定为高素质农民，按规定缴纳社会保险满一年的，以单位就业方式参保的定额补贴标准以最低社会保险缴费计算的单位缴费数额确定"②，每人每月需缴纳社保费 751.66 元，一年可获补贴 9 019.5 元；以灵活就业方式参保的定额补贴标准以灵活就业参保最低缴费数额的 50% 确定（含养老和医疗保险），参保人员每月可获补贴 251.5元，一年可获 3 018 元。

3. 高素质农民职称评审的"山东经验"

2018 年，山东省在全国率先出台《推进乡村人才振兴若干措施》，并选择在东营市开展为期 2 年的试点工作，首批 84 人获评职业农民职称。主要做法包括：一是评审标准注重实践实绩。东营市职业农民职称评审打破学历要求和专业限制，不将论文作为必要条件，更加注重个人的业绩贡献、专业技术水

① 何文明：《谁来培养新型职业农民》，《江苏教育（职业教育版）》，2015 年第 5 期，第 23 页。
② 中国农村远程教育网：《关于印发昆山市新型职业农民认定标准及认定、管理办法的通知》，http://www.ngx.net.cn/ztzl/dlpxxxzy/zdgj/201711/t20171117_195277.html。

平、经济社会效益以及示范带动作用等，对符合条件者不受资历条件限制，可不经初级直接申报中级。二是评审程序严肃科学。高素质农民自主申报职称后，经村居社区、乡镇（街道）、县（区）级农业农村部门与人力资源和社会保障部门逐级推荐，最后由市职业农民职称评审委员会综合评定。其中，中级职称评审（农民农艺师）根据专业特点采取面试答辩形式进行。三是晋升职称后权责对等。东营市对取得职业农民职称的个人，实施初级 3 000 元和中级 5 000 元的一次性奖补，然后从资金、项目、政策等方面给予扶持。同时，对通过职称评审的职业农民，提出要在乡村振兴战略中承担"发挥骨干和示范引领作用"等 5 项任务。

4. 高素质农民培育经费管理的国外模式

国外农民培训经费管理模式较为成熟，具有代表性的有三种：一是法律保障模式。瑞士的《联邦职业教育法》为农民职业教育培训经费投入提供了法律保障，该法规定，经费主要来源是联邦政府、州政府和行业组织，其中州政府在整个投入中占比为 74%，居于主导地位。政府还鼓励企业联合会等行业组织基金向农民职业教育培训大力投入。二是政府主导模式。日本不断增加对农民职业教育培训的财政投入，加大中央政府财政对农村教育的转移支付力度。该国农民职业教育培训由文部省和地方政府农林局代表国家财政和地方财政共同承担，57 个县立农业学校的办学经费，1/3 由县里负担，2/3 由国家负担。三是多元主体合作模式。德国农民职业教育培训强调以学校和企业为主体的"双元制"，由学校、企业和个人共同承担职业教育培训经费。该国将农民培训经费列入财政预算，专款下拨。此外，德国通过立法，明确规定由企业和个人以纳税形式缴纳培训费用。农民在参加培训时，可免交杂费并获得伙食补贴。三种模式比较表明，发达国家都非常重视培育经费管理，投入方面政府主导性强，这为加强重庆市高素质农民培育经费管理提供了现实借鉴。

三、强化高素质农民培育制度性供给的政策建议

1. 不断健全高素质农民学历教育体系

以农广校为主体，依托武陵山集中连片特困地区等涉农高等院校以及各级各类中等专业学校、成人高等院校、电大，开展高素质农民普通高等教育、成人教育、开放教育、网络教育等不同形式的学历教育和中等职业教育、高等职业教育、应用型本科教育、专业学位研究教育等不同层次的学历教育，搭建地区之间、学校之间、专业之间高素质农民学历教育的"立交桥"。各级各类院校要重点面向专业大户、家庭农场经营者、农民专业合作社带头人、农业企业骨干、农村专业人才、乡村治理人才、农业技术服务人才、返乡下乡创业者、

退役军人等生产经营型、专业技能型和专业服务型高素质农民举办学历教育，增设服务乡村振兴战略的涉农专业、重构能力导向的人才培养方案，优化实用技能型课程体系，编写校本特色应用型教材，拓展田间学校等实践教育基地。在人才培养模式上，实行弹性学制，允许高素质农民采用半农半读、农学交替等方式分阶段完成学业。建立跟踪建档和学分银行制度，鼓励学生把实践研修、创造发明、技术创新、承担项目、技能比赛等相关情况换算成学分。

2. 进一步完善高素质农民"三位一体"培育制度

从所在单位、个人和从事的具体岗位等三个层面加强对高素质农民需求调研和分析研判，探索产学结合、送教下乡、弹性学制的教学形式，组建一批高素质农民示范讲师团，打造一批线上线下相结合的教育培训"金课"，量身探索一批示范性特色教学范式，创设一批在线教育培训平台，切实提高高素质农民教育培训质量，真正解决农民生产服务中遇到的技术经营难题。总结渝北区高素质农民认定管理经验，尽快出台区域性的高素质农民认定管理办法，明确认定条件、认定标准、认定程序、操作办法和动态管理等主要内容，建立高素质农民动态调整和有序退出机制。对于通过认定的高素质农民，进一步加强在用地保障、土地流转、产业发展、创新创业、金融信贷、税收优惠、农业保险等方面的政策扶持，同时提高高素质农民物质化补助。认定的高素质农民参加社会保险的，按照"先缴后补"的方式，分以单位就业方式参保和灵活就业方式参保两种类型，确定不同比例的养老、医疗、工伤、生育和失业保险等补贴标准，同时按职工基本养老保险制度和基本医疗保险制度规定享受相关待遇。

3. 进一步改革高素质农民职称评审制度

修订现行农民技术人员职称评审暂行办法，出台专门的高素质农民职称评审制度，单列指标、单设标准、单独评审。坚持分类设计、注重实绩、评聘结合、协同配合和稳步推进的总体原则，真正把那些返乡农民工、回乡农村大学生、下乡社会人才、农村创新创业人才等新兴群体纳入职称评审范围。通过引入关键绩效指标，设置农民助理技师、农民技师、农民高级技师职称晋升体系，明确评审条件、评审标准、评审程序和申报程序等主要内容，构建一条具有普适性的、梯次递进的、可持续性的高素质农民发展新通道。打破"唯学历、唯资历、唯论文"的传统职称评审模式，分类推进初级职称采取职称认定模式，中级职称采取以考（赛）代评模式，高级职称采取现场评审模式的试点。重点突出技术能力和业务实绩，对在科技创新、发明专利、示范效益、技术荣誉、表彰奖励等方面特别突出的高素质农民，设立破格晋升的绿色通道。废除关于农民技术职称不与个人身份、工资待遇挂钩的规定，不仅对于获得相应职称的高素质农民每年给予一定的财政奖励，而且要把职称晋升与职务提升、岗位聘任、评优评先结合起来，提高高素质农民的社会认可度。

4. 积极筹建乡村振兴学院

①成立乡村振兴学院。以高校和地方人民政府为主体，充分整合校地相关资源，探索校地深度合作新模式，成立乡村振兴学院。立足武陵山集中连片特困地区，辐射西部，面向全国，围绕"产业兴旺、生态宜居、乡风文明、治理有效、生活富裕"的总要求，构建乡村振兴资政研究、人才培养、社会服务"三位一体"的学习教育平台，搭建乡村人才学历教育和非学历教育的"立交桥"，形成乡村振兴学院、乡村人才研究院、乡村人才培训学院"一体两翼"的整体办学格局。②充分发挥三大职能。首先是开展资政研究，依托乡村人才振兴研究院，重点围绕高素质农民培育，强化指标体系、制度供给体系、资源统筹体系实施过程中的热点和难点问题开展实地调研，编制高素质农民培育战略实施规划，定期为地方政府及有关部门及时准确提出促进和整体治理体系的研究。同时，在理论研究基础上，针对培育高素质农民提出培育的决策咨询与政策建议。其次是培养乡村人才，依托重庆乡村人才振兴学院，参照免费师范生培养模式，整合职教城资源，以协同办学、协同育人、协同就业、协同发展四个"协同"为抓手，以培养"下得去、用得上、靠得住、离不开"的高素质农民为目标，采取免费教育、定向培养、合同管理的方式，重点培养服务乡村振兴战略需求的高素质农民，建设输送"三农"人才的教育高地。最后是组织社会服务，依托乡村人才培训学院，制定全市高素质农民培训计划，建立全市乡村人才培训项目库、资源库、人才库、师资库。针对区县实际和乡村振兴要求，围绕大中专毕业生、退役军人、返乡农民工和其他新型农业经营主体等高素质农民培育对象，重点开展乡村产业培育、农业技术推广、乡村生态建设、乡村旅游开发、乡村文化建设、乡村基层党建、乡村治理、创新创业等方面专题培训。③构建三级办学网络。依托乡村振兴学院、乡村人才研究院、乡村人才培训学院，按照"资源整合、优势互补、分级推进、全面辐射"原则，整合政产学研等资源，共同构建集资政研究、人才培养、社会服务"三位一体"的综合平台，形成统一管理的重庆乡村振兴学院、区县乡村振兴学校、乡镇（街道）乡村振兴教学点三级办学网络。

在此基础上，建议借鉴山东省建设乡村振兴高校服务联盟、湖南省全国职业院校乡村振兴协作联盟的做法和经验，应依托高校和地方政府，凝聚武陵山集中连片特困地区各类主体力量，充分利用政府的政策制度资源、相关行业企业信息资源、科研院所的技术资源、专家学者的智力资源、金融机构的资金资源，发挥信息共享、优势叠加、跨界融合的合力，联合武陵山集中连片特困地区等涉农院校成立乡村振兴学院联盟，搭建资源共享平台，推动不同主体在乡村人才培训方面开展友好合作，加快推进高素质农民培养培训。主要建议包括：①明确宗旨，积极搭建资源共享平台。加强思路互通、经验互学、办学互动、优势互补，是合作共赢的必由之路。联盟可以站在合作发展的新起点，坚持共商、共建、共享、共赢原则，从全局谋划一域、以一域服务全局，凝聚武陵山集中连片特困地区等涉农院校各类力量，充分发挥不同高校人才和智力优势，推动盟校与乡村振兴学院之间在人才培养、科学研究、社会服务、文化传承创新等方面开展友好合作，搭建资源共享平台。②立德树人，分类推进乡村人才培养。把习近平总书记给全国涉农高校的书记校长和专家代表的回信作为加快农林类高等教育改革的重大机遇，全面落实立德树人的根本任务，为武陵山集中连片特困地区乡村振兴培养更多德、智、体、美、劳全面发展的知农爱农新型人才。不同高校乡村振兴学院应立足区域定位和办学定位，坚持内涵发展和错位发展，优化涉农学科专业设置，各美其美，分类分层分重点培养拔尖创新型、复合应用型和实用技能型农科人才，为武陵山集中连片特困地区脱贫攻坚和乡村振兴战略实施提供人才支撑和智力支持。③校地合作，创新开展社会服务工作。联盟应进一步抓住武陵山集中连片特困地区脱贫攻坚和乡村振兴战略实施机遇，依托农业产业发展基础，重点开展乡村人才培训，积极推动乡村振兴战略研究，定期为地方政府及有关部门提供决策咨询与政策建议，逐步形成多主体、多层次、多途径配合的教学、科研、培训、推广农业技术推广和文化传承创新服务体系。

5. 尽快建立智慧乡村人才超市

（1）纳入各地乡村人才振兴规划并分批试点。①在战略规划上，各级党委、政府要把建立智慧乡村人才超市纳入各地乡村人才振兴战略规划，重视其在破解重庆市农村人口空心化问题和老龄化城乡倒置格局，缓解乡村人才供需矛盾中的重要作用，为乡村振兴战略提供真实海量、及时有效的乡村人才大数据报告，汇聚顶尖的农业科技人才、高素质农村专业人才、高水平乡村教育人才和农村创新创业人才。将智慧乡村人才超市建设绩效考核结果作为各区县乡村振兴经费绩效拨款的重要依据。②在试点示范上，依托地方人力资源和社会保障局，在2022年前分三批在有条件的渝北区、万州区、南川区、长寿区、黔江区、梁平区、永川区、奉节县、南岸区、铜梁区等全市乡村振兴综合和单项试验示范区县启动试点工作，采取政府购买服务的方式建立智慧乡村人才超市，组建由农业农村、经信、科技、旅游、教育、工商、财政等部门组成的智慧乡村人才超市组织领导小组。

（2）明确发展定位和功能设置。①在发展定位上，在建立乡村人才信息库基础上，根据"近悦远来"人才新机制的要求，引入人才大数据理念、人才测评云计算手段、智能化供需匹配管控体系等，线上线下相结合，因地制宜采取在地方政府行政服务中心设立智慧乡村人才超市窗口，利用地方大数据发展局开辟智慧乡村人才网上超市（云超市），依托地方人才市场（人才交流服务中心）改建、扩建智慧乡村人才超市等多元化方式，全面落实重庆市《推进全市乡村人才振兴若干措施》中提出的十九条举措，搭建高校毕业生乡村工作平台、乡村引才聚才平台、乡村就业创业平台和乡村人才"一站式"服务平台，切实提高乡村人才服务水平，打造具有全国影响力的乡村人才振兴品牌。②功能设置上，设置乡村人才供需、培育、服务、体验、智库等智慧功能区，为乡村各类人才提供工作供需、精准招聘等常规性服务，职业教育、职业培训等发展性服务，信息采集入库、人才测评分析等个性化服务，人才规划、人才管理等决策性服务，让各类乡村人才身临其境体验虚实结合的工作场景，感受全新的"沉浸感"服务。

（3）创新运营服务和平台保障方式。①运营模式上，整合政府职能部门资源，构建"资源整合、要素汇集、市场运作"的整体性运营模式，统筹用人单位、涉农院校、涉农协会、培训机构、金融机构、公证机构、人才服务机构等社会各类要素参与和协作。②服务方式上，设置专职顾问，采取线上线下相结合方式对乡村人才提供一对一服务和限时回复服务。创新委托办理、在线办理、并联办理等服务方式，通过首问负责、一窗受理、一键办理、一网通办、一站办结，为各类乡村人才提供全过程、全要素、全方位服务。③平台保障上，充分利用大数据、智能化、云计算、物联网、虚拟现实等现代信息技术，建立全面覆盖、资源共享、动态跟踪、保障有力的智慧乡村人才超市管理和服务平台，实时更新乡村人才供需岗位、招聘条件、工作待遇等信息，通过互动的信息搜索和对接有效促进乡村人才供给和需求的精准匹配和有效平衡。发挥平台海量数据、资源共享、动态更新等主要功能，实现人才发现、配置使用、培育晋升、绩效评估、制度管理、社会保障等各项政策之间有效衔接。

四、优化高素质农民培育经费管理的主要对策

2012 年以来，连续几年的中央 1 号文件对高素质农民培训工作作出重要部署。2020 年中央 1 号文件《中共中央、国务院关于抓好"三农"领域重点工作确保如期实现全面小康的意见》中指出，"整合利用农业广播学校、农业科研院所、涉农院校、农业龙头企业等各类资源，加快构建高素质农民教育培训体系"。高素质农民培训的财政安排从 2014 年 11 亿元到 2019 年 20 亿元，经费增长接近一倍，近几年分层分类实施农业经理人、新型农业经营主体带头人、农村实用人才和现代创业创新青年等培训计划[1]，每年培训高素质农民

---

[1]　农村新技术：《职业农民培育三年提质增效行动启动》，《农村新技术》，2019 年第 6 期，第 37 页。

100 万人以上，为乡村振兴战略提供了坚实的人力资源保障。其中，高素质农民培训可持续开展的关键在于经费有效保障。以重庆市农广校为例，通过计量统计和比较研究发现，总量相对有限、结构不平衡、部门碎片化治理、职能缺乏整合等问题都不同程度地影响着高素质农民培训工作的实效性。因此，在乡村振兴战略实施的背景下，围绕高素质农民培训经费这个常常因各种原因"被回避"的要害问题，在整体性治理视域下，提出了优化重庆市高素质农民培训经费管理的对策建议。

1. 建立培训经费增长的长效机制

整体性治理主张摒弃单纯地以经济效率和市场机制为主要规则的"管理主义"的价值取向，强调以公众为中心，积极回应公平性、正义性、责任性等价值导向。因此，整体性治理理论为"三农"经费优先投入提供了理论指导和重要借鉴，具体来讲，就是要以高素质农民全面发展为治理导向，以高素质农民培训经费需求预测为治理前提，建立高素质农民培训经费增长的长效机制。首先，出台增长实施意见。党的十九大报告提到的"农业农村优先发展""优先发展教育事业""就业优先战略"等"三个优先"，本书认为，究其实质是优先农村教育和就业，那么，从这个意义上来讲，建立培训经费增长的长效机制，做好高素质农民培训是"三个优先"最好的结合点。因此，在乡村振兴战略实施过程中，按照"取之于农、主要用之于农"要求，加大中央预算和地方财政对"三农"培训经费倾斜力度，出台高素质农民培训经费增长具体实施意见，才能"确保财政投入与补上全面小康'三农'领域突出短板相适应"。其次，创新增长方式。根据 2020 年中央 1 号文件《中共中央、国务院关于抓好"三农"领域重点工作确保如期实现全面小康的意见》中的要求，赋予省级更大自主权，鼓励地方政府安排一定规模支持符合条件的高素质农民培训项目建设，扩大培训经费增长来源，为乡村振兴战略实施提供资金保障和人才支撑。

2. 优化培训经费收支的多元化政策

整体性治理理论认为，需要改变传统公共管理所提出的公私关系模式，倡导政府与社会组织，尤其是私人部门和非营利部门的合作，通过模糊公私之间的边界，建立更加平等的伙伴式公私关系、变更处理公私关系的方法来实现更加公平正义和富有责任感的公共服务。因此，整体性治理理论启发我们，高素质农民培训经费投入和支出必须将中央政府、地方政府、高等院校、新型农业经营主体、农民个人及其他各类社会组织进行统筹。在投入政策上，改变政府单一的经费投入方式，不断拓展农民培训项目经费来源渠道，增加事业收入和其他收入来源，探索建立"政府补贴、部门支持、机构让利、农民出资和先学后补"的"一主多元"经费投入机制。在支出政策上，健全服务乡村振兴战略的高素质农民培训经费支出城乡统筹机制，创新"农民中心、需求导向、能力本位、分类培训"的基本理念，突出时代特色，更新培训内容，加强社会组织的第三方经费使用评估，确保经费使用效益，从整体上优化培训经费支出结构。

3. 成立统一管理的"大部门"机构

整体性治理理论强调打破碎片化治理困境，再造一个跨组织、跨部门的非传统官僚制组织机构，希望能够既可以将相关联的业务机构联合起来，又可以克服组织内部的部门主义困境，充分发挥行政机构战略协作与统筹协调的功能。面对高素质农民经费管理过程中政出多门、各自为政的现实困境，借鉴整体性治理理论，建议大力推进机构改革，依托重庆市农业农村委员会，针对逆部门化和碎片化问题建立统筹高素质农民培训经费管理的"大部门"，整合分散在教育、商务、人社、移民等不同业务部门和社会相关组织的高素质农民培训财政资源，改高素质农民培训"拼盘式"的资金投入为"整合性"经费投入。主要职责是以"大部门"为主导，整合行政主管机构、教育培训机构、新型农业经营主体等部门经费资源，推动其共同参与高素质农民培训经费管理并有效合作，形成合力，进一步提高高素质农民培训的实效性。

4. 完善培训经费的整体性治理机制

整体性治理理论强调政府公共服务职能，要通过跨越功能过度区分来打破部门主义、本位主义，采用协调、整合不同部门目标、行为和手段等方式，推动公共服务主体紧密合作，满足公众的需求。基于职能缺乏整合困境，借鉴整体性治理的核心思想，结合重庆市实际，应该以高素质农民培训需求和问题解决为治理导向，建立高素质农民培训经费需求预测机制；以合作性整合为治理核心，建立高素质农民培训经费治理主体、治理层级、治理功能和治理行为的全方位整合机制；以目标与手段之间的相互增强为治理旨归，建立高素质农民培训经费共享性预算机制；以信任、责任感与制度化为治理重点，建立高素质农民培训经费高效运营评价机制；以互联网信息技术和大数据为治理手段，完善财务预算、收支控制、审计监督、绩效评估、政策调整的一体化内控机制，确保高素质农民培训经费使用效益。

五、高素质农民培育评价指标体系构建

产业滞后型集中连片特困地区高素质农民评价指标体系的设计应该体现三方面的结合。一是宏观和微观的结合。既要考虑高素质农民培育的发展水平，又要兼顾人才本身的属性及能力素质要求。二是结果和过程的结合。既要考虑产业人才发展的最终目标，又要兼顾人才发展的动态过程和完成目标的途径。三是定性和定量结合。测评指标中既有定性指标，也有定量指标，二者统筹到

一个体系中进行分析和评价。

构建产业滞后型集中连片特困地区高素质农民培育评价指标体系，是根据乡村振兴战略中产业振兴的基本内涵来确定的，其指标体系的基本框架既要反映产业滞后型集中连片特困地区乡村人才振兴目标，又要针对该区域产业人才发展中存在的问题，遵循指标体系建立的基本原则，同时考虑数据获取的可能性和数据分析的可行性。依据以上原则和要求，本书确定了武陵山集中连片特困地区高素质农民评价指标体系的基本框架，即 4 个一级指标、33 个二级指标体系，如表 5-5 所示。

表 5-5 武陵山集中连片特困地区高素质农民评价指标体系

目标指标	一级指标	二级指标	计算公式	计量单位
A 高素质农民	A1 综合素质	A11 平均年龄	样本均值	岁
		A12 平均受教育年限	样本均值	年
		A13 平均继续教育学时	样本均值	学时
		A14 平均从业年限	样本均值	年
		A15 平均经营规模	样本均值	亩*
		A16 对法律法规的熟悉程度	样本均值	%
		A17 平均掌握农业科技的种类	样本均值	种
		A18 平均能承受的风险金额	样本均值	元
	A2 发展水平	A21 每万人拥有的高素质农民数量	高素质农民数量/乡村人口数	人/万人
		A22 每万人拥有的生产经营型高素质农民数量	生产经营型高素质农民数量/乡村人口数	人/万人
		A23 每万人拥有的专业技能型高素质农民数量	专业技能型高素质农民数量/乡村人口数	人/万人
		A24 每万人拥有的社会服务型高素质农民数量	社会服务型高素质农民数量/乡村人口数	人/万人
		A25 高素质农民获技能认定证书的比例	获得技能认定的人数/高素质农民总数	%
		A26 高素质农民平均带动农民数量	样本均值	人

---

* 亩为非法定计量单位，1 亩＝1/15 公顷。——编者注

（续）

目标指标	一级指标	二级指标	计算公式	计量单位
A 高素质农民	A2 发展水平	A27 高素质农民平均收入	样本均值	元
		A28 高素质农民成功申请"三品一标"、农产品品牌的比例	成功申请"三品一标"、农产品品牌的人数/高素质农民总人数	%
		A29 职业收入的提高率	（高素质农民平均收入－农村居民平均收入）/农村居民收入	%
	A3 投入力度	A31 每万名高素质农民拥有的培训机构数量	培训机构数量/高素质农民总数	个/万人
		A32 每万名高素质农民拥有的农民田间学校数量	农民田间学校数量/高素质农民总数	个/万人
		A33 每万名高素质农民拥有的专职培训教师数量	专职培训教师数量/高素质农民总数	名/万人
		A34 每万名高素质农民拥有的培训精品课程数量	培训精品课程数量/高素质农民总数	门/万人
		A35 每万名高素质农民拥有的办学场地面积	办学场地/高素质农民总数	平方米/万人
		A36 平均高素质农民拥有的教学设备价值	教学设备价值/高素质农民总数	元/人
		A37 平均高素质农民培育经费	高素质农民培育经费/高素质农民总数	元/人
	A4 满意度	A41 对职业声望的认可度	样本均值	%
		A42 对职业薪酬的满意度	样本均值	%
		A43 对长期从事农业工作的意愿性	样本均值	%
		A44 生活幸福感	样本均值	%
		A45 对个人文化程度的满意度	样本均值	%
		A46 对组织培训情况满意度	样本均值	%
		A47 对工作环境的满意度	样本均值	%
		A48 对学习平台的满意度	样本均值	%
		A49 对技术支持的满意度	样本均值	%

A1 综合素质。高素质农民综合素质是一个地区高素质农民振兴的最直接也是最基本的反映。综合素质由以下 8 个二级指标来体现。

A11 平均年龄。平均年龄是衡量一个地区高素质农民培育和发展的重要指标。目前，很多集中连片特困地区农村面临着青壮年农村劳动力外出，导致农村人口年龄普遍偏大的问题，从而催生了很多社会问题。

A12 平均受教育年限。受教育年限是指高素质农民接受国家正规教育的学习时间，往往把获得的国家认可的学历证书作为重要评价参考。文化教育程度在乡村振兴战略实施和农民收入地位提高过程中非常重要，而我国的农民学历水平较低，平均受教育年限不足 8 年。

A13 平均继续教育学时。平均继续教育学时是高素质农民参加继续教育的学习时间，一天按 8 学时换算。继续教育主要从知识体系和能力提升等方面进行再教育，提升农民的人力资本，是反映高素质农民综合素质的重要指标。

A14 平均从业年限。平均从业年限是指从事农业生产的年限。从人力资本理论的角度讲，从业经验对农业生产经营产生重大影响，也是高素质农民人力资本提升的重要途径。从这个意义上讲，平均从业年限是衡量高素质农民培育水平的重要观测指标。

A15 平均经营规模。平均经营规模是反映土地资源优化配置和土地经营水平的重要标志。目前，武陵山集中连片特困地区农村人口空心化现象所催生的农村妇女化、老龄化和兼业化问题也导致了农村土地资源配置效率不高。

A16 对法律法规的熟悉程度。高素质农民对法律法规越熟悉，法律意识越强，遵纪守法和懂得利用法律维护权益的可能性越高，高素质农民综合素质也越高。

A17 平均掌握农业科技的种类。习近平总书记用"爱农业、懂技术、善经营"九个字勾勒出高素质农民的鲜明特征，因此农业科学技术的掌握是高素质农民的本质要求。武陵山集中连片特困地区高素质农民平均掌握农业科技的种类，包括种植、养殖、化肥农药使用、灌溉等技术，反映了高素质农民的科技水平。

A18 平均能承受的风险金额。反映高素质农民对市场风险具有前瞻性估计以及当受到市场冲击时承受风险打击的能力。高素质农民较之于传统农民风险承受能力更强。

A21 每万人拥有的高素质农民数量。高素质农民数量是反映高素质农民培育效果最直接的指标，各级政府都注重高素质农民的培育及数量的壮大，这是解决"谁来种地"难题的重要手段，也是反映高素质农民培育工作的最直接指标。但高素质农民的数量是一个绝对数，不能够用于不同级别之间的横向比较，故转化为每万名乡村人口对应的高素质农民数量。

A22 每万人拥有的生产经营型高素质农民数量。生产经营型高素质农民是高素质农民的主要类型之一，反映高素质农民的结构变化和发展水平的指标。

A23 每万人拥有的专业技能型高素质农民数量。专业技能型高素质农民是高素质农民的主要类型之一，反映高素质农民的结构变化和发展水平的指标。

A24 每万人拥有的社会服务型高素质农民数量。社会服务型高素质农民是高素质农民的主要类型之一，反映高素质农民的结构变化和发展水平的指标。

A25 高素质农民获技能认定证书的比例。技能认定证书作为连接高素质农民教育培训和培训政策的重要纽带，其获技能认定证书的比例直接影响高素质农民培育的政策调整。因此，获技能认定证书的比例是衡量高素质农民培育的重要观测指标。

A26 高素质农民平均带动农民数量。高素质农民在一定程度上能够起到示范带动作用，高素质农民发展水平越高，平均带动农民数量越多，为带动农民实现增收和实现农村经济社会发展做出的贡献就越大。

A28 高素质农民成功申请"三品一标"、农产品品牌的比例。成功申请无公害产品、绿色食品、有机食品和农产品地理标志以及农产品品牌的比例是衡量高素质农民商业能力和经营水平的重要标志。高素质农民的品牌意识，决定着商标品牌的知名度，也是高素质农民培育的重要标志。

A29 职业收入的提高率。增加农民收入始终是"三农"工作的重中之重，是实施乡村振兴战略的目标，也是激发高素质农民从业的根本动力。高素质农民收入与地方政府对高素质农民培育重视和扶持力度直接相关。

A31 每万名高素质农民拥有的培训机构数量。包括农广校、新型农业经营主体、职业院校等各类培训机构在内的培训基地是开展高素质农民培训工作的主要载体，培训机构的培训条件、培训环境、培训制度、培训师资都是影响高素质农民培训工作实效性的重要因素。因此，从一定意义上讲，培训基地的数量反映了高素质农民培育工作的进展。为了便于不同级别之间的横向比较，转化为每万名高素质农民拥有的培训机构数量。

A41 对职业声望的认可度。从社会学的角度讲，职业声望代表了从业人员的职业身份和社会地位，尤其是表明了该职业就业的工作环境、发展的成长空间和主观的满意度。高素质农民培育是提高高素质农民职业声望和职业吸引力的重要途径。从这个意义上讲，对职业声望的认可度是衡量高素质农民培育水平的重要观测指标。

A42 对职业薪酬的满意度。包括工资收入在内的职业薪酬是影响农村劳动力向城市转移或者留在农村的最重要影响因素，也是造成农村人口空心化的根本原因，更是解决"谁来种地"问题的主要途径。因此，对职业薪酬的满意度是衡量高素质农民培育水平的重要指标。

A43 对长期从事农业工作的意愿性。长期从事农业工作的意愿性是高素质农民从事农业生产经营、专业服务的内在愿望，职业化程度的高低是影响该类乡村人才长期从事农业工作的重要因素。因此，将长期从事农业工作的意愿性作为重要的观测指标。

第三节　制度缺位型集中连片特困地区的农村人口空心化治理

党的十九大报告中提出实施乡村振兴战略，这是"新时期的制度性安排，是破除发展不平衡的不二选择"。2018 年 3 月，习近平总书记在参加十三届全国人大一次会议山东代表团审议时指出，"要推动乡村人才振兴，把人力资本开发放在首要位置，强化乡村振兴人才支撑"。2020 年，中央 1 号文件《中共中央、国务院关于抓好"三农"领域重点工作确保如期实现全面小康的意见》中提出，要"培养更多知农爱农、扎根乡村的人才""抓紧出台推进乡村人才振兴的意见"。当前，农业边缘化、农村人口空心化和农民老龄化的新"三农"问题日益受到广泛关注。乡村人才队伍建设滞后成为制约乡村振兴战略实施的短板。围绕农业农村现代化的总目标和乡村振兴战略的总要求，在乡村"五个振兴"大力实施的背景下，立足农村民生建设，以农村留守群体制度赋权为突破口，加强乡村人才队伍建设是制度缺位型集中连片特困地区的农村人口空心化治理的重要途径。本书通过乡村教育人才振兴制度、乡村各类人才积分贡献制度和乡村留守老年人力资源开发制度的探讨为制度缺位型集中连片特困地区的农村人口空心化治理提供了很好的制度借鉴。

一、乡村教育人才振兴制度

精准描绘新时期秦巴山集中连片特困地区重庆区域贫困地区教育改革发展蓝图，必须紧紧把握秦巴山集中连片特困地区重庆区域经济社会发展的阶段性特征，从促进教育与经济社会协调发展的高度出发，以深化教育体制机制改革为动力，以解决教育热点、难点和重点问题为主线，以加强乡村教育人才振兴为关键，进一步完善和强化教育综合改革和教育事业科学发展的顶层设计。解决秦巴山集中连片特困地区重庆区域乡村中小学师资队伍建设问题、推动乡村教育人才振兴的对策建议如下。

1. 加大政策支持，着力改善师资队伍结构

（1）加大乡村教师继续教育力度。实施深度贫困乡镇强师提质工程，充分整合秦巴山集中连片特困地区重庆区域高等师范院校优质教师教育资源，通过设立附属学校、联合教学教研、互派教师研修等方式，助推重庆市深度贫困地区师资优质均衡发展。打通乡村教师学历提升通道，建立健全乡村教师学历提升与服务年限挂钩的相应机制。

（2）推进乡村全科教师定向培养。精准评估乡村振兴对教育人才的需求情况，科学统筹确定全科教师招生计划。进一步推进教育公平，优先满足深度贫困地区对全科教师的需求。创新全科教师培养模式，探索建立市内高等师范院校与中小学合作培养教师的新机制；着力做好师范生的思想引导，特别是要做好学生职业认同与师德师风建设等相关工作。

（3）精准落实乡村教师支持计划。严格按照相关政策设置专业技术高级、中级、初级岗位，在中高级职称名额分配上尽量向秦巴山集中连片特困地区重庆区域中小学进行倾斜。要围绕目前秦巴山集中连片特困地区重庆区域依然存在的优秀教育人才"下不去""留不住""教不好"等问题进行专题调研，出台有针对性的对策措施，进一步推动城乡教师均衡配置发展，持续深化乡村教师支持计划。

2. 精准施策发力，提高乡村教师地位待遇

（1）切实提高秦巴山集中连片特困地区重庆区域乡村教师经济收入。一方面，建立乡村教师岗位生活补助标准五年动态调整机制，探索对深度贫困地区教师按照职称高低发放相应等级的养老保险及医疗保险补贴。另一方面，积极应对各地"抢人大战"的严峻形势，通过发放人才引进费、安家费，人才津贴等方式，吸引高学历、高职称、高水平的高层次人才到秦巴山集中连片特困地区重庆区域深度贫困地区中小学从事乡村教育工作。

（2）切实提高乡村教师社会地位。探索建立教师荣誉制度，加大社会主义核心价值观的宣传力度，通过推荐"时代楷模"，评选振兴秦巴山集中连片特困地区争先贡献奖、感动人物、道德模范等，选树、宣传一批优秀的乡村教师代表，在全社会真正培育起尊师重教的良好风气。充分利用大数据、移动互联网、云计算、物联网、虚拟现实等现代信息技术，尽快建立智慧乡村人才超市管理和服务平台，为各类教育人才到秦巴山集中连片特困地区重庆区域乡村中小学从教提供一站式服务，为社会人士感知乡村教师工作条件和工作环境提供虚拟的现实体验。

3. 完善体制机制，推动师资队伍多元提升

（1）打造乡村教师学历教育基地。充分整合高校、地方政府、中小学、企

业及其他相关资源，成立培养乡村人才的专门机构，将乡村教育人才振兴明确纳入各区县乡村人才振兴的主要考核指标，从政策、经费等多个方面保障支持乡村教师进行学历提升。通过政府购买服务等方式，鼓励乡村振兴学院、高等师范院校举办乡村教师学历提升班，完善定向培养、弹性学制、学分银行等相关制度。

（2）探索职称独立评审，强化职称评审结果后期应用。全面深化职称制度改革，对秦巴山集中连片特困地区乡村教师职称实行单列计划、单设标准、单独评审，并在指标分配、评审条件等方面向深度贫困地区教师进行适度倾斜。中小学教师职称反映的是教师的教学水平，要围绕教学能力有针对性地设置乡村教师职称评审条件，可适度减轻但绝不放宽；对于服务乡村教学年满 20 年且在县级及以上教学比赛获得名次的老教师，则实行"老人老办法"，允许其直接竞聘高级职称，不受评审条件和单位指标的限制。对于通过独立评审获得职称的乡村教师，要依照获取职称的等级对其再作出相应乡村服务年限的要求，在服务年限内，教师不得调离原工作学校。

4. 抓住关键环节，构建中小学教师教学分层激励机制

对于秦巴山集中连片特困地区中小学教师而言，大多是从事教学工作的专业技术人员，如果为不同类型不同发展阶段的教师设计多个职业发展通道，将会有效缓解中小学教师职称评审难题，破解当前贫困地区中小学教师教学激励困境，为教师职业成长和专业发展提供更大的空间。所谓中小学教师教学分层激励机制，即通过引入教学关键绩效指标，将荣誉层级融入教师职业发展通道之中，设置教学新秀、优秀主讲教师、首席教师、教学名师、终身教学名师五个教师发展层级，构建一条具有普适性的、梯次递进的、可持续性的贫困地区中小学教师教学发展新通道。建议重点要从激励理念、教师培养、制度保障等方面进行系统设计。

（1）更新教师教学激励理念。贫困地区中小学教师教学分层激励机制实现的首要问题在于改变传统的激励理念。因此，在秦巴山集中连片特困地区，一是教师教学发展要从单纯考虑教师个人需要转变为综合考虑教师个人需要、学生需要、学校需要和社会需要的统一，把从单一维度的满足转变为教师、学生、学校和社会等多方需要的协同追求。二是教师教学发展由追求完成任务转变为向上发展的职业生涯设计，把重片段和碎片化的打造转变为有关联、有层次、有愿景的培育，实现从"铺砖式"的任务堆砌到"垒砖式"的职业发展；把重优秀教师的个体奖励转变为对优秀教师的群体激励，实现从"点"到"面"的转化。三是教师发展要由重视教师共性管控转变为重视教师个性服务，重点是关注教师个性发展诉求，打造教师教学发展平台，鼓励教师更新教学理念，开发优质教学资源，提供多样化个性培养渠道。四是教师教学发展要从由单一的物质奖励转变为奖金、培训研修、个体荣誉、评优评先等方面多元激励方式。

（2）完善教师教学培养培训体系。贫困地区中小学教师教学分层激励机制实现的关键环节是教师培养。因此，在秦巴山集中连片特困地区，一是要遵循教师教学发展的基本规律，根据教师职业生涯发展重点打造校长论坛、教授专家论坛、名师工作坊、主题教学沙龙等品牌活动。二是根据教师教学专项能力发展诉求，重点打造岗前培训、校本培训、教学能力训练营、教学技能竞赛、教研科研能力培训等品牌活动，明确不同教师教学发展层级培养周期、培养目标、培养方式的侧重点，完善教师教学发展多元化体系，提升教师教学发展能力。三是通过外引内培，建设教师培养培训队伍。一方面，引入市场机制，既要充分运用劳动力市场、中介机构、网络媒介等外部渠道，加大教学名师的引进力度，又要真正把专业知识扎实、教学能力强、职业素养高和培训管理经验丰富的行政管理人员选聘进来。另一方面，在学校内部通过公平竞争的方式选聘教师培养培训师资，强化继续教育和自我学习，组建跨教研组、跨学科专业、跨行业领域的教学团队专业化建设，力争造就一支师德高尚、业务精湛、结构合理、充满活力的教师培养培训队伍。

（3）推动教师教学制度创新。贫困地区中小学教师教学分层激励机制实现的重要保障是制度创新。因此，在秦巴山集中连片特困地区，既要不断深化教师教学培养培训改革，强化内涵建设，转变培养培训方式，提升教师培养培训质量，从而提高教师教学发展项目的吸引力，又要完善教师参与教学改革实践的分层激励机制，形成职前职后一体化教师教学发展机制。推动教师教学制度创新，一是要建立教师个人跟踪建档制度。主要是对教师个人情况、课程教学情况、教研科研情况、奖惩情况、培训研修情况进行跟踪建档，把其作为教师教学发展晋级的重要参考。二是建立教分银行制度。重点是把承担课堂教学、实践教学、教材编写、教研课题、学科竞赛指导等相关情况换算成教分，作为教师教学发展层级评选和动态调整的基本依据。三是建立培训学分修读制度。目的是鼓励教师参与校本培训、名师讲坛、教学工作坊、国内外研修等培训活动，通过教师教学发展晋级中关于培训学分修读的规定，推动教师积极参加各类教学培训。四是建立健全教师教学经费投入制度。有计划地加大资金投入，探索建立教师教学发展服务的成本核算，有效使用资金，不断改善为教师教学发展服务的软硬件条件。

总之，秦巴山集中连片特困地区重庆区域中小学教师教学分层激励机制的构建不仅把教师发展由横向上追求任务的完成，转变为纵向上通过积分制度优化向上发展的职业生涯设计，而且把教师教学发展层级与职位晋升、职称评定、评优评先和薪酬福利挂钩，提供了不同群体教师专业发展的科学通道。该机制的构建不仅可有效调动教师参与贫困地区中小学教育教学改革的积极性和主动性，而且有助于中小学优秀教师队伍脱颖而出，有助于打造富有特色的中小学教师培养培训体系，进而助推秦巴山集中连片特困地区重庆区域乡村教育人才振兴。

二、乡村各类人才的贡献积分制度

1. "贡献积分制"模式的主要内容

渝北区聚焦"临空现代农业建设"[①]，将乡村人才分为高素质农民[②]、农村专业人才、农业科技人才、投身乡村建设的其他社会各界人才四类。针对此四类人员，渝北区采取了一种名为"贡献积分制"模式的办法对人才等级进行评定，即在考虑人才个人综合素质的基础上，按照人才在经营管理、科技等方面所作出的贡献，对人才进行量化考核并按照得分情况将其评定为 A、B、C、D四个等级。根据人才最终评定的等级，渝北区将在每年给予其不同的补贴和补助，并对其所在的用人单位或培育机构进行培育奖励。

（1）"贡献积分制"模式的指标设置情况。在中共重庆市渝北区委办公室、重庆市渝北区人民政府办公室印发的《渝北区乡村振兴人才培育办法（试行）》中《渝北区乡村振兴人才评分细则》规定，渝北区按照人才个人主要发展方向的不同，将人才的评分规则分为"经营管理为主方向""科技贡献为主方向"和"综合方向"三类。三类的人才总分均设为 100 分，由个人素质得分、经营管理业绩得分、科技贡献得分三部分构成：个人素质得分最高分为10 分，其余分值根据个人发展方向不同由经营管理业绩得分、科技贡献得分按一定比例折算后相加而成[③]。其中，个人素质得分又被称为"身份分"，其指标主要包括人才的学历、职称和职业技能鉴定情况；经营管理业绩得分和科

---

① 发展临空现代农业，渝北区具有独特的地域优势——重庆江北国际机场是我国八大区域枢纽机场之一，就坐落于渝北区两路街道。

② 在渝北区人民政府办公室出台的《重庆市渝北区新型职业农民认定管理及扶持办法》中，又将高素质农民分为生产经营型、专业技能型和专业服务型三种类型。

③ 经营管理业绩得分、科技贡献得分最高分均为 90 分，根据个人发展方向的不同，经营管理业绩和科技贡献两部分的综合得分须按以下比例进行折算后相加，总分最高为 90 分。"经营管理为主方向"的人才，经营管理业绩和科技贡献综合得分＝经营管理业绩得分×90％＋科技贡献得分×10％；"科技贡献为主方向"的人才，经营管理业绩和科技贡献综合得分＝经营管理业绩得分×10％＋科技贡献得分×90％；"综合方向"的人才，经营管理业绩和科技贡献综合得分＝经营管理业绩得分×60％＋科技贡献得分×40％。

技贡献得分是严格意义上的"贡献分",经营管理业绩指标主要涵盖人才的生产技能、项目投资、经营管理、农村服务、解决农民就业和带动农民增收等情况,科技贡献指标则主要包括人才获得的科研项目、科技奖励、理论成果、发明专利等情况。此外,为鼓励各级各类人才积极投身乡村振兴战略,渝北区还设置了一项加分项目,规定"对获得农业、农村、农民相关国家级、省部级荣誉称号的人才,可分别给予 10 分、5 分的直接加分"①。

(2)"贡献积分制"模式的结果运用情况。根据指标量化积分的办法,原则上人才得分在 60 分(含)至 100 分之间的,可由评审组评定为相应等级的乡村振兴人才②,并为其统一制发"乡村振兴人才卡",让其享受相应层级的奖励和优惠政策。一是给予人才培育激励。"对通过全职方式培育的 A、B、C 类乡村振兴人才,可分别给予 60 万元、20 万元、10 万元补贴,分 5 年平均发放;对通过项目合作、技术咨询等兼职方式培育的 A、B 类乡村振兴人才,可分别给予 18 万元、6 万元补贴,分 3 年平均发放"③。二是兑现人才优惠政策。对被评定为 A、B、C 类的乡村振兴人才,渝北区在其配偶就业、子女就读、医院就诊等方面为人才提供了一些政策优惠;对在乡村振兴战略实施中表现突出的人才,在"两代表一委员"推选、评优评先、村干部选任等方面都会给予适当倾斜。据了解,仅 2018 年一年,渝北区有 13 名表现优秀人员就因此进入了村"两委"班子。三是给予各类补贴资助。为鼓励乡村振兴人才干事创业,渝北区还在农产品品牌建设、线上销售、涉农贷款等方面设置了十分明确的资助奖励政策。同时,在人才自我提升方面,对于获得高素质农民证书的职业农民,"从认定当年起,每人每年按初级 1 000 元、中级 1 500 元、高级 2 000 元的标准,享受养老保险及医疗保险补贴";对获得"中级(高级工)、副高级(技师)、正高级(高级技师)专业技术职称(职业技能鉴定)或国家承认的大学本科、硕士研究生、博士研究生学历的乡村振兴人才,分别给予一次性 2 000 元、5 000 元、8 000 元资助"④。

2. "贡献积分制"模式的操作要点

(1)健全政府职能部门之间的联动机制。"贡献积分制"模式看似简单,

---

① 中共重庆市渝北区委办公室、重庆市渝北区人民政府办公室:《关于印发〈渝北区乡村振兴人才培育办法(试行)〉的通知》,http://www.ybq.gov.cn/bm/qrlsbj/zwgk_70831/rczl/202203/t20220317_10521039.html。

② 具体规则为:60 分(含)至 70 分之间的,可评定为 D 类;70 分(含)至 80 分之间的,可评定为 C 类;80 分(含)至 90 分之间的,可评定为 B 类;90 分(含)以上的,可评定为 A 级。

③④ 中共重庆市渝北区委办公室、重庆市渝北区人民政府办公室:《关于印发〈渝北区乡村振兴人才培育办法(试行)〉的通知》,http://www.ybq.gov.cn/bm/qrlsbj/zwgk_70831/rczl/202203/t20220317_10521039.html。

但其具体实施起来会涉及政府多个职能部门之间的有效联动：在申报环节，要由人才所在乡镇、街道办事处进行人员筛选、材料初审；在评审环节，要由区委组织部、区人力资源和社会保障局、区农业农村委员会等多个部门组织专家进行会商评审；在评审并公示无误后，还要由区委人才工作领导小组办公室进行备案并制发"乡村振兴人才卡"；在乡村振兴人才的 5 年管理期内，每年还需区农委组织各乡镇、街道办事处对人才进行年度考核，并强化结果应用。因此，要实施好"贡献积分制"模式，最大限度发挥其功能、作用，政府相关职能部门必须主动参与、积极配合，有所作为。首先，要切实提高思想认识。乡村振兴是党的十九大提出的又一国家重大战略，其落实成效的好坏将直接关系到国家的前途命运和未来发展。政府相关职能部门要以学习贯彻习近平新时代中国特色社会主义思想和党的十九大精神为契机，组织工作人员深入学习领会习近平总书记关于"三农"工作的重要论述，切实增强服务乡村振兴的政治自觉、思想自觉和行动自觉。其次，要形成政府职能部门之间的有效联动机制。各地成立的实施乡村振兴战略工作领导小组要切实担负起领导职责，畅通领导小组各成员单位之间的沟通渠道，完善配套措施，保障各成员单位能够各司其职、分工协作；政府农业主管部门①要在"贡献积分制"模式实施过程中自觉发挥牵头部门作用，主动加强与政府其他相关职能部门之间的联系与协作，保障"贡献积分制"模式实施的各个环节能够顺利进行。最后，要合力塑造"重视人才、求贤若渴"的政府形象。"贡献积分制"模式主要是要解决乡村振兴战略实施过程中的引才育才问题，其要发挥好功能作用。除了自身的制度吸引力以外，还需做好制度宣传，让更多的人知晓地方政府的意图和措施。这就要求政府各职能部门要发挥好"主人翁"精神，多渠道、多层次开展宣传报道，最大限度地扩大"贡献积分制"模式的影响范围和影响力。

（2）对制度实施实行动态管理。渝北区的"贡献积分制"模式实质上还是采取了过去政府单位考核时常用的一种指标量化评定办法。这种办法虽然能够对很多事务进行数字化、量化分析，便于工作人员进行比选操作，但这种办法同时也存在着一些缺陷和不足，其中最明显的缺陷就是指标体系在操作过程中容易变得机械、僵化。为破解这一难题，渝北区在"贡献积分制"模式实施的过程中还采取了一些有益的探索和尝试。严格意义上讲，渝北区的"贡献积分制"模式尚处于试行阶段②，其指标体系并未完全固化。评分项目设置是否合理、评分指标分值分配是否科学，都还需区农委等相关职能部门在实践中进行

---

① 渝北区乡村振兴人才工作由区委人才工作领导小组领导，日常工作由区农委负责。

② 按照正式发文时间，"贡献积分制"模式的试行应当始于 2018 年 12 月。

进一步摸索与论证。同时，在制度设计层面，渝北区还在"贡献积分制"模式中加入了动态管理的办法，以防止指标机械、僵化的问题。例如，要评定为A、B、C、D四类乡村振兴人才，原则上要求人才当年的得分要在 60 分（含）至 100 分之间相对应的分值段，但遇到特殊情况时，当年各类人才的划线标准也可由评审组研究确定。再如，评定为乡村振兴人才后，5 年为一个管理期。在管理期内，为防止个别人员钻政策漏洞，骗领政府每年的各类补贴奖励，渝北区农委每年要会同乡村振兴人才所在镇（街道）对人才当年的遵纪守法、履职能力、业绩贡献等情况进行考核。对于乡村振兴人才出现调离渝北区、考核不合格、管理期已满等情形的，渝北区农委将终止其人才资格，并停发相关待遇。

3. "贡献积分制"模式的优点及不足

"贡献积分制"模式优点如下。

（1）为各类人才服务乡村振兴战略指明了方向。对乡村振兴人才进行等级评定，渝北区的"贡献积分制"模式共设计了 16 个评分项目，在 16 个评分项目下又设有一系列的评分指标。如在"生产技能"评分项目中，规定对于取得初级、中级、高级三类高素质农民资格的人才，可分别获得 15 分、25 分、35分的分值认定；在"项目投资"评分项目中，规定对于持股超过 50％且农业项目投资在 30（含）～100（不含）万元、100（含）～500（不含）万元、500（含）～1 000（不含）万元、1 000（含）万元人民币以上①的投资人，可分别获得 15 分、25 分、35 分、45 分的分值认定。从渝北区一系列的评分指标可以看出，其指标设置十分具体，这既便于政府主管部门对人才进行量化评定，又便于人才对标对表进行自我提升、干事创业，从而达到精准服务乡村振兴战略的目的。

（2）激发了各类人才服务乡村振兴战略的热情。如前文所述，渝北区"贡献积分制"模式的配套措施较为完善。对于通过"贡献积分制"模式评定的乡村振兴人才，渝北区都十分重视。无论是最高 60 万元的人才补贴、8 000 元的能力提升资助，还是最高 10 万元的乡村振兴人才培育奖励，都彰显了这一点。特别是在乡村振兴人才参与乡村旅游开发、农业科技项目等创新创业工作方面，渝北区还给予了较大力度的资助和扶持，这些措施都有效调动了各类人才参与乡村振兴战略的积极性。

"贡献积分制"模式不足如下。

（1）指标设置未考虑到各种类型的乡村振兴人才。在《渝北区乡村振兴人才培育办法（试行）》中，渝北区明确将乡村振兴人才确定为高素质农民、农

---

① 自有资金投资额在 1 000 万元人民币基础上，每多投资 500 万元人民币给予投资人 10 分加分。

村专业人才、农业科技人才、投身乡村建设的其他社会各界人才四类。但对乡村振兴人才进行等级评定时，渝北区并未全盘考虑此四类人才的职业特点，而是大而化之地设置了人才个人素质、经营管理业绩和科技贡献三类16项评分项目，以及"经营管理为主方向""科技贡献为主方向"和"综合方向"三种评分类别。仔细研究渝北区人才等级评价的评分体系不难发现，其评分指标主要偏向于生产经营和科技研发，而管理类的指标无论是数量还是分值都相对偏少。在此种评分体系中，部分人员会由于职业、工作性质等原因很难拿到较高得分，从而无法得到人才等级评定。例如，渝北区将"两委"专职干部、"三支一扶"人员、大学生村官、文化能人等列入了"农村专业人才"的范围，但按照其设置的指标体系来讲，不管是采取哪种评分类别，以上人员即使出色地完成本职工作都很难达 D 类人才的认定分值。

（2）科技贡献类的指标体系设置不尽合理。首先，指标针对性不强。乡村振兴人才进行科技研发主要是要解决农村产业发展过程中的实际问题，然而在渝北区针对人才科技贡献设置的四类指标体系中，"科研项目"只关注人才是哪级哪类科技平台和课题项目的负责人，"科技奖励"仅关注人才的省级以上科技奖的获奖情况，"理论成果"则只关注人才论文发表期刊和专著出版单位的等级，"发明专利"的三项评分指标中只有两项关注人才的专利获奖情况。实事求是地讲，这些指标与实施乡村振兴战略的实际工作关联度并不大。其次，指标要求过高。在科技贡献的指标体系中，"国家级重点学科、实验室、技术研究中心主任（首席科学家）；国家重大科研项目主持人；国家科技重大专项、支撑（攻关）计划项目负责人""国家级自然科学家、国家技术发明奖、国家科技进步奖特等奖、一等奖前3完成人""以第一或通讯作者（含同等贡献作者）在 Science、Nature 上公开发表的学术论文""中国专利金奖前2名"等指标，对于乡村振兴人才来说有些"高不可攀"，该部分指标要求即使放在当下国内一般的高校都很难有教授、科研人员能够企及。最后，指标分值设置不合理。将经营管理业绩指标与科技贡献指标进行横向对比，科技贡献的指标分值普遍比经营管理业绩指标的分值要高：经营管理业绩指标的分值普遍集中在 5～15 分段，只有极少数针对生产经营突出的指标设置了 35 分、45 分的大分值；而科技贡献指标只有少数的 15 分及以下的小分值，其余大部分都是 30 分、45 分等大分值。

4. "贡献积分制"模式的应用条件

（1）完善的制度设施作为配套。"贡献积分制"模式说到底只是对人才进行积分评定的一种方法。在实际操作的过程中，渝北区之所以能够利用"贡献积分制"模式在引才育才方面取得较为突出的成绩，原因其实并不在于方法本身，而在于该方法评定的人才能够通过该方法的一系列配套措施得到有效的帮扶和激励。因此，"贡献积分制"模式要得到显著成效，地方政府除了要完善其本身指标体系的科学性外，还要尽可能地优化其配套措施、制度。另外，良好的生态环境、配套设施等对人才的引进与稳定也能起到关键作用。在大力引培人才的同时，渝北区就十分重视环境的改善，通过改造"十纵十横"的农村骨架路、建"四好农村路"，推进"四旁一园一点"区域绿化美化、"八化六改"人居环境整治，打造"三环十景"等，完成了部分乡镇、农村的提档升级，为人才提供了舒适、便捷的生活环境。

（2）较强的经济实力作为支撑。与其他地方的扶持和激励力度相比，对于通过"贡献积分制"模式评定的乡村振兴人才，渝北区的扶持和激励力度可以说是比较大的。那么，为什么渝北区能够给予乡村振兴人才出如此大的扶持和激励力度呢？一方面肯定是因为地方领导认识到位，讲政治、讲大局，重视乡村振兴战略实施工作；另一方面，还是由于渝北区的经济实力雄厚，地方财政能够负担、支持。渝北是重庆主城九区中面积最大、人口最多、经济实力最强的区县，区政府较为宽松的财力给予了乡村人才振兴较大的支持，所以，其"贡献积分制"模式在实施的过程中才真正起到了引才育才的作用。

（3）高校、科研院所提供支持。如前文所述，采取"贡献积分制"模式对人才进行积分评定时，人才可根据自身发展方向选择"经营管理为主方向""科技贡献为主方向"和"综合方向"三种评分类别。然而，不管采取何种评分类别，人才的科技贡献情况都会占据一定的分值比重。之所以如此设置评分规则，主要还是由于农业迫切需要从过去的要素驱动转向创新驱动，依靠科技引领打造新的发展引擎。当下，农业要发展，乡村人才要振兴，亟须高校、科研院所等科技创新主体广泛深度参与，一来可为乡村振兴战略直接输送专业人才，二来可为"贡献积分制"模式等制度完善提供智力支持。

本书以重庆市渝北区为例，在全面梳理了乡村人才振兴的"贡献积分制"模式基础上，系统地分析了该模式的主要内容、操作要点、优点及不足和应用条件，进而为乡村人才振兴探索与实践提供了可借鉴、可复制、可推广的操作典范，不仅可以有效破解"谁来种地""谁来经营农村""谁来发展农村"等"三农"难题，而且可以为乡村人才振兴，破解制度缺位型集中连片特困地区的农村人口空心化治理提供坚实的人才保障和智力支持。

三、乡村留守老年人力资源开发制度

乡村留守老人是中国社会转型期在工业化和城镇化、人口老龄化等多种社会趋势的影响下因农村劳动力流动不完全引起老年人留守农村而产生的特殊人口现象。《南方都市报》、北京耿耿丹心教育公益基金会和河北省荷花公益基金会共同发布《中国农村留守老人研究报告》指出，截至 2018 年，户口在本村的、子女每年在外务工时间累计达 6 个月及以上、自己留在户籍所在地且 60 岁以上，身边没有赡养人或者是赡养人没有赡养能力的农村老年人的规模达 1 600 万人[①]，显然，留守老人不仅成为我国农村常住居民重要主体，而且随着城镇化进程中大量农村年轻劳动力外流，在降低城镇老年人口比重的同时也提高了农村实际老龄化程度，结果我国农村人口老龄化高于城市，形成了老龄化城乡倒置的严峻格局[②]。随着社会发展和认识深入，老年人作为人力资源的重要组成部分越来越受到社会的重视。党的十九大作出了"积极应对人口老龄化，加快老龄事业和产业发展"的战略部署。因此，如何通过人力资源开发来提高农村留守老人的就业能力和综合素质，增强农村留守老人的人力资本的存量，进而降低农村人口老龄化带来的各种风险和冲击正逐步成为保持制度缺位型集中连片特困地区经济持续快速增长从而实现人口红利二次开发的重要环节。

1. 农村留守老年人力资源及其开发的必要性

农村留守老年人力资源是指年龄界限 60 岁及以上人口中具有一定劳动能力和工作意愿，能够被组织所利用，可以从事生产等工作创造价值，推动经济社会发展的农村留守老人中体力和脑力总和。农村留守老年人力资源不仅具备能动性、增值性、再生性、周期性等一般人力资源的特点，同时随着预期寿命的不断延长，这类群体积累了丰富的知识和技术技能，拥有广博的人脉网络资源，具备深厚的人力资本潜力，职业选择的自主性很强，在农村经济社会发展中发挥着不可替代的作用。近年，国家对老年人力资源的关爱和服务体系的完善为农村留守老年人力资源开发提供了现实性，现代服务业的迅猛发展为农村留守老年人力资源重返劳动力市场创造了可能性，农业现代化进程的深入和农村人口老龄化的形势加剧了农村留守老年人力资源开发的紧迫性，因此，面对当前农村留守老人经济保障方面的供养论、价值创造方面的无用论、社会发展方面的包袱论、就业竞争中的抢饭碗论[③]，大力进行农村留守老人的第二次人才资源的开发，对于缓解我国人口老龄化城乡倒置的压力，提高农村人力资本整体水平，凸显留守老人自身价值，促进农村产业结构转型与实现农业现代

① 公益中国：《〈中国农村留守老人研究报告〉发布　留守老人是公益领域的边缘性议题》，http://gongyi. china. com. cn/2018-12/11/content_40609915. htm。

② 新华网：《内地老龄化城乡倒置　农村人口老龄化高于城市》，https://news. ifeng. com/c/7faV80sPiwV。

③ 莫荣、陈兰：《中国老年人力资源的开发》，《中国人力资源发展报告（2011—2012）》，社会科学文献出版社，2012 年．

化，缩小城乡差距，推动农村经济社会可持续发展具有十分重要的现实意义。

2. 老年人力资源开发的国际经验

针对大量老年人力资源处于闲置和浪费状态的现象，国外各类开发者在老年人力资源开发方面积累了丰富的实践经验，有力地提升了老年人力资本存量和增量，为我国推进农村留守老年人力资源开发提供了有益的参考。

（1）设立专门组织管理机构。首先，美国的"老年教育委员会"。美国是世界上较早进入老龄化的国家之一，为此，美国对于老年教育特别重视。早在1949年，美国就成立了全国性的老年教育组织——"老年教育委员会"，统筹全国的老年人力资源开发和教育培训工作，随后各种针对老年人的就业服务和职业指导组织相继成立，使得老年人力资源得以全面开发。其次，日本的"老年人才中心"。日本专门设立帮助老年人就业的"老年人才中心"，主要职责是加强老年人的再就业培训，为老年人提供与用人单位双向选择的信息，这使得日本老年人再就业率大大提高。

（2）拓宽老年活动和再就业领域。在加拿大，政府主要面向老人设立了许多老年活动中心，这些非营利性设施建设规模不大，适合老年人的项目活动却很多，其功能是为老年人提供轻松的业余活动和工作岗位来充实晚年生活。日本不断推动劳动力市场二重结构的改进，许多退休的老年人就职于小微企业，既为青年人就业创造条件，也保证了老年人力资源的延续利用。日本根据老年人的学历水平较高和经验丰富的特征，鼓励他们在咨询、律师、会计这些工作时间与地点弹性大的领域发挥余热。

（3）延迟退休与养老金制度改革相结合。法国作为世界上第一个进入老龄化的国家，近20年进行了多次退休改革，不断提高退休年龄，最终将退休年龄延迟到62岁。美国为了促进老年人退休后再就业，出台法律规定在国有部门工作可以不受年龄限制，私营部门原则上不允许把雇员的退休年龄定在70岁以下。养老金制度改革能够促进老年人就业意愿，欧洲发达国家普遍把养老金与工作年限挂钩。法国从2008年起规定，雇员只有交满40年保费才能全额获得退休养老金，通过物质激励老年人再就业。瑞典在2003年全面推行新的养老金制度，该制度强调"个人缴费数量和缴费时长挂钩，强调权利和义务的结合，该制度规定公民的法定退休年龄为65岁，此时退休养老金是100%，每提前1个月扣减0.55%养老金，对于推迟领取的人员每推迟1个月则可增发0.7%的养老金"[①]。

---

① 杨志超：《北欧老年就业政策对我国延迟退休制度的启示》，《学术界》，2013年第7期，第214-221页。

（4）注重发挥企业和社会组织的参与作用。日本的《老年福利法》鼓励企业雇佣老年人，并根据情况给予贷款优惠、税收减免和继续雇佣奖金等财政扶持。日本还制定相应政策和法规，倡导向老年人开放学校教育资源，充分体现教育资源的社会共享，而且鼓励社会组织投资老年人的教育和培训，并给予财政补贴。荷兰通过颁布法律禁止企业招工歧视老年人，不准任意解雇和歧视雇用老年工人，除特殊行业外一律不得有年龄限制。法国为老年人企业就业制定了更加灵活的劳动合同，如就专门为老年就业者制定了特殊合同，普通劳动合同最低固定工作期限是 18 个月，而老年人的最低期限只有 12 个月。德国利用《工伤保险法》，所有企业与商业部门雇员都享受工伤保险，无论长期还是临时雇佣，保障了企业雇佣的再就业老年人的劳动权利。

3. 乡村留守老年人力资源开发的治理对策

老年人力资源开发经验的国际比较研究表明，欧洲福利国家比较注重从法律和政策方面延迟退休年龄，并将其与养老金挂钩以促进老年人再就业。日本特别重视社会组织的参与，尤其是民间非营利组织对老年人力资源开发的作用，遍布全国的银色人才中心对于老年人技能培训与就业指导起到了至关重要的作用。美国比较看重的是以多元化投资形式，尤其是老年人力资源的终身教育和社区教育提升老年人力资本水平。因此，在当前农村人口空心化的背景下，要提高我国农村留守老年人力资源开发的实效性，最根本的就是正确处理好政府、企业、农村社区、社会组织等不同主体目标协调和多元互动关系，建立完整富有活力的治理体系，提高治理能力。

（1）政府增设老龄化工作司，统筹规划农村留守老年人力资源开发。随着人口老龄化时代的到来和实现农业现代化的需要，农村留守老年人力资源开发越来越受到重视。因此，针对农村留守老人工作日益复杂性和重要性的特点，有必要在人力资源和社会保障部专门增设老龄化工作司。其主要职责是研究国家城乡老龄化面临的重大问题，统筹城乡老年人弹性退休、积极就业、劳动保护、教育培训、社会保障、分配制度等方面的政策顶层设计，指导和协调地方政府开展老年人力资源开发和管理工作。其重点工作是起草针对老年人力资源开发的相关法律法规和政策制度，如老年人福利法、老年人就业法、老年人终身教育法、反老年歧视法，明确农村老人在职业选择、福利分配（如退休金和工作年限挂钩，鼓励老年人推迟退休）、就业促进、职业辅导、教育培训、就业歧视等方面的具体权利和义务关系。尤其是对于大胆起用农村留守老人的企业或公司，政府通过财政补贴、减免税收、发放奖金、贷款优惠等相关政策和制度予以鼓励。建议老龄化工作司专门设立农村老龄化工作处，正视农村人口空心化问题，重视农村留守老年人力资源开发整体规划，把开发农村留守老年人力资源作为国家战略和系统工程纳入国民经济发展规划，充分整合公共部门、私立部门和第三部门等主体资源，有计划、有目的、有组织地制定符合国情和地情的农村留守老年人力资源开发政策和制度，通过教育、培训、使用、配置、迁移、卫生保健等方式建立多主体、多形式、多渠道的开发机制。同时，建立老龄雇佣奖金制度。

（2）地方政府建立农村老年人力资源市场，为留守老人提供就业机会。农村留守老年人力资源开发的重要途径就是积极就业，因此建立多层次的农村老年人力资源市场，为留守老人提供发挥潜能、施展才华的就业平台十分必要。一是要建立农村老年人力资源市场。在充分了解农村留守老年人力资源特征、兴趣、爱好、特长和劳动力市场需求的基础上，把握供求关系，统筹农村留守老年人力资源规划，建立区县、乡镇老年人力资源中心或者农村社区老年人才交流中心，通过举办专场人力资源招聘会或者双选会的形式为具有一技之长的农村留守老人积极就业牵线搭桥。二是实现农村留守老年人力资源就业信息化。在对农村留守老年人力资源状况、就业需求进行调研和预测的基础上，构建农村留守老年人力资源就业信息数据库，然后对农村留守老年人力资源有着特殊需求的农业企业、行业组织和生产单位就可以根据信息数据库提供的农村留守老年人力资源需求和特征，迅速地找到相应的岗位人选，实现优化配置；农村留守老人也可以在就业信息数据库查询与自身需求相匹配的用人单位，实现双向选择。此外，各地可以建立老年人求职网站，专门针对 60 岁以上农村留守老人提供就业服务。

（3）农村社区大力开发适合农村留守老年人力资源的服务项目。农村留守老年人力资源开发的重点在农村社区，因此村委会或者居委会要根据当地经济社会发展需求，结合留守老人的优势，大力开发适合农村留守老年人力资源的就业项目。一是推进农村留守老人参与农业技术服务项目。根据农村留守老年人力资源的农业知识积累和生产经验优势让留守老人在农村社区从事传统农业生产指导、技术服务或者发展顾问工作，发挥他们的农业生产传、帮、带和农村发展咨询参谋作用，从而为农村经济社会发展服务。二是设立农村留守老人参与社区服务项目。根据农村留守老年人力资源的时间闲暇优势和专业技能优势，成立农村社区爱心俱乐部，让农村留守老年人更多参与社区公益事务，从事水电气维修、家用电器修理、农业耕作互助、红白事务协助、家务生活帮助、子女教育咨询、养生保健宣传、社会治安维护、农村集市管理等服务项目。三是吸纳农村留守老人成立民事纠纷调解组织。结合农村留守老年人力资源的年龄优势、宗族辈分和人际关系优势，充分吸纳农村留守老人成立自我组织、自我服务、自我管理、自我教育的民事纠纷调解组织，发挥他们在邻里纠纷处理方面的独特优势。

（4）企业针对农村留守老人提高人力资源管理和人力资本投资水平。要提高农村留守老年人力资源的可持续就业能力，就必须鼓励当地企业吸纳农村留守老人，提高人力资源管理水平；同时，紧紧依靠教育、培训、保健等方面的投资来提高他们的知识、技能、体力等人力资本增量。一是妥善进行岗位设置。根据弹性冗余原理，充分考虑老年人力资源的心理特点、身体状况和职业期望，尽量为他们安排工作环境较好、工作时间富有弹性、职位流动性较小、突出强调岗位的体面性、责任性，体现农村留守老年人力资源的职业价值。二是建立灵活的用工制度。针对农村留守老年人力资源精神诉求、生理需要和工作方式特点，要一方面坚持"不为所有、但为所用"的原则，更多地采取柔性管理的措施适用农村留守老人；另一方面，坚持弹性工作的原则，鼓励企业探索适合农村留守老人工作的居家办公、远程办公、弹性上班的工作形式。三是加强农村留守老年人力资源的职业教育培训投入。企业在职工教育经费中专门设置"老年教育培训"项目，建立老年人的个人学习账户或者学分银行，通过学历教育、成人教育、职业教育和各类培训等多样化的形式为企业雇佣的农村留守老人提供人力资本提升机会。四是强化农村留守老年人力资源的心理和保健投入。针对老年人力资源的年龄特点，高福利而非高工资才是提高老年人对企业的归属感和忠诚度的主要激励方式，因此加强企业内部农村留守老人的保健性投入，大力完善企业体育基础设施建设，优化工作环境，加强体育活动和定期体检，加大医疗保障水平；同时，加强心理测验和心理健康教育，保持健康自信、乐观向上的工作生活情绪，提高农村留守老人心理资本。

（5）社会组织全面参与农村留守老年人力资源开发工作。随着城乡一体化进程加快和人口老龄化形势日益严峻，农村留守老年人力资源开发已成为政府、企业、农村社区和社会组织等多个主体共同的责任。一是社会组织可以为农村留守老人提供直接社会服务。依托社会组织的公益性特点，把现代信息化手段融入老年人力资源开发中，通过志愿者与农村留守老人一对一交流沟通、发送免费健康短信、定期组织老年人进行娱乐活动等内容，为老年人提供全面的精神照料、健康服务、就业服务、家庭服务、医疗保健服务、照料服务和养老服务①，提高农村留守老人人力资本水平。二是社会组织参与农村留守老人的社区教育工作。为推动农村留守老人的社区教育工作健康发展，社会组织可以根据其行业性特点，投资老年教育，提供办学场所和教育设施，更新培训项目，提高教育教学质量。三是社会组织可以为农村留守老人开发政策

---

① 佚名：《青岛成立山东首家虚拟养老服务社区》，《领导决策信息》，2010年第41期，第1页。

提供决策咨询。社会组织可以根据其专业性优势，对包括农村留守老年人力资源教育培训、社会保障、再就业服务、身体健康、心理状况在内的相关的信息进行跟踪调查和监测评估，为政府相关部门出台老年人力资源开发政策提供依据。

第四节　资源缺乏型集中连片特困地区的农村人口空心化治理

《滇黔桂石漠化片区区域发展与扶贫攻坚规划》中明确提出了滇、黔、桂石漠化片区的战略定位，其中之一就是建设国际知名的喀斯特山水与文化旅游目的地，这是国家根据该区域的资源贫乏实际做出的重大战略决策。从这个意义上来讲，要破解资源缺乏型集中连片特困地区的农村人口空心化问题，乡村旅游人才开发是一个极其重要的切入点。乡村旅游人才开发是指国家、地方政府、企业、职业院校、个人和其他社会组织有计划、有目的、有组织地对旅游从业者进行教育、培训、使用、配置、迁移、卫生保健等一系列投资活动以挖掘旅游人才的潜力，提高人力资源素质，增强其就业能力和职业素质的过程[①]。对乡村旅游从业者进行心理开发、生理开发、伦理开发、智力开发、技能开发和环境开发等全方位的人力资源开发，改善乡村旅游产业发展的薄弱环节，成为推动滇桂黔石漠化集中连片特困地区贵州区域乡村旅游产业发展的核心动力和关键环节。

一、乡村旅游人才的分类

学术界对乡村旅游人才分类代表性的界定包括如下。首先，统一说。张向平（2018）指出，高等院校旅游管理专业培养乡村旅游人才，即是培养掌握乡村旅游导游服务、旅行社管理、旅游产品开发等实践技能，掌握乡村旅游文化和乡村旅游企业管理技能的一种高素质技能型专门旅游人才。其次，两类说。乡村旅游急需的人才主要有两种：一是旅游企业经营管理人才，主要是从事旅游策划、旅游营销、旅游财务等方面的高层管理者。二是旅游业发展需要的一些新专业人才，如从事乡村旅游管理的人才或从事乡村旅游的一线服务人员。最后，三类说。殷章馨（2012）提出，优化乡村旅游人才结构布局，可以采取人才三级梯次策略：一是高素质的宏观决策队伍，二是专业化的经营管理队

---

① 田书芹、王东强：《统筹城乡发展中新生代农村劳动力开发模式比较研究》，《高等农业教育》，2013年第11期，第116-119页。

伍，三是特色型的乡土人才队伍。

综上所述，乡村旅游人才是指被旅游组织所使用，能够创造价值，推动乡村旅游产业可持续发展的体力和脑力的总和，包括数量和质量两个方面。从滇桂黔石漠化集中连片特困地区乡村旅游产业链构成角度分析，该区域乡村旅游人力资源可以分为乡村旅游核心人力资源，即在乡村旅游景区、旅行社、旅游饭店直接从事策划、计调、营销、接待、讲解、管理、服务等核心业务的相关人员；乡村旅游外围人力资源，即为乡村旅游者和乡村旅游核心业务提供交通、娱乐、消费、通信、咨询服务、科学研究、教育培训等支持性行业的相关人员；乡村旅游后备人力资源，即正在大中专院校学习的旅游院系在校学生和正在接受职业培训有志于从事乡村旅游行业的待业人员。究其实质，乡村旅游人才既懂农业，又懂旅游；既懂文化，又懂管理；既懂农村，又懂法律。他们是"矢志'三农'、技术为要、复合应用、一专多能"的新型乡村全科旅游人才。他们不仅能够参与乡村文化资源的传承、保护和开发，还能参与乡村文化旅游特色融合产品的研发及设计，并创新乡村旅游经营管理模式，开展农家特色产品销售等。

二、乡村旅游人才的特征

经验分析表明，滇桂黔石漠化集中连片特困地区乡村旅游人才应具有以下特征。

一是战略性。加快开发滇桂黔石漠化集中连片特困地区是党和国家在新世纪推进区域经济可持续发展的战略决策。乡村旅游人力资源是滇桂黔石漠化集中连片特困地区乡村旅游产业发展的推动者、组织者和建设者。这就要求乡村旅游核心人力资源、外围人力资源和后备人力资源必须具备战略思维和战略眼光。

二是文化性。滇桂黔石漠化集中连片特困地区乡村旅游历史源远流长，历史文化深厚，民族特色突出。因此，作为滇桂黔石漠化集中连片特困地区的乡村，在发展乡村旅游产业，进行乡村旅游人才开发时必须重视人文、艺术、地理、历史等文化知识的教育培训，推进滇桂黔石漠化集中连片特困地区乡村旅游与文化的融合。

三是复合型。滇桂黔石漠化集中连片特困地区内居住着数十个少数民族，气候、生物变化多样，自然景观变幻莫测。乡村旅游人才不仅需要具备乡村旅游知识、乡村旅游策划、乡村旅游营销、乡村旅游管理等一般性技能，还必须掌握过硬的交通、商业、娱乐等知识，具备跨产业融合、跨文化沟通、跨民族交往的能力。因此，乡村旅游人才必须是复合型人才。

四是创新性。旅游者具有求新、求特、求奇、求异的消费特点[①]，从这个意义上讲，乡村旅游经济也是体验经济。滇桂黔石漠化集中连片特困地区蕴藏着极为丰富的旅游资源，创意无限。因此，滇桂黔石漠化集中连片特困地区乡村旅游人才在开发乡村旅游产品、策划乡村旅游项目、设计乡村旅游线路、进行乡村旅游服务时必须具备更强的创新思维和创新能力。

三、乡村旅游人才开发策略

1. 大力推进乡村旅游应用型人才培养体系建设

为了更好地服务滇桂黔石漠化集中连片特困地区贵州区域乡村旅游产业发展，必须大力推进区域高校乡村旅游应用型人才培养体系建设，培养富有特色的乡村旅游应用型人才。因此，一是要根据应用型导向针对岗位胜任力分类构建完整的旅游学历教育体系。教育部和地方教育行政部门要实施政策倾斜，完善高职高专、本科、硕士、博士等不同层次相互衔接的旅游学历教育体系，培养不同层次的旅游核心人力资源、外围人力资源和后备人力资源。二是全面推进富有特色的乡村旅游应用型人才培养模式创新。在对专业人才需求状况及趋势、毕业生就业情况深入调研的基础上，根据"从出口往回找"思路，把培养专业精、能力强、后劲足的应用型高级服务管理人才作为乡村旅游人才培养定位，坚持理实一体、教学做合一、产教融合的总原则，认清乡村旅游管理类专业必需的目标岗位群、核心任务、核心能力、核心课程，凸显学生技能训练项目具体化、项目化和课程化改革，推进富有特色的乡村旅游应用型人才培养模式创新。三是推进乡村旅游专业课程综合改革。围绕行业需求和岗位能力要求，按照先进、实用、理论联系实际的原则，重新调整课程内容体系，进行课程内容综合化改革[②]。在课堂上，推进教学方式多元化，着力提高学生实践能力。在考核方面，引入行业专家、同行专家和学生等主体，推进多维考核评价和过程考核。此外，还可以采取校企合作模式，推进课程设置、培养方式、实践教学、国际合作办学、师资队伍建设等方面深度合作，以定向招生、定向培养、定向就业的形式培养关键岗位的紧缺人才。

2. 完善乡村旅游人才职业培训体系

完善乡村旅游人力资源职业培训体系是破解当前滇桂黔石漠化集中连片特困地区贵州区域乡村旅游资源开发困境和农村人口空心化治理的重要突破口。一

---

①　徐仁立：《红色旅游人力资源开发研究》，《西安交通大学学报（社会科学版）》，2012 年第 6 期，第 31-35 页。

②　王东强、陈天培、王爱忠：《高校应用性创新型人才培养教学改革探析》，《山东高等教育》，2014 年第 3 期，第 68-73 页。

是健全乡村旅游人力资源职业培训机构。借鉴社会治理理论，引入市场机制，形成以政府旅游教育培训中心专门机构为主体，以旅游高等院校、旅游职业院校和旅游职业培训服务机构及其他社会力量为补充，以旅行社、旅游景区和旅游酒店为基地的乡村旅游人力资源职业培训多中心格局。二是政府通过企业职业培训政策法律保障、强制企业职业培训经费提取、企业职业培训财政支持和税收优惠等方式鼓励企业积极参与乡村旅游人才职业培训。三是加大乡村旅游人才培训经费投入。经费是影响乡村旅游人才培训效果的重要因素之一，故建立专项资金有助于提高乡村旅游人才培训实效性。首先，政府要将乡村旅游人才培训经费纳入财政预算，加大投入力度；其次，提倡多元化的筹资渠道，政府通过有效的宣传与引导，鼓励工商资本下乡，对乡村旅游人才培训提供一定的资金支持；最后，参与培训的乡村旅游人才也是受益者，可以鼓励他们主动承担一部分培训经费，从而形成政府、企业、个人共同分担，多渠道、多元化的投入机制，减轻乡村旅游人才培训费用负担，调动其参与培训的积极性和主动性。

3. 强化乡村旅游人才资源整合能力

乡村旅游人才是典型的复合型人才，不仅要熟悉各地乡村旅游资源的分布、乡村旅游产品的特色和乡村旅游线路的设计，而且还要通晓各地历史风情、文化思想和民俗艺术。鉴于滇桂黔石漠化集中连片特困地区贵州区域乡村旅游产业的复杂性和历史文化的深厚性，因此，乡村旅游人才必须通过自主学习，很好地使用地域风情和社会文化的差异，善于灵活地采取不同的乡村旅游管理策略。二是转变政府职能，提升乡村旅游人才跨区域整合能力。政府应发挥宏观调控作用，努力打破区域行政壁垒，根据各地旅游人力资源和旅游业发展现状，对各地旅游人力资源进行配置、开发、使用、保留、待遇和保障等统筹规划[①]。只有切实明确政府区域人力资源协调管理的职能定位，发挥统筹企业、社会组织和乡村旅游人才个体或者群体的作用，推进劳动力市场区域一体化建设，才能更好地为滇桂黔石漠化集中连片特困地区贵州区域乡村旅游产业可持续发展提供人力资源保障。

四、乡村旅游人才振兴评价体系构建

为了更好地推动滇桂黔石漠化集中连片特困地区农村人口空心化治理，开发乡村人才资源，需要构建乡村旅游人才振兴评价指标，其设计应该遵循以下三个原则：一是宏观和微观相结合的原则，既要考虑乡村旅游人才自身属性及

---

① 郑赤建、张河清、霍生平：《基于区域旅游协作背景下的旅游人力资源管理》，《经济地理》，2006 年第 4 期，第 702-705 页。

能力素质，又要考虑乡村旅游人才作为群体的发展水平。二是投入和产出相结合的原则，以开发过程量化投入，以开发结果量化产出。三是定性和定量相结合的原则，测评指标中有定性指标，也有定量指标，定性指标考核乡村旅游人才自身的满意度，定量指标考核投入和发展水平。根据上述三个原则，结合滇桂黔石漠化集中连片特困地区贵州区域乡村旅游人才开发实际情况，同时考虑数据获得的可行性，构建滇桂黔石漠化集中连片特困地区乡村旅游人才振兴评价指标体系（表5-6）。

表 5-6 乡村旅游人才振兴评价指标体系

目标层	一级指标	二级指标	计算公式	单位
F 乡村旅游人才	F1 综合素质	F11 平均年龄	样本均值	岁
		F12 平均受教育年限	样本均值	年
		F13 平均从业年限	样本均值	年
		F14 接受岗前培训的比例	样本均值	%
		F15 职业资格证书获取比例	样本均值	%
		F16 职业知识的掌握程度	样本均值	%
		F17 服务技能的熟练程度	样本均值	%
		F18 职业道德与规范的运用程度	样本均值	%
	F2 投入力度	F21 开设旅游类专业的院校比例	开设旅游类专业的院校/高校数量	%
		F22 每万名乡村旅游人才拥有的旅游培训机构数量	乡村旅游培训机构数量/乡村旅游人才	个/万人
		F23 每万名乡村旅游人才拥有的乡村旅游培训课程数量	乡村旅游培训课程数量/乡村旅游人才	门/万人
		F24 每万名乡村旅游人才拥有的校地合作数量	乡村旅游校地合作数量/乡村旅游人才	个/万人
		F25 每万名乡村旅游人才享受的专家团队服务的次数	专家服务团队次数/乡村旅游人才	次/万人
	F3 发展水平	F31 每万农户中乡村旅游从业人员数量	乡村旅游从业人员数量/农业从业人员数量	人/万人
		F32 每万名乡村旅游从业人员中拥有的全国休闲农业及乡村旅游示范点数量	全国休闲农业及乡村旅游示范点数量/乡村旅游从业人员数量	个/万人

（续）

目标层	一级指标	二级指标	计算公式	单位
F 乡村旅游人才	F3 发展水平	F33 每万名乡村旅游从业人员中拥有的国家乡村旅游重点村	国家乡村旅游重点村数量/乡村旅游从业人员数量	个/万人
		F34 每万名乡村旅游从业人员中拥有的乡村旅游节事活动的数量	乡村旅游节事活动数量/乡村旅游从业人员数量	个/万人
		F35 每万名乡村旅游从业人员中获得的国家级乡村旅游类个人表彰获奖人数	获得国家级乡村旅游类个人表彰获奖人数/乡村旅游从业人员数量	人/万人
		F36 人均可支配收入	样本均值	元
		F37 乡村旅游接待游客增长率	（报告期－基期）/基期	%
		F38 乡村旅游收入增长率	（报告期－基期）/基期	%
	F4 满意度	F41 对工资薪酬的满意度	样本均值	%
		F42 对目前所享受社会保障的满意度	样本均值	%
		F43 对工作环境的满意度	样本均值	%
		F44 对工作时间的满意度	样本均值	%
		F45 对政府提供培训内容的满意度	样本均值	%
		F46 对政府提供政策支持的满意度	样本均值	%
		F47 对职业的认可度	样本均值	%

对滇桂黔石漠化集中连片特困地区乡村旅游人才振兴，从以下 4 个方面的指标进行考核，分别是综合素质、投入力度、发展水平及满意度。下面对部分指标进行解释并说明。

F1 综合素质。该指标是从微观的角度，考核乡村旅游人才自身基本情况及具备的核心素质。

F11 平均年龄。平均年龄是衡量乡村旅游人才的重要指标，年龄在某种程度上会影响其职业技能、职业经验和职业素质，最终会影响人才培育情况。

F12 平均受教育年限。受教育年限是指乡村旅游人才参加国家认可的学历教育的学习时间。文化教育程度是乡村旅游人才综合素质体现之一，受教育年限越长，综合素质会越高。

F13 平均从业年限。平均从业年限指从事乡村旅游的工作年限。乡村旅游从业人员的综合素质，一部分取决于前期的接受学历教育年限和继续教育学时，另一部分会受行业经验影响。行业经验越丰富，职业素养会越高。

F15 职业资格证书获取比例。职业资格证书的获取比例是衡量乡村旅游人才开发水平的重要标志之一。职业资格证书包括导游证、人力资源管理师证、职业经理人等，证书持有比例越高，越能体现这类人才的职业素质，更有利于乡村人才振兴。

F16 职业知识的掌握程度。乡村旅游人才的职业能力是指从业人员具体从事某一岗位或职位时所要求具备的知识体系。乡村旅游人才的职业知识包括安全知识、环保知识、礼仪知识、旅游法律法规知识和乡村民俗知识。对职业知识的掌握程度，能体现乡村旅游人才的职业能力。

F17 职业技能的熟练程度。乡村旅游人才的职业技能主要包括沟通交流技能、操作应用技能、处理突发事件的能力等。职业技能的熟练程度是衡量乡村旅游人才职业能力的重要标准，将会直接影响顾客的满意度，进而影响乡村旅游产业的振兴。

F18 职业道德与规范的运用程度。乡村旅游人才的职业道德主要包括文明服务、宾客至上、诚实信用、遵纪守法等。乡村旅游人才是否有职业道德，也会影响顾客的满意度，会影响产业兴旺。

F2 投入力度。该指标是从宏观的角度，考核政府对乡村旅游人才的投入力度。

F21 开设旅游类专业的院校比例。学历教育和后期培训为乡村旅游输送人才。前期的学历教育主要依托高等教育，开设旅游类专业的院校比例，直接影响旅游人才的培养数量。同时，旅游类专业配备的师资团队，也会影响当地乡村旅游的发展水平，影响校地合作水平。

F22 每万名乡村旅游人才拥有的旅游培训机构数量。乡村旅游人才职业培训，是以多个主体参与构建的旅游培训体系。涉及旅游的培训机构将会有力保障乡村旅游人才的职业能力提升。

F23 每万名乡村旅游人才拥有的乡村旅游培训课程数量。培训主体应结合滇桂黔石漠化集中连片特困地区当地的乡土文化，针对乡村旅游人才应具备的职业能力开展培训，包括职业知识、职业能力和职业素质。乡村旅游培训课程的开展数量和质量，直接影响乡村旅游人才培育的效果。

F24 每万名乡村旅游人才拥有的校地合作数量。通过开展校地合作，有助于高校为地方输送人才、培训人才，有利于促进地方产业的发展，有利于乡村旅游提档升级。

F25 每万名乡村旅游人才享受的专家团队服务的次数。专家团队为乡村旅游提供规划、培训等服务，有助于乡村旅游产业提档升级，有助于乡村旅游人才提升综合素质和能力。

F41 至 F49 是对乡村旅游人才自身的满意度调查，包括对薪酬、时间、环境、培训等。只有达到较高的满意度，才能留住乡村旅游人才，为资源贫乏型集中连片特困地区乡村振兴战略实施提供有效支持。

第六章 集中连片特困地区农村人口空心化整体性治理模式研究

不管是哪种集中连片特困地区，还是何类农村人口空心化治理机制，都需要政府、社会、个体或者群体等多元治理主体之间的整体性治理。农村人口空心化治理的政府调控模式、自组织模式、社会治理模式和职业教育模式为四类集中连片特困地区农村人口空心化整体性治理提供了模式选择和现实参考。但这些多元模式必须以克服治理主体、治理层级、治理功能、治理关系、治理行为"碎片化"问题为出发点，以依靠横向和纵向协调与整合的思想和行动为主要内容，以政府与社会各类组织有效的合作为着眼点，才能最终实现从碎片和部分走向整合和整体的预期治理目标，推进四类集中连片特困地区农村人口空心化治理体系和治理能力现代化。

第一节 政府调控模式

从 20 世纪 90 年代开始，由于城乡二元结构限制，农村中一些青壮年劳动力相继流向城市工作继而导致城乡人口在年龄分布、学历结构等方面出现了差异化。党的十九大报告提出实施乡村振兴战略，体现了以习近平同志为核心的党中央心系"三农"的情怀。与此同时，乡村振兴战略的实施也为农村人口空心化治理提供了新契机、新思路。因此，在乡村振兴战略背景下，探讨农村人口空心化治理的有效模式和治理对策具有重要的理论意义和现实意义。本书全面剖析了半城镇化、就地城镇化、社区化为主的三种农村人口空心化治理的政府调控模式相关典型案例，比较分析目前三种模式的做法以及成效，期望寻求新型路径来推动农村人口空心化治理更有成效的方案。

一、半城镇化模式

1. 基本内涵

从整体上来讲，半城镇化是城镇发展过程当中乡镇没有彻底融入城市致使的不完全的城镇化状态[①]。具体来讲，半城镇化模式的基本内涵包括：一是身份的边缘化。农村劳动力虽然身在城市，但父母子女都在农村生活，户籍仍然在农村，一直游离在城市和农村边缘。二是待遇的差别化。大量劳动力离开农村奔赴城市生活就业，但却没有实现和城市居民同等的社会福利保障制度，不能彻底融入城市，处于"半城镇化"状态。本书以安徽省池州市贵池区为例，对农村人口空心化的半城镇化模式进行分析。

2. 案例举要

位于长江中下游南岸的安徽省池州市贵池区，地理位置优越，非常重视新型城镇化建设。近年，该区的城镇化的推进速度加快，呈现出良好的发展趋势，但是整体水平较低，无法实现真正的新型城镇化。由于城市的发展速度加快，城乡之间出现较大差距，有大量的农村剩余劳动力不断向城市流动，形成一种候鸟式的"迁徙"流动。由于受到城乡二元结构体制的限制，农村劳动力在城市难以拥有稳定的就业岗位，没有得到和城市居民同等的公共服务。面对这些问题，安徽省池州市贵池区采取了多种办法破解困局。

3. 主要举措

（1）构建多元化成本分担机制。半城镇化向新型城镇化的发展，最重要的就是农村劳动力和其他人口在城市的落户问题，安徽省池州市贵池区有以下两方面的举措：一是将"候鸟"变"留鸟"。创造更多有利的优惠条件来吸引农村的流动人口留在城市生活，并为他们解决就业和住房这两大棘手问题，并提供平等的公共服务。二是建立多元化成本分担机制。农村人口市民化需要在社会保障、医疗卫生、教育、保障性住房等成本支出。因此，该地通过政府、企业和个人三方经费投入机制，让农村劳动力享有平等的保障和机会。

（2）重构产业和城市关系，实现产业和城市融合发展。要实现城镇化的发展，就应当推进产业和城市的一体化发展。首先，加强产业集聚力和发展潜力。通过产业的兴旺来带动城市的发展，以城市的发展来带动产业的集聚，建设文明绿色城市，促进城镇化与多方面技术的融合发展。其次，重构产业与城市关系。新的产业和城市的关系必须是产业和城市融合，实现二者的协调发展

---

① 于水、姜凯帆、孙永福：《农村人口"空心化"的影响因素分析》，《华南农业大学学报（社会科学版）》，2013 年第 3 期，第 42-49 页。

才能带动区域经济发展，进而有效地解决半城镇化过程中的问题。最后，提高产业的就业吸收能力。在产业和城市融合中，构建就业优先的现代产业体系。在经济优势明显的城镇中发展第三产业，逐步形成以服务业为主的产业链；中小城镇根据自身优势，发展集聚和规模的产业，进而提高产业的就业吸纳能力。

（3）建立多元可持续投入机制，实现集约利用。在半城镇化向新型城镇化推进过程中，安徽省通过以下几个举措实现半城镇化向新型城镇化的过渡。首先，建立融资机制。资金保障是极其重要的部分，可以依靠地方政府向银行融资等模式来解决资金问题。其次，完善地方债券发行管理制度。在城镇化的建设过程中，地方政府的资金投入是必不可少的，发行地方债券是帮助地方政府解决基础设施建设公益资金的渠道，并建立相关的监督体制，避免出现管理上的漏洞。最后，深化土地管理制度改革，提高土地利用效率。在半城镇化的建设过程中，实现土地集约节约利用是城镇建设得以稳步前进发展的保障。

4. 成效分析

安徽省池州市贵池区在半城镇化向新型城镇化的建设过程中，通过多种举措解决城市中的农村流动人口问题，实现农村向新型城镇化的转变。首先，安徽省通过构建多元化成本分担机制，为城市中的流动人口的就业、住房等问题提供补助，实现流动居民能够和城镇居民享有同等的权利及保障，与城市居民享有平等的公共服务设施，让在城市中流动的农村劳动力在城市找到归属。其次，安徽省池州市贵池区通过调整和优化城市和产业的关系，推动产城互动。不仅重视产业的发展还要兼顾城市的发展，实现城市和产业协调发展，为城市中的居民提供更多的发展机会。最后，安徽省围绕资金短缺问题构建多元化投入机制。在半城镇化的建设过程中，势必需要进行一定程度的改革，建立多元可持续机制则进一步解决了在半城镇化进程中出现的资金短缺、投入力度小的问题。安徽省池州市贵池区的一系列举措为解决农村人口空心化的问题提供了更多的可行性的方案。

二、就地城镇化模式

1. 基本内涵

就地城镇化是指在一定的区域内的人口和聚落在大规模的空间转移的过程中没有实现向城镇的转变①，许多的学者把在县城的范围内出现的城镇化称为

---

① 于水、姜凯帆、孙永福：《农村人口"空心化"的影响因素分析》，《华南农业大学学报（社会科学版）》，2013年第3期，第42-49页。

就地城镇化。本书以江西省上饶市婺源县江湾镇为例，对农村人口空心化的就地城镇化模式进行分析。

2. 案例举要

江湾镇土地面积广，森林覆盖率高，在中心城镇建设中将城市观光放在城市发展的重要位置。江湾镇在整体改造的过程中将经济、生态、社会看作是新型城镇化中的一个生态系统进行有机统一，实现经济生态向生态经济的转化。首先，该镇通过多种形式的绿化建设使历史文化景观和现代建筑景观相统一，构建城市生态环境。其次，实施小流域治理工程，筑牢中心镇与江河两岸生态安全屏障。最后，通过挖掘独特的节俗食俗，包装成各类民俗表演来丰富传统民俗文化，将其转化为真正的惠民文化。

3. 主要举措

（1）村庄产业联动，打造新型文明乡镇。江湾镇的就地城镇化模式的主要做法包括：一是大面积的开发，形成网络状分布。该县依托古村落风景区和旅游综合体，通过各种改造和建设，通过综合配套和联动，开发十几个特色工业村，形成该县的一条文化风景线，并成为老百姓共同参与发展致富的载体，加快推进新型城镇化的步伐。二是结合传统习俗和村庄规定的民约。该县自古就以砍伐、捕捞为生，把森林保护和渔业资源保护融入截流、捕鱼和建立健康河流等约定，以更好地保护村庄的生态环境。三是建立监督长效机制。在改善生活环境的过程中，建立健全农村清洁卫生政府指导、村民主体和村委会监督的长效机制，把农村非点源污染治理纳入村级目标责任制的评价内容，定量地将任务分解给每个村庄的居民和个人。

（2）产业联合打造新型旅游产业链。江湾镇的举措主要包括以下三个方面：一是根据每个村庄的差异对其产业进行个性化定制。该县为篁岭民俗文化村引入了国际精品度假村的品牌理念，并将数十座古建筑民居打造成精品度假村酒店①。二是推出服务观光商品体系。该县推出村庄特有的有机茶、油菜花、冷水塘鱼、竹雕等观光资源，形成加工片区、农业旅游观光区域、江湾旅游服务片区，让几千名村民实现了在村就业。三是大力发展旅游和农业相互捆绑型的产业。扎实推进旅游和工业相结合的产业，推进生态观光农业项目建设，加强优良品种的培育和栽种，打造集生态、景观、观光、采摘、文化体验等功能为一体的特色农业观光带。让农村土地实现城市生活，让农民享受到和城市一样的待遇，拥有留在农村不想离开的感受，将其打造成为现代化的适合

---

① 屈均冠：《乡村振兴战略下农村人口空心化治理路径研究》，《北京农业职业学院学报》，2018年第5期，第58-63页。

居住的魅力城镇。

（3）完善公共服务体系，打造宜居乡镇。该县在完善公共服务中的举措有以下几个方面：一是落实教育新农民发展新产业政策。该县在推进乡镇与村镇共同发展的过程中，需要吸引各界投资共同完善基础设施。因此，该县推出新的政策吸引人才涌入产业集聚，寻求更多的资金投入，完善该县的公共服务体系。二是完善交通娱乐设施。以乡镇为主，该县通过完善道路用水排水设施、修建公厕、修建娱乐活动等基础设施，加快村庄的道路网和基础设施的建设，建成穿插的十多条农村公路，为城镇化的发展提供道路上的畅通。三是打造特色文化街。大幅度打造特色文化步行街、农家乐一条街、新区美景等项目的建设和管理，完善乡镇的公共设施，打造舒适、美感俱佳的特色小镇。

4. 成效分析

江湾镇利用城镇的特色文化资源将城镇的自然资源和人文资源有效地结合起来，将江湾镇打造成一个特色文化小镇。首先，该镇在中心镇建设中始终以城镇旅游化为基础打造了特色的农业产业链。其次，在进行大规模的整合、划分时始终把经济、自然与社会看作互相协同促进发展的共同体。最后，该镇通过就地城镇化模式，统筹推进经济、社会和生态建设，打造特色产业带，基本解决了基层社会管理面临的新问题。在产业联动的过程中，不仅为社区居民提供了便捷高效的公共服务项目，还加快了政府职能的转变，最终实现了传统基层社会管理模式向共商共治的方向转变。

三、社区化模式

1. 基本内涵

农村社区化模式主要是指通过社区的方式将村与村合并重新构建新型农村社区，通过社区的管理方式将合并的大村庄进行社区化管理以及发展。本书以山东省德州市齐河县为例，对农村人口空心化的社区化模式进行分析。

2. 案例举要

齐河县位于山东省德州市，由于全县村庄数量多、规模小带来的设施成本高、公共服务水平低以及管理水平低等问题成为其发展的绊脚石。政府专家深入对齐河县的村庄合并的社区建设方式方法进行了详细周全的探索，并不断地对村庄进行不同的改造，如社区中的村改造、村企联建、小城镇吸纳等多种社区建设模式。

3. 主要举措

（1）因地制宜，分类打造合村并居模式。齐河县农村人口空心化治理的社区化模式主要做法如下：一是做好统筹规划。该县围绕农村人口空心化治理，结合各个乡镇经济发展、区域文化、社会发展的实际情况，从战略规划方面确定了不同乡镇的新型城镇化发展定位及其实现策略。二是推进精准施策。该县组建专门智囊团，分类设计了城中村改造型、区村改造型、村企共建型、小城镇吸纳型、偏远村庄整体搬迁型等不同的社区化模式，并提出了不同的实现方式和操作要点。三是创新融资方式。为了分类打造合村并居模式，该县选择有发展潜力的城乡接合部进行招商引资，通过村庄和企业共同建设的方式来建设新型社区，极大地减轻了农民的经济负担，有效解决了农村人口空心化问题。

（2）建立健全领导机制，强化部门领导力。在领导力的强化方面，该县尝试了以下几个方面的举措：首先，建立健全领导机制。建立由县主要领导组成的领导班子，选拔优秀的青年干部加入领导队伍，为决策注入新的活力。其次，针对群众的不同利益建立责任机制。县委、县政府各部门始终以村民的利益为核心来确定村民的具体需要，建立相应的责任机制，与村民共同开展富有成效和潜力的工作。最后，建立监督机制。该县完善监察机制，将推选出的优秀村民纳入监察机制中监督领导部门的工作。村干部应向村民公开每项资金的流动，确保公共财物得到切实地利用。

（3）坚持多种渠道并进，解除群众后顾之忧。首先，政府负责投入大量资金建设基础设施、解决公共设施，农民筹集资金落实建设，共同推进社区建设。其次，齐河县在推广措施上，尽最大可能满足不同利益群体的要求，尤其是以人民的需求为己任，坚持多种方式共同推进，并真正认识到人们彼此相爱。根据群众饲养牲畜的要求，在社区周围建立了农场，以增加收入。这种方式不仅增加了群众的收入，而且满足了农民的就业需求，使农民生活得到了极大的改善。最后，动员创新融资渠道。由于政府投资有限，该县便改变了政府"独自承担负担"的模式[①]，协调农村社区建设投资和国民经济增长，逐步形成财政支农资金稳定增长的机制。

4. 成效分析

首先，齐河县通过对村庄的整合，缩小了管理范围，消除了管理盲区，降低了政府行政成本。在组织制度上，各项领导管理制度的完善，弱化了村民与村民之间的矛盾。其次，维护地区稳定有利于促进基层自治更好的发展。基层自治模式不但能够提高居民的参与度，进而推进社区和政府共同治理。以社区自治组织为基础，以社区为基础的社会组织为补充，社区居民可以积极参与社区组织，教育和引导居民参与社区公共事务的民主实践。使社区治理主体从传

---

① 李彤羽、刘宁宁、朱一帆：《城乡统筹视角下农村空心化问题研究综述》，《农村经济与科技》，2014 年第 3 期，第 112-115 页。

统的政府管理模式向社区多元参与的局面转变。

四、模式比较

1. 运作机制

实现农村人口空心化治理模式创新最终还要落实到具体的实践操作层面。因此，运作机制作为破解农村人口空心化问题的内在机能及其运行方式，是治理农村人口空心化的关键所在。因此，比较农村人口空心化治理的半城镇化、就地城镇化以及社区化三种模式，不难发现，不管是哪一种模式，都需要我们去打破城乡户籍、教育、土地和社会保障等方面的二元结构，改变不合时宜的体制机制壁垒，推动城乡一体化进程和城乡融合发展。但具体来讲，半城镇化模式运作的关键是解决身份边缘化和待遇差别化问题，实现城乡居民在子女教育、医疗卫生和社会保障等方面的同等待遇，这就需要通过创新城乡统一户口登记制度、城乡统一的劳动力就业制度、城乡统一的社会保障制度、城乡统一的教育培训制度来实现。就地城镇化模式运作的关键在于激发农村居民参与就地城镇化的动力、创新第一、二、三产业融合的产业链、具备完善的基础设施和公共服务条件。社区化治理模式的运作机制不仅要求社区居民多元化参与社区治理，而且需要政府有效地统筹规划和分类设计新型社区配置完善的公共资源创新社区化模式实现的融资方式（表6-1）。

表6-1　人口空心化治理模式的运作机制比较

半城镇化模式	就地城镇化模式	社区化模式
城乡统一的户口登记制度、城乡统一的劳动力就业制度、城乡统一的社会保障制度、城乡统一的教育培训制度	激发农村居民参与就地城镇化的动力；创新第一、二、三产业融合的产业链；具备完善的基础设施和公共服务条件	社区居民多元化参与社区治理；政府有效地统筹规划和分类设计；社区配置完善的公共服务资源；创新实现新的融资方式

2. 应用条件

实现农村人口空心化的有效治理并不是一蹴而就的，而是需要对农村人口空心化的现状进行细致的分析，选择对应的治理模式才能达到事半功倍的效果。因此，治理人口空心化的三种主要模式就会有不同的应用条件。比较半城镇化、就地城镇化、社区化这三种人口空心化治理模式的应用条件，就会发现，在这三种模式的应用条件当中，人口空心化的解决都需要满足完善的基础设施、丰富的资源才能够实现人口空心化的有效治理，促进城乡的发展。具体来看，半城镇化模式的应用条件需要满足人口多、规模大、硬件设施好的中心村以及城乡统一的保障制度。就地城镇化模式不仅需要丰富的自然资源，还需要当地居民可塑性强的应用条件。社区化的应用条件需要满足各个村庄相对聚集、地理位置平坦开阔，且农村的规模和发展水平较高（表6-2）。

表6-2　人口空心化治理模式应用条件比较

半城镇化模式	就地城镇化模式	社区化模式
人口多、规模大、硬件基础好的中心村；城乡二元制度差异明显，社会保障制度的统一；农村公共基础设施和公共服务平台的完善	农村特有丰富的自然和经济资源；当地农民可塑性强，培养机制完善；人口村落聚集、设施完善	农村的规模和发展水平较高；地理位置较平坦且相邻，风俗习惯较为相似；基础设施较为齐全完善

3. 优点和缺点

传统农村要实现新型城镇的转变，对农村人口空心化治理模式的选择至关重要，而每一种治理模式的选择都是根据城镇的状况进行相应的应用，力求实现治理模式的最大效果。在治理人口空心化的三种治理模式当中，每种模式又都具有其自身的优缺点。从具体上讲，半城镇化治理模式的优点是消除城乡二元结构，实现城乡一体化等，缺点是现实体制的复杂性使其难以快速在短时间内消除二元结构。就地城镇化模式的优点是可以利用当地的资源实现资源利用最大化，缺点是本土的产业难以形成产业带。社区化模式具有整合资源、资源呈现利益最大化的优点，缺点是要求的发展水平较高的村镇较少。这三种治理模式各有利弊，只有根据实际情况选择最合适的人口空心化治理模式（表6-3）。

表6-3　人口空心化治理模式优缺点比较

	优点	缺点
半城镇化模式	消除城乡二元结构并推动城市乡镇的经济文化和生态文化共同持续协调发展，进而实现城乡一体化；增强小城镇人口吸收能力、推动农村的发展，从根本上治理农村人口空心化带来的弊病	现实体制的复杂性使其难以在短时间内消除城乡二元结构，很难真正实现城乡一体化情形；目前户籍制度的不完善阻挡着城镇的快速发展，使得半城镇化的治理模式难以得到广泛的应用
就地城镇化模式	根据当地资源对本土的自然人文的景观加以整合利用，实现资源利用的最大化，实现可持续发展；发展当地特色产业吸引农村劳动力以及外来优秀人才，实现当地劳动力的无障碍就业	城镇拥有本土特色文化的资源有限，多为历史文化以及自然景观，难以以特色产业吸引人；本土的资源有限难以形成产业带，并且多数为单一资源、单一产业

（续）

	优点	缺点
社区化模式	村庄的合并形成治理一体化、资源一体化、发展一体化，形成大规模的发展形势进行更充分的资源整合，并将资源呈现利益最大化，实现基础设施的全面覆盖；节约了土地等资源来实现农业的专业化、产业化、机械化的土地规模经营；加强了社区公共服务的能力，提高了社区的承载力和吸引力	城镇的地貌以及发展水平较高，要同时满足多种条件的城镇少之又少，实施起来较为困难

五、政策建议

1. 推动产业振兴，服务乡村人才多元发展诉求

产业振兴是乡村振兴的核心载体和物质基础，农村人口空心化治理问题根本上还是要在农村解决。半城镇化模式、就地城镇化模式、社区化模式等农村人口空心化治理模式的经验启示我们，必须在推动产业振兴的进程中强化农村第一、二、三产业融合，真正解决乡村不同类型人才的多元发展诉求。主要举措包括以下几个方面：一是以农业供给侧结构性改革提高传统农民的经济收入。深化农业供给侧结构性改革就是要"以提高农业供给质量为主攻方向，以体制改革和机制创新为根本途径，优化农业产业体系、生产体系、经营体系"[1]，因此，只有加强通过农业标准化和品牌化建设，加强农产品质量建设，创新农产品有效供给体系，才能有效提高农业经济效率，提高传统农民的经济收入，真正解决农村人口空心化问题。二是以融合的产业链条留住在乡人才。社区化模式运作机制表明，要让在乡人才扎根农村、扎根农业，必须优化农业产业结构，强化第一、二、三产业的融合，通过规模化、专业化的方式实现农业的快速发展。三是以广阔的产业前景吸引下乡返乡人才。就地城镇化模式自身的优势表明，必须依靠自身特有资源和优势打造富有特色的现代农业产业体系，大力发展新型农业生态，让下乡返乡人才看到新型农业产业的发展前景和自身发展的广阔平台。

2. 推动人才振兴，注入新型元素创新发展机制

人才振兴是乡村振兴的关键因素，农村人口空心化的治理就是对人的治理。半城镇化模式、就地城镇化模式以及社区化模式为主的人口空心化治理模

---

[1] 中共中央、国务院：《中共中央、国务院关于深入推进农业供给侧结构性改革加快培育农业农村发展新动能的若干意见》，人民出版社，2017年。

式的经验启示我们，在人口空心化的治理上，人才是治理的关键；人才的支持和管理是乡村发展的必要条件，只有当人才到岗才能进一步发展乡村的产业、建设乡村的文化，传统乡村才能真正地向新型城镇转变。主要有以下两方面措施：首先，坚持"引进"和"培育"相结合。就地城镇化模式表明，只有大力引进各类人才支持，并不断通过创新人才培养模式、整合人才培养资源、优化人才培养过程的方式来加强本土专业人才培养。因此，只有加大对人才的外部投入，不断地丰富农村社会的治理力量，才能在新型人才的带领下实现乡村的新面貌。其次，选拔优秀青年人才，强化乡镇干部队伍建设。在乡镇的建设当中，一批好的领导队伍是有效治理的关键。从半城镇化以及社区化模式的经验当中表明，乡村治理的有效开展，需要挑选一些优秀的青年到乡镇工作，不断加强对工作人员的培训学习，建立一个为老百姓干实事、老百姓信任的基层干部组织，让优秀的人才注入基层组织当中，以新的思维创新组织活力。

3. 推动组织振兴，建立健全村民自治组织机制

组织振兴是乡村振兴的一道有力屏障，农村人口空心化的治理还要依靠一个强有力的组织。在实施乡村振兴战略的过程中，一个强大的基层党组织是作为有效治理农村人口空心化的根本保障。农村人口空心化的治理模式的经验启示我们，在人才引进、产业融合的基础上，依然需要组织振兴这个必不可少的保障，才能实现新型城镇的转变。主要举措有以下几方面：第一，建立健全村民自治制度。半城镇化模式以及社区化模式的实践应用表明，村民自治是建立在健全的组织、完善的服务、文明和谐的村民自治制度领导下，以自我管理和自我服务为原则，实现的、有效的以及高度的自治。因此，实现村民自治是推动组织振兴的首要目标。第二，完善民主决策机制。能够使村民的基本权利得到切实的保障，是完善民主决策机制的核心。村民只有真正地享有决策的基本权利，才能真正地参与到村民自治的组织当中，只有一个健全的民主决策机制才能够保障组织的健康运行。第三，建立现代规范的监察管理体制，鼓励支持村民参与监督。村民自治并不等于村民的随心所欲，一切都需要有监察制度的保障。只有建立规范的管理体制，实施严格的监察制度，保障村民自治能够得到切实的实施，才能够让村民参与到监察的过程当中，实现真正的民主决策、村民参与、村民自治。

党的十九大提出实施乡村振兴战略，是在充分考虑了新的历史时期的经济社会发展的情况下，做出的精确判断。本书通过比较半城镇化、就地城镇化、社区化这三种治理农村人口空心化的治理模式得出，在农村人口空心化的治理中，推动实施乡村振兴战略下的五大振兴，能够很好地应对农村发展过程中出现的人才短缺、难以实现持续发展的问题，并通过产业的融合、各类人才的引

进以及组织的创新实现传统农村向新型城镇的转变。在治理农村人口空心化的过程中，我们依然需要根据不同的地域情况以及城镇的发展做出相应的调整和选择，寻找最合适的治理模式，创新治理模式，促进城镇的快速发展，实现城乡融合发展。

第二节　农村自组织模式

有专家预计，到2030年，中国空巢老人将超过2亿人，大部分分布在农村地区[①]。面对农村人口空心化现状及其治理困境，破解农村人口空心化问题，创新农村留守群体自组织模式，进而释放农村质量型人口红利是集中连片特困地区实施乡村振兴战略的重要途径。因此，本书在实证研究和经验研究基础上提出了集中连片特困地区农村人口空心化治理的乡村俱乐部模式、合作社模式和个体互助模式，期望从整体性治理角度为实现农村人口空心化治理体系现代化提供理论借鉴和现实参考。

一、乡村俱乐部模式

1. 基本内涵

集中连片特困地区农村人口空心化治理的乡村俱乐部模式是指留守在农村的居民为了共同兴趣和某种需要，在自主、自愿、互助、互惠的基础上自发组织从事生产经营、社会交际、文化娱乐、教育培训、政策宣传等某一种活动或者集中活动的社会团体或者活动场所，参与者通过聚集活动享受相应的权利、履行相应的义务。

2. 典型做法

四川省巴中市通江县位于秦巴山集中连片贫困地区的核心区域，该县围绕文化扶贫和精神扶贫，创新农村人口空心化治理的乡村俱乐部模式，主要做法包括：一是建立集多功能于一体的乡村俱乐部。该县永安镇的汉城村建立了集"文化院坝、农民夜校、道德讲堂、政策宣讲、法律普及、技能培训、体育健身、休闲娱乐于一体"的乡村俱乐部，发挥农业产业经营、教育培训、文化娱乐等多种作用[②]。二是利用多种形式重点开展乡村文化振兴。该县泥溪乡梨园坝村利用自建的乡村俱乐部，在挖掘特色乡土民俗文化基础上，通过开办梨园

---

① 袁勇：《中国空巢老人到2030年或超2亿，农村养老怎么办？》，《经济日报》，2017年12月23日。

② 巴中日报：《巴中市精神扶贫工作纪实》，《巴中日报》，2017年11月21日。

古村民俗文化节、体验乡土农事活动、开展文体活动①，全面盘活了当地文化资源，有效引导了当地农民积极参与乡村文化振兴的活动。三是推动脱贫攻坚和精神扶贫相融合。该县从规范农村习俗、抓好示范引领、弘扬传统美德、深化家教家风、倡导新风正气和卫生习惯养成②等方面入手，推进脱贫攻坚与精神扶贫相融合，引导农民改变陋习，助推乡村文化繁荣。

3. 主要优势

通过自组织形式成长和发展起来的乡村俱乐部模式，在集中连片特困地区农村人口空心化治理中具有如下明显的优势：一是培养社会主义"新农人"。利用农民自发组织形成的乡村俱乐部，辅助农村党建，可以对村民发挥政治教育、思想道德教育、法律教育、社区教育、文化教育等多方面的整合作用，造就一批符合新时代和现代化要求的社会主义新农民。二是提高留守农民的归属感。在部分集中连片特困地区，随着农村人口空心化的不断加剧，留守农民的空虚感和孤独感非常强烈，通过乡村俱乐部，留守农民通过相互交往、文化娱乐及其他集体活动，不仅建立了良好的友情，满足了安全和社会交往的需求，而且让每一个参与者都感受到了集体的力量，产生了难以割舍的归属感。

二、合作社模式

1. 基本内涵

集中连片特困地区农村人口空心化治理的合作社模式是指坚持农民理性和村户理性的基本原则，在政府运用财政补贴、信贷支持、税收优惠等政策支持下，农民个人基于一定的产业基础，整合各种社会资源，然后由多元参与主体对所拥有的资产进行自主管理、自负盈亏，进而通过为农村参与人口提供不同类型不同层次的信息和技术服务，发挥示范引领和辐射带动作用，促进乡村振兴的自组织模式发展。

2. 典型做法

作为大兴安岭南麓集中连片特困地区的黑龙江省齐齐哈尔市克东县是典型的贫困县，该县大力依托新型农业经营主体，在农村人口空心化治理过程中，形成和发展了富有特色的合作社模式。主要做法包括：一是根据村情、村貌等实际情况，组建了立足不同产业形态的合作社。以克东县宝泉镇富民村为例，该村建立了奶牛养殖专业合作社、水稻种植专业合作社、水稻现代农机专业合作社、玉米种植合作社、蔬菜种植合作社和大豆种植合作社6个合作社组成的

---

① 四川日报：《充满"文化味"的乡村脱贫新路》，《四川日报》，2018年3月29日。
② 巴中日报：《巴中市精神扶贫工作纪实》，《巴中日报》，2017年11月21日。

富民生态农业联合社①。二是积极引导农村贫困人口以户为单位加入合作社。在大力宣传合作社的具体作用和良好政策的基础上，根据自愿原则，引导农村贫困人口自主参加合作社。以富民村为例，全村共 460 户贫困户都加入了村里的富民生态农业联合社。三是充分发挥合作社在脱贫攻坚方面的作用。针对农村人口空心化带来的土地抛荒、资金分散、人才流失等问题，合作社充分整合贫困人口的土地资源、集中资金，加速规模经营，依靠合作社中的种养大户带动引领贫困户脱贫。克东县通过合作社模式，不仅有效解决了农村人口空心化问题，而且实现了农村贫困人口的多元增收，解决了 13 600 名贫困人口脱贫问题，占当地全部贫困人口的 32.4%②。

3. 主要优势

合作社模式可以在以下方面发挥作用：一是创新集中连片特困地区农村人口空心化治理的融合路径。在新型城镇化不断加速的进程中，针对农业劳动力转移导致农村人才流失、资金外移、土地抛荒、农业萎缩、基层组织涣散③等一系列农村人口空心化问题，合作社充分发挥了资源汇聚、信息传递、产业技术服务等方面的作用，有效连接了集中连片特困地区农村人口空心化治理，创新了其融合路径。二是调动了农村人口参与乡村振兴的主动性和积极性。合作社作为同类产品生产者或者同类经营服务提供者组成的互利合作组织，通过自主参与、自主管理的形式充分整合了集中连片特困地区分散的人、财、物、资源，并积极为农村贫困人口参与者提供不同类型、不同层次的信息和技术服务，发挥了示范引领和辐射带动作用，调动了农村人口参与乡村振兴的主动性和积极性。

三、个体互助模式

本书以农村留守群体中的农村留守妇女为例，围绕个体互助模式，探讨集中连片特困地区农村人口空心化治理的自组织模式的基本内涵、典型做法、主要优势和适用条件。

1. 基本内涵

农村留守妇女个体互助模式是在全面把握农村留守妇女各层次需求的基础上，根据自愿、自觉、自主的基本原则，运用自组织方式激发广大留守妇女参与热情，通过积极探索设立留守妇女互助发展资金、建立留守妇女互助组、推

---

① 王德礼、姚建平：《克东新型农业主体成脱贫主力军》，《黑龙江日报》，2016 年 11 月 3 日。
② 王德礼、尹伟明：《"1237"工程拔起"穷根儿"》，《齐齐哈尔日报》，2016 年 10 月 11 日。
③ 王东强、田书芹、宋凡金：《农村人口空心化的治理模式》，《开放导报》，2014 年第 3 期，第 100-103 页。

选留守妇女互助组组长、开展多样化的留守妇女互助活动等方式来解决农村人口空心化问题的关爱服务模式。

2. 典型做法

位于武陵山集中连片特困地区的重庆市丰都县实施了农村留守妇女关爱服务个体互助模式改革试点项目，首先建立留守妇女档案。该县仁沙镇陶家坪村对留守妇女逐户登记，详细掌握了本村留守妇女的年龄、学历、兴趣爱好和发展诉求等基本信息。接下来，利用互助小组开展合作互助活动。该村以社为单位成立互助小组，按照自愿组合、兴趣爱好、互助功能三结合原则，成立生产组、生活组等小组，小组活动涉及农业生产技能培训、生活交流、健康保健、综合素质提升、心理讲座和辅导等方面，取得了良好的工作成效①。最后，设立留守妇女互助发展资金。采取政府拨款、个人出资、企业支持和社会赞助的形式筹集经费，设立留守妇女互助发展资金，提高资金收入和支出效率，帮助农村留守妇女克服种种困难。

3. 主要优势

个体互助模式主要优势表现在以下方面：一是有效保障了农业生产。在农忙时节，短时间、高强度的农业生产作业是无法由农村留守妇女单独完成的，互助组织的成立，可以发挥团队合作的优势，集中人力和时间完成农业生产任务，提高了农村留守妇女发展农业生产的信心。二是有助于创业就业和经济增收。个体互助模式组织往往依托专业生产合作社，汇集就业信息、开展创业培训、传递致富技巧，可以有效带动和扶持农村留守妇女发展农业生产，创办企业，进而提高家庭经济收入。三是带来了精神的慰藉。为了减轻农村留守妇女身体心理压力、缓解紧张的夫妻关系、婆媳关系和邻里关系，互助组织通过开展心理辅导、和谐家庭评选等活动，不仅丰富了农村留守妇女的精神生活，而且促进了家庭和谐和邻里和睦。四是提高生活幸福感。互助组织通过开展妇女维权服务站、身体免费普查、优生优育教育、老年护理培训等活动，维护了农村留守妇女的合法权益，增强了身体健康水平，提升了家庭教育和老年护理质量。志愿服务活动更是给孤寡老人、单亲家庭、留守儿童等弱势群体带来了生活上关心和照料，提高了农村留守妇女的存在感和归属感，促进了乡村文明建设。

四、模式比较

从组织的进势形式来看，可以把它分为两类：他组织和自组织。集中连片

---

① 华龙网：《丰都陶家坪村创新服务方式　让留守在家的村民日子过得更舒坦》，https://www.cqcb.com/county/fengdu/fengduxinwen/2017-08-04/430058.html。

特困地区农村人口空心化治理的乡村俱乐部模式、合作社模式和个体互助模式更多地都是自组织形式。在集中连片特困地区，乡村各级各类人才队伍系统自组织功能越强，乡村俱乐部、合作社和个体互助等自组织形式新颖多样，其保持和产生新功能的能力也就越强，为乡村人才成长和发展创造一个良好的环境，从而保持旺盛的生命力，进而为集中连片特困地区的乡村振兴战略实施提供源源不断的内生动力。但从三种模式具体的运作机制来讲，乡村俱乐部模式、合作社模式和个体互助模式又有许多不同之处。

1. 适用前提

集中连片特困地区农村人口空心化治理的乡村俱乐部模式并不是无条件可复制的，其适用条件的首要前提是农村留守群体拥有共同的利益诉求。在农村人口空心化过程中，无论是文化娱乐类，还是技能培训类，抑或道德宣讲类，只有居住在农村的留守群体具有相似的兴趣、爱好或者利益共同点，才有可能组建满足群体需要的乡村俱乐部。合作社模式，作为集中连片特困地区农村人口空心化治理自组织典型模式，其适用条件必须有一定的产业基础。合作社强调的服务对象是农产品的生产经营者或者农业生产经营服务的提供者，因此，该集中连片特困地区必须有具有特色的传统农业或者休闲农业、乡村旅游等新兴产业作为产业基础。只有拥有这样的产业基础，才能吸引人力资源、物质资源、闲散资金向乡村产业聚集，合作社才能发挥贫困地区产业的"生产-溢出"效应。个体互助模式则要求必须有健全的组织作为依托，可以是妇女联合会，可以是农业合作社，可以是独立的妇女互助组，然而必须要有健全的组织体系和运行机制。

2. 核心机制

乡村俱乐部模式具体运作过程中十分强调具有良好的自组织机制。乡村俱乐部模式的正常运作绝不是靠科层管理体系或者是强有力的权力运行，而是农村留守群体基于共同利益诉求在公开、公平和公正的基础上通过自主、自愿、互助、互惠的自组织机制来实现权力和资源的有效配置。合作社模式则强调必须具备强有力的政策支撑机制。《中华人民共和国农民专业合作社法》明确规定，"国家通过财政支持、税收优惠和金融、科技、人才的扶持以及产业政策引导等措施，促进农民专业合作社的发展"。例如，前文提到的合作社模式中，黑龙江省齐齐哈尔市克东县政府分别向克东镇城东村同发蔬菜种植农民专业合作社和宝泉镇富民村生态农业联社投入扶贫专项资金 408.2 万元和 448 万元用于基础设施建设。个体互助模式具体运作必须有一个强有力的核心领导机制，那就是农村留守妇女的带头人，只有这些带头人才能整合人、财、物等资源，带动农村留守妇女自我组织和互动合作，不断解决农村人口空心化带来的社会难题。

3. 多元参与

在新型城镇化过程中，集中连片特困地区人口流出更为频繁，农村老龄化、妇女化现象更为明显，农村人口空心化较为严重，这就给农村带来了产业衰退、村庄荒废、文化缺失等问题，因此，乡村俱乐部应该兼具政治动员、经济协作、文化娱乐、社会活动等多种功能，才能更好地解决农村人口空心化面临的问题。发挥这些功能就必须依靠各类政治精英、经济大户、文艺人才和各类社会群体的广泛参与，才能推动乡村俱乐部的高效运行。前文中四川省巴中市通江县正是不断发挥农村党员、新型农业经营主体、在脱贫致富过程中的示范带头作用，通过现身说法、现场示范等方式到基层村社巡回演讲帮助农村贫困人员。农民专业合作社绝不是凭借单一主体可以建设好的，需要国家财政补贴、农民个人出资和他人捐赠构成发展所需资产，然后由多元参与主体对所拥有的资产进行自主管理、自负盈亏。农村留守妇女个体互助模式可以为农村留守妇女带来生产的保障、收入的增加、精神的慰藉和生活的帮助，但是这种模式的应用必须要有农村留守妇女积极参与。只有农村留守妇女广泛参与，才能了解她们的真实需求，精准建立互助帮扶机制，从而提高个体互助模式运行的实效性。

五、政策建议

1. 理性原则是自组织模式构建的前提条件

我们可以从农民和组织两个方面探讨理性原则是在自组织模式构建过程中的作用：一是农民理性。农民理性是指农民在长期农业生产活动中形成的意识、态度、看法和能力等，它是阐述行为的理由并以此来选择和确认目标，采取行动达到目标的能力及其运用[1]，在集中连片特困地区，为了追求个体利益最大化，农民表现出强烈的个体理性，面对农村人口空心化现实困境，不得不通过自组织相互协作、相互帮助，追求公共利益最大化，表现出一定的公共理性，个体理性和公共理性的交互作用催生乡村俱乐部、合作社和个体互助等不同模式，推动着集中连片特困地区农村人口空心化治理进程。二是组织理性。个体的力量毕竟是有限的，尤其是在农村人口老龄化、妇女化现象更为严重的集中连片特困地区，作为多种要素按照一定方式形成的组织，主要成员的思想和行动自觉服从行动逻辑规则和经验惯例[2]，表现出较为明显的组织理性，必

---

① 徐勇：《农民理性的扩张："中国奇迹"的创造主体分析——对既有理论的挑战及新的分析进路的提出》，《中国社会科学》，2010年第1期，第103-118页。

② 赵孟营：《论组织理性》，《社会学研究》，2002年第4期，第77-87页。

然可以产生更高的生产效率和社会效益，这也正是乡村俱乐部模式、合作社模式和个体互助模式的优势所在。

2. 合作共赢是自组织模式运行的基本遵循

合作共赢指的是双方或双方共同参与一项活动或完成一个任务而使参与各方都能实现利益的改进或者提高。集中连片特困地区农村人口空心化治理自组织模式运行必须坚持合作共赢这个基本遵循。一是合作。无论是哪个区域的集中连片特困地区，还是哪种类型的集中连片特困地区，农村人口空心化有一个共同的特点，留守老人多、留守妇女多、留守儿童多、青壮年劳动力少，面对农村留守群体的体力弱势性和心理脆弱性，必须通过合作构建乡村俱乐部、合作社、个体互助等不同模式，才能有效缓解心理失衡、年龄结构不合理等农村人口空心化带来的诸多问题。二是共赢。在集中连片特困地区农村人口空心化治理的自组织模式运行过程中，虽然农村留守群体来自不同的家庭、村庄和区域，思想观念和行为习惯差别也比较大，但只要坚持共赢的基本遵循，思想上求同存异，目标上同心同向、行动上同心同行[1]，加入乡村俱乐部、合作社和个体互助小组的参与者就能在合作中增进共同利益，就能在共赢中强化紧密合作，从而有效缓解农村人口空心化带来的种种困境。

3. 整体治理是自组织模式实现的关键所在

整体治理着眼于政府内部机构和部门的整体性运作，主张管理从分散走向集中，从部分走向整体，从破碎走向整合[2]，集中连片特困地区农村人口空心化治理无论是乡村俱乐部模式，还是合作社模式，抑或个体互助模式，通过比较研究发现，其自组织模式实现都非常强调整体治理。主要体现在以下两个方面：一是有赖于多元主体的参与。乡村俱乐部模式中农村党员、新型农业经营主体等主体的广泛参与，政府、企业、社会和个人（家庭）在个体互助模式中筹集互助发展资金，国家、农民和社会等多元参与主体对合作社模式所拥有的资产进行自主管理。二是有赖于多元功能的整合。乡村俱乐部具备政治动员、经济协作、文化娱乐、社会活动等多种功能，合作社形成了整合各种社会资源、提供信息和技术服务等方面的多种优势，个体互助模式所发挥的农业生产、经济增收、创业就业、精神慰藉、提高生活幸福感等多种作用充分表明，只有整合多元功能的自组织模式，才能更加有效地解决集中连片特困地区农村人口空心化面临的问题。

---

① 何治江：《同心思想是对统战发展规律的科学判断》，《重庆社会主义学院学报》，2013 年第 3 期，第 21-23 页。

② 竺乾威：《从新公共管理到整体性治理》，《中国行政管理》，2008 年第 10 期，第 52-58 页。

第三节　社会治理模式

党的十九大报告中提出，实施乡村振兴战略，这是新时期的制度性安排，是破除发展不平衡的不二选择[①]。习近平总书记在参加十三届全国人大一次会议山东代表团审议时指出，"要推动乡村人才振兴，把人力资本开发放在首要位置，强化乡村振兴人才支撑"。因此，乡村振兴要靠人才[②]。长期以来，乡村人才队伍建设存在着数量不足、层次不高、结构不合理、人力资本开发程度不够、"选、用、育、留"政策措施不到位等问题。因此，本书运用文献研究、实地调研、深度访谈等研究方法搜集了各地乡村人才振兴的实践案例，总结和归纳了乡村人才振兴的浙江"湖州模式"、湖北"咸宁模式"、重庆"永川模式"，试图通过三种典型模式的多案例分析，科学寻找乡村人才振兴的治理特点和规律，提出乡村人才振兴的整体性治理政策框架，期望为全面实施乡村振兴战略提供坚实的人力资源保障和智力支持。

自党的十九大提出实施乡村振兴战略以来，地方党委、政府纷纷出台推进乡村振兴战略的实施意见，同时在已有经验基础上纷纷开展了乡村人才振兴的实践，这为本书提供了大量的政策文本和丰富的原始材料。在此背景下，本书根据历史性、典型性、代表性和影响力四个原则，最终选取了东部地区的浙江湖州、中部地区的湖北咸宁、西部地区的重庆永川作为乡村人才振兴的研究样本。本书的资料来源主要包括以下两个方面：一是笔者依托所主持的涉及乡村人才振兴的国家和省部级项目以及地方政府所委托的调研资政项目，通过问卷调查、实地调研、深度访谈等研究方法搜集到的第一手资料并自建的案例库和数据库。二是通过 CNKI 期刊数据库、国外 ASE、BSP、RSC、IOPP、PQDD、EBSCO 外文期刊全文数据库、国内外博士、硕士学位论文全文数据库以及谷歌、百度、搜狗等搜索方式，从《人民日报》、新华网、人民网、《新华每日电讯》《中国财经报》等主流媒体获取的网络资料。目前，关于乡村人才振兴的实证研究还不充分，面对新的研究领域，本书采用多案例研究对乡村人才振兴的典型经验进行详尽的描述，围绕乡村人才振兴总结经验、寻找规律和学理建构，进而提高研究的一致性、准确性以及结论的一般性[③]。在研究思

---

① 冯俊锋：《乡村振兴与中国乡村治理》，人民出版社，2018 年。

② 韩俊：《关于实施乡村振兴战略的八个关键性问题》，《中国党政干部论坛》，2018 年第 4 期，第 21-28 页。

③ Eisenhardt, K. M., *Building theories from case study research*, *Academy of Management Review*, 1989, 14 (4), pp532-550.

路上本书首先运用文献研究、实地调研、深度访谈等研究方法搜集了各地乡村人才振兴的实践案例，然后总结和归纳了乡村人才振兴的浙江"湖州模式"、湖北"咸宁模式"、重庆"永川模式"，继而进行深度剖析和全面比较。

一、浙江"湖州模式"

作为习近平总书记"绿水青山就是金山银山"重要论述的诞生地和美丽乡村的发源地，浙江省湖州市通过近十年的探索和实践，总结出了乡村人才振兴的"湖州模式"。该模式的主要内容包括：一是创新乡村人才教育培训体系。根据新技术、新产业、新业态和新模式对乡村人才的需求变化，成立全国首家农民学院，开展"学历＋技能＋创业＋文明素养"教育教学，实现农民学历"中职＋大专本科＋研究生"梯度推进[1]，培育了一批适应农业现代化要求的高素质农民。该市还以湖州农民学院为龙头，搭建起了以湖州农民学院、湖州职业技术学院（电大）教育资源为主体、浙江大学等高校院所专家教授为支撑、以中等职业教育学校和乡镇成校为基础，以开放教育为主要形式[2]的乡村人才教育培训体系。二是开辟乡村引才专项通道。湖州市在浙江省率先实施"南太湖精英计划"的同时，专门设置乡村引才专项，大力引进带项目、带技术、带资金、带团队的农业创业创新领军人才。湖州市安吉县在落实湖州市《关于高水平打造人才生态最优市的若干意见》"1＋N"人才新政基础上，还实施了"美丽英才计划"、美丽乡村科研院人才驿站引才机制、异地孵化器建设三个创新举措，汇聚了一批农村创新创业人才。三是组建农业技术推广联盟。与浙江大学战略合作建立了湖州市现代农业十大主导产业联盟，创新了"1（利用1个高校院所专家团队）＋1（配备1个本地农技专家团队）＋N（联结N个现代农业经营主体）"运行模式，不仅为乡村引进了高水平农业科技人才，而且有效地促进了当地农业技术推广人才队伍的成长和发展。

二、湖北"咸宁模式"

位于湖北省东南部的咸宁市，学习贯彻习近平总书记视察湖北重要讲话精神，在乡村振兴战略实施过程中，牢牢抓住人才这个关键点，探索出了乡村人才振兴的"咸宁模式"。该模式的主要内容包括：一是分层分类推进乡村人才队伍建设。湖北省咸宁市较早出台《关于全面推进乡村人才振兴的实施意见》，

---

[1]　李华：《乡村发展离不开人，湖州绘就乡村振兴人才布局图》，《湖州日报》，2018年6月4日。

[2]　湖州市人力资源和社会保障局：《湖州市人才发展"十三五"规划》，http://www.huzhou.gov.cn/hzgov/front/s33/xxgk/ghjh/ghxx/20171127/i744890.html。

围绕产业兴旺、生态宜居、乡风文明、治理有效、生活富裕的总要求，重点建设产业发展、农村专业、乡土文化、乡村治理四支乡村人才队伍①。二是充分发挥乡村人才振兴过程中不同主体的整体合力。咸宁市委、市政府汇聚地方党委和政府部门的力量，如住房管理部门发挥保障性住房提供、公租房等人才安居方面的保障功能，金融部门采取贷款贴息、投资补助、以奖代补等方式，对乡村人才给予政策支持，教育部门对各类乡村人才在子女入学等方面提供优先服务，人社部门实行"一对一"服务，在薪酬福利、医疗保险、养老保障、创业投资等方面解决其后顾之忧，各部门分工协作从发现、引进、培育、流动、留用、发展等方面为乡村人才振兴提供全方位保障。三是创新乡村人才振兴工程。不仅全面落实湖北省关于市民下乡、能人回乡、企业兴乡的"三乡"工程，而且创新"一村多名大学生计划""一村一名大学生村医""村（社区）干部培养选聘千人计划""回乡创业计划""大学生下乡""人才创新创业超市"等工程引进一批高层次人才。例如，咸宁市实施"一村多名大学生计划"，充分利用咸宁市职业技术学院教育资源，开设电子商务、现代农业技术等贴合农民需求的专业，创新人才培养模式，为乡村振兴战略实施培养了一批高素质技术技能型人才。创新实施"村（社区）干部培养选聘千人计划"，从复转军人、外出务工经商人员、回乡大中专毕业生、机关事业单位干部等人员中，择优选聘村（社区）党组织书记助理或村（居）委会主任助理，参照当地村（社区）副职干部标准发放工作报酬，有效改善了基层组织队伍的人员素质结构②。

三、重庆"永川模式"

近年，位于长江上游地区的重庆市永川区较早地开展了乡村人才振兴的探索与实践，其在全市启动的"民间乡土人才领跑带富计划"项目荣获 2017 年全国人才工作创新最佳案例奖，同时获得了 2018 年重庆市乡村人才振兴试点示范区。该模式的主要内容包括：一是启动了"民间乡土人才领跑带富计划"。早在 2015 年，重庆市永川区坚持本乡本土、领跑带富、扎根民间的工作原则，开展乡土人才的全面摸底调查工作，建立乡土人才数据库，对乡土人才进行分级分类认定并颁发证书，发现了一批"土专家""田秀才"，从项目倾斜、税收优惠、信贷服务、生产用地、用水用电等方面实施乡土人才激励政策，成立各类民间乡土人才协会，定期举办"百名优秀民间乡土人才"评选表彰活动，用

---

① 范昊天、田豆豆：《咸宁建设四支人才队伍，探索新路子培养"金凤凰"》，《人民日报》，2018年 8 月 10 日。

② 江萌、刘俊杰、周娴静：《为乡村振兴选聘人才，咸宁 1214 名村（社区）助理上岗》，《湖北日报》，2018 年 8 月 10 日。

好用活了民间乡土人才，充分发挥他们在乡村人才振兴过程中的领跑带富作用[1]。二是实施了"农业科技人才下乡计划"。在不断培育高素质农民、管理型农民、农技服务型农民的同时，该区还实施"农业科技人才下乡计划"，组建由农业专家、大学教授、企业工程师等构成的专家团队，深入田间地头，为乡土人才解决农业生产经营难题。利用重庆市职教城优势资源，整合重庆市和在永川区高校院所涉农专家和科技工作者，建立了市级专家大院和永川区级专家大院，为乡村振兴战略实施提供农业技术服务。

四、模式比较

随着现代信息技术的发展，整体性治理理论作为反思和总结新公共管理运动存在的种种弊端而发展起来的一种理论体系，正在广泛应用于高等教育、公司治理、公共服务、政府协作、精准扶贫等领域。整体性治理着眼于政府内部机构和部门的整体性运作，主张管理从分散走向集中，从部分走向整体，从破碎走向整合[2]。本书从治理需求、治理路径、治理方式、治理手段等方面聚焦整体性治理的主要思想和核心观点，试图通过乡村人才振兴典型模式的多案例分析，为乡村人才队伍建设提供整体性治理图式。

1. 治理需求

乡村人才振兴的关键在于关注调研乡村人才的发展现状，寻找不同人才的核心利益诉求，进而为各层次人才提供不同层次的公共服务，确保满足不同人才不同层次的需求。多案例分析发现，无论是浙江"湖州模式"中的"1＋N"人才新政，还是湖北"咸宁模式"的"一对一"服务，抑或重庆"永川模式"中的"百名优秀民间乡土人才"评选表彰，都非常强调以满足乡村人才需求为出发点，提供从基本生存低层次需要到自我实现高层次需要的公共服务。当然，人才类型不同，所需要的层次也不同，那么各地在人才需求关注侧重点方面也存在差异。作为发达地区的浙江"湖州模式"强调，以重点人才群体作为乡村人才分类标准，以成长和发展为人才需求关注点，更加强调教育培训的人力资本开发途径，突出通过湖州农民学院提升农民专业技能、学历层次和综合素质，推动传统户籍型农民向高素质农民转变。作为中部地区的湖北"咸宁模式"强调，以"产业兴旺、生态宜居、乡风文明、治理有效、生活富裕"对人才的总要求作为乡村人才分类标准，以基本待遇为人才需求关注点，突出乡村人才的政治地位、薪酬福利、住房保障、医疗卫生、子女教育等方面的公共服

---

① 周雨：《永川启动民间乡土人才领跑带富计划》，《重庆日报》，2015 年 10 月 27 日。
② 竺乾威：《从新公共管理到整体性治理》，《中国行政管理》，2008 年第 10 期，第 52-58 页。

务。作为西部地区的重庆"永川模式"强调，以人才功能和特点作为乡村人才分类标准，以社会荣誉感为人才需求关注点，突出通过评选表彰等活动唤醒乡土人才的自觉意识，进而推动他们带领更多的人才创业致富。至于浙江"湖州模式"、湖北"咸宁模式"、重庆"永川模式"为什么做不同的分类，需求关注侧重点有差异，本书认为原因更多地在于政治经济社会发展水平不均衡，不同发展阶段的人才发展现状决定了地方政府的政策着力点必然存在差异（表6-4）。

表6-4　三种模式的治理需求比较

典型模式	浙江"湖州模式"	湖北"咸宁模式"	重庆"永川模式"
人才类型	新农村带头人、农村技术推广人员、农民企业家、能工巧匠、"双创"型领军人才	产业发展人才、农村专业人才、乡土文化人才、乡村治理人才	生产经营型、技能带动型、社会服务型三大类人才
需求关注侧重点	成长和发展	基本待遇	社会荣誉感

2. 治理路径

乡村人才培育主体分散，缺乏有效的功能和行为整合是影响当前乡村人才振兴的重要瓶颈，各地在乡村人才振兴的实践过程中，已经注意到了这个问题，纷纷采取有效措施，以合作性整合为治理核心，整合不同主体的资源和优势共同参与乡村振兴战略实施，取得了可喜的成绩。例如，浙江"湖州模式"中的"1+1+N"运行模式就整合了高校科研院所、农业技术推广人才队伍和新型农业经营主体三种力量；湖北"咸宁模式"不仅整合了党委和政府的合力，而且汇聚了组织宣传、人社、民政、农业农村、教育等不同部门的力量；"农业科技人才下乡计划"更是充分发挥了区内和区外的整合优势，调动了科研院所的科技力量、高等院校的涉农专家、本乡本土的实用人才等不同人才的积极性。虽然在治理主体方面都强调多中心治理，但是如果从治理层级、治理功能和治理行为等方面进行比较，浙江"湖州模式"、湖北"咸宁模式"、重庆"永川模式"还是存在一定的差异。重庆"永川模式"主要还是停留在传统科层制政府的修补，虽然强调在区委组织部牵头下，区人力资源和社会保障局、区农业农村委员会、区住房和城乡建设委员会、区文化和旅游发展委员会、区科学技术委员会、区商务局的分工负责，但是在统筹协调过程中不免出现忽视部门合作，功能结构和主体行为"碎片化"的倾向。相对于重庆"永川模式"，湖北"咸宁模式"中在治理整合方面有很大的提升，成立的中共咸宁市委人才工作领导小组办公室根据党管人才的原则，对乡村人才队伍建设的统筹指导和监督检查确实在很大程度上可以有效保障乡村人才工作各项政策、措施的落实落细。但是办公室在治理定位上只是一个协调机构，在治理功能和行为上更多地关注区域人才政策和高层次人才队伍的选拔、使用、培育、管理和服务工作，无法做到有针对性地和系统性地对乡村人才队伍建设进行精准化和类别化施策。浙江"湖州模式"在治理整合方面是一个比较理想的典型，其所成立的中共湖州市委、湖州市人民政府农业和农村工作领导小组办公室，是一个治理实体机构，下设秘书处、新农村建设指导处、农村改革指导处、综合处四个处室，治理层次较为合理；统一领导、综合协调和指导检查各县区、各有关部门、各类组织参与乡村人才振兴的各项工作，不仅具有统筹协调的治理功能，而且具有目标制定、督促和考核的治理权力，因此通过大部门式治理，可以有效实现治理层级的整合、治理功能的整合和治理行为的整合，克服传统官僚制政府和新公共管理中的逆部门化和碎片化问题（表6-5）。

表6-5 三种模式的治理路径比较

典型模式	浙江"湖州模式"	湖北"咸宁模式"	重庆"永川模式"
治理层次	中共湖州市委、湖州市人民政府农业和农村工作领导小组办公室	中共咸宁市委人才工作领导小组办公室	永川区委组织部、区人力资源和社会保障局、区农业农村委员会、区住房和城乡建设委员会、区文化和旅游发展委员会、区科学技术委员会、区商务局
治理功能	统一领导、综合协调和指导检查各县区、各有关部门、各类组织参与乡村人才振兴的各项工作	对全市人才工作的宏观指导、组织协调和督促检查，促进人才工作各项政策、措施落实到位	永川区委组织部牵头，负责乡土人才队伍建设的政策设计，各有关部门分工负责，具体落实乡土人才开发培育、评价认定和管理服务等相关工作
治理行为	决策规划、改革指导、综合协调、目标督察等	宏观指导、组织协调、督促检查等	政策设计、开发培育、评价认定和管理服务等

3. 治理方式

乡村人才振兴的核心要旨在于通过合作式整合，实现习近平总书记要求的"让愿意留在乡村、建设家乡的人留得安心，让愿意上山下乡、回报乡村的人更有信心，激励各类人才在农村广阔天地大施所能、大展才华、大显身手"[①]，建设一支支撑乡村振兴的人才队伍。因此，为实现合作治理，浙江"湖州模式"、湖北"咸宁模式"、重庆"永川模式"分别通过《湖州市打造实施乡村振

---

① 习近平：《乡村振兴战略是一篇大文章》，《新华每日电讯》，2018年3月9日。

兴战略示范区行动方案》《湖州市打造实施乡村振兴战略示范区 2018 年行动计划》《湖州市关于高水平打造人才生态最优市的若干意见》《咸宁市关于推进乡村振兴战略实施的意见》《咸宁市关于全面推进乡村人才振兴的实施意见》《重庆永川区实施乡村振兴战略行动计划》《重庆市永川区民间乡土人才分类评价标准（试行）》等文件，以制度化供给（正式制度）方式明确了乡村人才振兴的指导思想、目标任务、行动计划和保障措施。但是从非正式制度的角度来讲，具体的治理方式上又有所不同：浙江"湖州模式"非常强调"信任"这一关键性整合，因为在成员之间组成相互合作和信任的积极的组织之间关系是重要的①，在乡村人才振兴的"市校共建"实践中，湖州市和浙江大学在互补价值导向下分别成立负责校地合作的领导小组，各方书记和市（校）长挂帅组织机构领导，在领导小组的指导下，通过年会、季会、月会畅通工作对接机制，有效推动了市校深度合作，加深了相互信任的合作关系，为乡村人才振兴提供了有力保障。湖北"咸宁模式"则把情感性承诺作为实现合作式整合的重要法宝，该市不仅对乡村高层次人才通过实施"一对一"服务，提供定制化和集中化服务，而且对回乡还乡人才，开通"回归创业"服务热线，为有意愿回归创业人员提供创业政策、创业担保贷款、人才招聘等"一条龙"服务②。重庆"永川模式"实践中，该区不仅强调公务人员，尤其是部门"一把手"的责任担当，强调乡村人才培育经费、扶贫惠农项目资金领域的专项整治和严格问责制度，而且在基层治理中，通过不同层次中坚力量的责任担当，推动乡村人才振兴的合作式整合（表 6-6）。

表 6-6　三种模式的治理方式比较

典型模式	浙江"湖州模式"	湖北"咸宁模式"	重庆"永川模式"
非正式制度 （侧重点）	相互信任	情感性承诺	责任感
正式制度 （相关文件）	《湖州市打造实施乡村振兴战略示范区行动方案》《湖州市打造实施乡村振兴战略示范区 2018 年行动计划》《湖州市关于高水平打造人才生态最优市的若干意见》	《咸宁市关于推进乡村振兴战略实施的意见》《咸宁市关于全面推进乡村人才振兴的实施意见》	《重庆永川区实施乡村振兴战略行动计划》《重庆市永川区民间乡土人才分类评价标准（试行）》

① 张玉磊：《整体性治理理论概述：一种新的公共治理范式》，《中共杭州市委党校学报》，2015 年第 5 期，第 54-60 页。

② 李旭：《湖北咸宁五大工程培养乡村振兴人才》，《中国财经报》，2018 年 3 月 27 日。

4. 治理手段

随着"互联网＋"、大数据等新技术的迅猛发展，传统科层制背景下的政府内部纵向层级关系、横向部门关系，政府之间的关系、政府和社会其他组织的关系必将被打破，取而代之的是政府机构的扁平化、业务流程的再造化、主体合作的整合化、公共服务的透明化。多案例分析，我们发现，浙江"湖州模式"中的专项引才网络开辟，湖北"咸宁模式"的梦香城·咸宁市人才创新创业超市网站，抑或重庆"永川模式"中的乡土人才数据库都充分强调了现代信息技术在乡村人才振兴中的重要作用。当然，在具体信息技术运用层次方面还存在一些差异：浙江"湖州模式"在乡村人才振兴的实践中利用云计算、大数据等现代信息技术，建立全市人才供需信息管理服务平台，通过平台定期更新乡村人才供需岗位、招聘条件、工作待遇等信息，互动的信息搜索和匹配有效促进了乡村人才供给和需求的精准匹配和有效平衡。湖北"咸宁模式"中"梦香城·咸宁市人才创新创业超市"不仅建立了人才项目、科研数据、人才平台等信息库，而且可以为乡村人才创新创业提供资本、科技、平台等方面的供需服务。重庆"永川模式"实践中，该地的区委组织部会同相关行业主管部门通过出台认定标准、调研摸底、专家评审，分级分类认证了 3 211 名民间乡土人才，建立了乡土人才数据库，但主要还是停留在建库层面，动态管理和应用管理还需进一步加强（表 6-7）。

表 6-7　三种模式的治理手段比较

典型模式	浙江"湖州模式"	湖北"咸宁模式"	重庆"永川模式"
现代信息技术应用层次	供需精准匹配	供需有效服务	调研建库

五、政策建议

通过对乡村人才振兴的浙江"湖州模式"、湖北"咸宁模式"、重庆"永川模式"在治理需求、治理路径、治理方式、治理手段等方面的多案例分析，我们发现，乡村人才振兴的整体性治理图式是以乡村人才需求为治理导向，以治理主体、治理层级、治理功能和治理行为的整合为治理核心，以正式制度和信任、情感性承诺、责任感等非正式制度为治理机制，以大数据等现代信息技术为治理手段，对乡村人才振兴涉及的不同主体、不同层级、不同功能、不同行为等问题进行有机协调与整合，从而为乡村振兴战略实施提供坚强的人力资源支撑和智力支持。其图式可以作如下描述（图 6-1）。

基于乡村人才振兴的整体性治理模式，针对现实政策短板和痛点，运用综合研究法和分层次分析法，本书认为乡村人才振兴政策应该重点瞄准以下

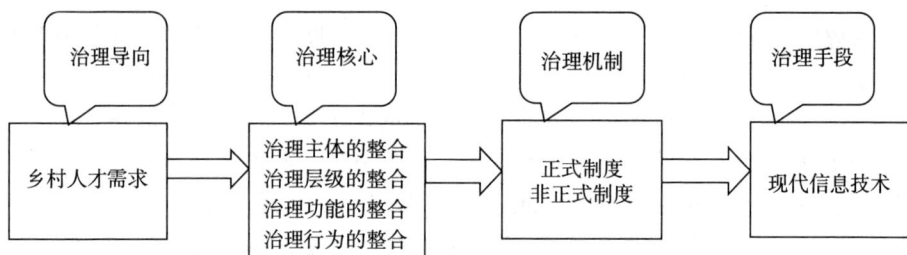

图 6-1 乡村人才振兴的整体性治理图式

问题。

一是在乡村人才科学分类的基础上，以乡村人才需求和问题解决为治理导向，建立乡村人才振兴的需求预测机制。以乡土人才培训为例，要以农业职业经理人、经纪人、乡村工匠、文化能人和非遗传承人为重点对象，关注乡土人才的需求侧重点，创新"人才中心、需求导向、能力本位、分类培训"的基本理念，突出时代特色，更新培训内容，优化培训方法，提高培训效率。

二是从机构改革政策角度，破解乡村振兴战略实施过程中逆部门化和碎片化问题，整合分散在农业农村行政部门、人力资源和社会保障部门、教育行政部门、民政部门、文化和旅游行政部门等职能，组建统筹乡村人才振兴的"大部门"，以合作性整合为治理核心，建立乡村人才振兴的治理主体、治理层级、治理功能和治理行为的全方位整合机制，推进"大部门式"治理。以高素质农民培训经费管理为例，针对当前"拼盘式"的培训资金投入、"单一化"经费配置方式、"任务式"的经费绩效考核，整合分散在不同部门的财政资源，改高素质农民"拼盘式"的培训资金投入为"整合性"培训经费投入。

三是要完善乡村人才振兴的治理机制，一方面，实施乡村振兴战略，必须把制度建设贯穿其中。面对乡村人才成长和发展瓶颈，必须把制度性供给作为乡村人才振兴的核心工作，做好资格认定制度、职业教育制度、能力提升制度、职称评审制度、社会保障制度、经费投入制度等正式制度供给。另一方面，要以信任、情感性承诺、责任感等非正式制度为治理重点，建立健全乡村人才振兴的运行机制。既要强调正式制度的权威性，保障正式制度的运行效率，又要根据经济社会发展改革和创新正式制度，以此促进正式制度的合理变迁。同时，要以非正式制度支撑正式制度，克服非正式制度中的负面作用，确保正式制度落细落实①。只有实现乡村人才振兴过程中正式制度与非正式制度

---

① 王东强：《生态学视域下高校思想政治教育主体研究》，西南财经大学，2013年。

相互补充、相互协调，才能有效解决城乡二元制度所滋生的种种问题，提高乡村人才振兴的实效性。

四是加大乡村人才振兴的现代信息技术支撑力度。技术的发展在引发社会与制度变革方面起到了关键作用[①]。因此，建议引入移动互联网、云计算、大数据、人工智能等现代信息技术作为乡村人才振兴的治理手段，搭建乡村人才信息管理服务平台，发挥数据共享、互动搜索、精准匹配、动态调整等主要功能，完善人才发现、供需管理、配置使用、培育晋升、绩效评估、监督保障等各项政策之间的有效衔接和良性互动，建立起乡村人才振兴的技术支撑。

第四节　职业教育模式

2019 年 6 月，国家统计局公布的乡村振兴调研报告显示，人才匮乏、技术水平落后等问题是当前实施乡村振兴战略的最大瓶颈，52.3％的受访农民认为人才最急需[②]。在乡村振兴战略加快实施的进程中，高素质农民已经成为现代农业的先导力量和乡村振兴的主力军。《2019 年全国高素质农民发展报告》指出，从高素质农民受教育程度看，2018 年该群体高中及以上文化程度的占比为 31.1％[③]，虽较历年有大幅度提升，但学历教育水平总体还比较低且地区不平衡问题较为突出。目前，面对乡村振兴战略实施和新型城镇化两个基本面，农业边缘化、农村人口空心化和农民老龄化的"新'三农'"问题日益受到广泛关注，大量乡村人才流失，在乡人才不愿安心扎根农村，有才能的退役军人、农村籍大学生和农民工不愿返乡，城市人才不愿下乡的"三不愿"问题突出。因此，面对双重困境，高素质农民作为未来市场新蓝海，是城乡统筹中最重要的利益群体，其职业教育问题是实施乡村振兴战略和新型城镇化融合发展最好的结合点。2020 年中央 1 号文件《中共中央、国务院关于抓好"三农"领域重点工作确保如期实现全面小康的意见》中提出，要加快构建高素质农民教育培训体系。这为我国加快优化高素质农民职业教育模式，完善高素质农民职业教育体系，培养一大批有文化、爱农业、懂技术、善经营的高素质农民队伍提供了难得的历史机遇。

进入新世纪以来，尤其是 2005 年底，农业部以正式文件首次提出培养职

---

① 王飞、杨满福：《"技术热衷者"抑或"技术怀疑者"：教育信息化推进过程中要辨识的基本问题》，《重庆高教研究》，2015 年第 6 期，第 95-99 页。

② 柏先红、刘思扬：《"乡村振兴之路"调研报告》，《调研世界》，2019 年第 6 期，第 3-7 页。

③ 杨舒婷：《〈2019 年全国高素质农民发展报告〉发布　去年培养高素质农民 90 万人》，《中国食品》，2019 年第 22 期，第 159 页。

业农民，从新型农民、新型职业农民，到职业农民制度、新型职业农民培育发展规划，再到高素质农民教育培训体系几经政策演变，充分体现了中共中央、国务院对高素质农民职业教育问题的高度重视和认识深化。2011 年 10 月，教育部等九部门联合出台了《关于加快发展面向农村的职业教育的意见》，该意见明确提出"农村职业教育要大力培养现代农业专业人才、经营人才、创业人才和新型农民""健全县域职业教育培训网络，加强农民教育培训"。2014 年 3 月，教育部办公厅、农业部办公厅印发《中等职业学校新型职业农民培养方案试行》，要求各省、自治区、直辖市根据实际情况，整合农业园区、农业龙头企业、农民专业合作社和专业大户、家庭农场等资源，制定专门规划，培养高素质农民。2017 年 1 月，农业部印发了《"十三五"全国新型职业农民培育发展规划》，提出要进一步"深化产教融合、校企合作""支持各地整合资源办好农民学院，拓宽新型职业农民培育渠道"。2019 年 9 月，农业农村部办公厅、教育部办公厅发布《关于做好高职扩招培养高素质农民有关工作的通知》，启动实施"百万高素质农民学历提升行动计划"，打造一支留得住、用得上、干得好、带得动的"永久牌"乡村振兴带头人队伍。纵观国家关于高素质农民职业教育的政策实践，我们发现，无论是健全县域职业教育培训网络，还是整合各类新型农业经营主体等资源，抑或深化产教融合、校企合作，都非常强调政府、职业院校、企业、社会组织和高素质农民等不同主体通过合作等方式共同参与高素质农民职业教育，实现"双赢"或者"多赢"。显然，这与美国学者埃莉诺·奥斯特诺姆所倡导的多元主体相互独立、共同参与公共事务的治理，提供公共服务，自主创设治理规则，让网络结构中每个参与者都能够获取各自的利益所得，不断实现社会的自发秩序的多中心治理理论[①]的核心思想和主要内容是相当吻合的。

总的来讲，近年，在国家相关政策的大力引导和强力推动下，学术界和实务界在高素质农民职业教育方面进行了卓有成效的探索与实践，取得了相当丰富的研究和实践成果，为本书提供了理论借鉴和现实参考。但研究发现，仍然存在以下问题亟待有效破解：一是实践模式方面，如何直面乡村振兴背景下高素质农民职业教育现状和问题，基于高素质农民职业教育工作实践梳理典型模式并进行科学分类，进而开展深度和整体研究。二是理论研究方面，面对高素质农民职业教育模式比较研究所隐含的主要问题，如何围绕职业教育治理体系和治理能力现代化这个主题，着力解决高素质农民职业教育过程中更多"眼睛

---

① ［美］埃莉诺·奥斯特罗姆、余逊达、陈旭东：《公共事物的治理之道》，上海三联书店，2000 年。

向上"而忽略了"眼睛乡下"（重基层），关注"培训"而忽略了"培养"，关注"专业人才"忽略了"全科人才"的片面性问题。本书将聚焦职业教育要素衔接和互动问题，结合区域实际，将多中心治理理论纳入乡村振兴背景下高素质农民职业教育研究领域，试图破解上述难题。

基于上述政策实践和理论研究，本书一方面基于项目研究需要，通过问卷调查、深度访谈、档案分析、个案分析等定性和定量相结合的多种方法搜集各地高素质农民职业教育的相关材料和案例。另一方面，基于工作实践需要，通过中国政府官网、国家部委官网、地方政府官网、新华网、中国网、新浪网、搜狐网等政府网站和主流媒体搜集了各地高素质农民职业教育相关政策文本或权威新闻报道。在上述资料整理基础上，形成了自建的资料库和案例库，结合山东、江苏、陕西等省份的具体实践，根据多中心治理理论所提出治理方式、治理规则、治理目标等维度，试图将高素质农民职业教育实践划分为四种典型模式，即山东省"校园＋田园"的"寿光"模式、陕西省"学历＋技能"的"杨凌"模式、江苏省"中职＋高职"的"东台"模式和"定制＋协同"的"太仓"模式。

一、"校园＋田园"的"寿光模式"

山东省寿光市职业教育中心根据现代职业教育体系构建的要求，依托地方农业产业发展优势，按照"双园共育、农学交替、能力递进"的原则，充分利用"校园"和"田园"在知识传授、技能提升和管理实践等方面的优势，分段分层分重点培养高素质农民。显然，"校园＋田园"的"寿光"模式突破了传统的单一主体的局限，非常强调学校和镇村教学站双主体，通过两个课堂的功能优势互补实现高素质农民人才培养目标。2018 年，"寿光"模式获得国家级教学成果一等奖。2013 年以来，通过实施"校园＋田园"联合培养，寿光职业教育中心学校先后培育"准高素质农民"1 247 人，高素质农民 3 860 人，学生就业率均保持在 99.5％以上，2017 年、2018 年更是实现 100％就业，就业满意率达 98.6％①。

二、"学历＋技能"的"杨凌模式"

陕西省杨凌职业技术学院围绕高素质农民全面发展，开展"学历＋技能"教育，有效促进了高素质农民学历和能力的双提升。"杨凌"模式注重的是地

---

① 寿光市职业教育中心学校：《寿光市职业教育中心学校助推乡村振兴发展"校园＋田园"培养新型职业农民》，https://www.sdjyxww.com/index.php/zyjy/3288.html。

方政府的引入，通过与政府签订招生合作协议，学校、政府与县（区）职业农民培育学院共同参与高素质农民培养。2016 年以来，杨凌职业技术学院共从富平县、杨陵区、眉县等地共招收 184 名职业农民和村干部参加学历教育。2018 年 10 月，陕西省委组织部、省教育厅联合发文，决定从 2019 年起，委托杨凌职业技术学院开展全省村干部大专层次学历教育，首批 270 名村干部学员已以自主招生的形式被该院录取①。

三、"中职＋高职"的"东台模式"

"中职＋高职"的"东台"模式主要采取"弹性学制、农学交替、学分互换、空中课堂"的方式，分别由地方农广校和高职学院推动中等和高等职业教育联合办学、联合培养，实现招生、管理、专业、课程、师资等方面有效衔接，系统培养高端技能型人才。显然，该模式的最重要的两个主体是农广校和高职院校，二者各司其职、联合培养。该模式深入推进了产教融合、院校协作，整合利用了教育资源，被评为全国农民教育培训发展典型案例。自实施以来，东台市已有 178 名青年农民接受了中高职学历教育。目前，该模式现已在苏州、扬州、淮安等市多地推广，为江苏省甚至全国树立了榜样。

四、"定制＋协同"的"太仓模式"

"定制＋协同"的"太仓"模式则是高职院校与省市组织、教育、财政及农业农村等相关部门沟通合作，建立政府买单、共同招生、定向就业的招生与就业联动机制。因此，可以说该模式是一个多主体合作培养高素质农民的典型。近年，采用"太仓"模式培养的近 200 名年轻"村官"，已有 12 人进入了村"两委"班子，极大地改善了农村干部队伍结构，为农村基层治理储备了大量后备人才。

从发展趋势来讲，高素质农民职业教育强调多中心治理，自觉不自觉地寻找不同教育治理主体共同参与人才培养工作已经成为必然之势。与此同时，通过调研发现，如果我们把高素质农民职业教育治理主体看作是一个生态系统，结构功能分析表明，如果突破原来系统的"边界"，探索研究来自生态系统外的外部力量，就会惊奇地发现那些实际存在但常常被人们忽视的高素质农民职业教育治理主体，除了政府和职业院校外，农业龙头企业、职业教育培训机构、科研院所和其他社会组织等不同主体资源都可以在高素质农民职业教育过

---

① 冯丽：《杨凌职业技术学院：走出一批新生代职业农民》，《中国教育报》，2019 年 5 月 15 日。

程中起到重要作用。此外，四种模式比较研究表明，高素质农民职业教育过程中政府、产业、高校、科研院所和高素质农民等不同治理主体存在"碎片化"现象，忽视了高素质农民职业教育过程中产业链、教育链和人才链的"整体化"衔接。主要表现在，高素质农民人才培养方式相对比较封闭，产教融合、校地合作、校企合作更多还是停留在浅层次水平；政府、高等院校、农业产业、涉农合作组织等不同治理主体在高素质农民人才培养过程中各自为政、资源分散、缺乏整合的问题还不同程度地存在，产业链、教育链和人才链难以实现无缝对接，无法形成合力共同打造一支留得住、用得上、干得好、带得动的高素质农民人才队伍。

五、模式比较

1. 治理方式

四种典型模式在治理方式上是不同的，"寿光模式"根据教育链、科技链、产业链"三链对接"的要求，推动职前教育和职后教育有效衔接、传统产业与高新科技的跨界交融、第一、二、三产业有机融合，构建了公共基础与专业基础、专业技能、高新科技运用、外向型能力素质、现代农业职业精神现代农业五大模块化课程体系[①]，有效满足了新农业、新乡村、新农民、新生态发展的"四个面向"对高素质农民的新要求。"杨凌模式"则根据高素质农民个人文化程度、综合素质和年龄结构的具体特点，采取合同管理模式，明确政府、高校和培养对象等合作主体之间的权、责、利，按照三年学制，从知识、能力和素质三个方面量身定制人才培养方案。"东台模式"比较强调农广校和高职院校合作成立管理机构，按照职业能力逐级提升和教学内容层次递进的要求，通过中职与高职教学要素进行全面对接，实施弹性学制和学分制，推动学分互认和分段完成，实现高素质农民贯通培养。"定制＋协同"的"太仓模式"则是江苏省委组织部、江苏省教育厅、江苏省财政厅、江苏省农业农村厅、江苏农林职业技术学院和基层组织（用人单位）确定的"目标共定、方案共制、教学共担"的"三共"协同育人新模式。其实，无论是"校园＋田园"的"寿光模式""三链"对接、还是"学历＋技能"的"杨凌模式"合同管理，抑或"中职＋高职"的"东台模式"贯通培养以及"定制＋协同"的"太仓模式""三共"协同，在治理方式既强调多元主体的竞争，又强调合作，符合多中心治理理论所倡导的"合作—竞争—合作"的治理方式（表6-8）。

---

① 寿光市职业教育中心学校：《寿光市职业教育中心学校助推乡村振兴发展"校园＋田园"培养新型职业农民》，https://www.sdjyxww.com/index.php/zyjy/3288.html。

表6-8　新生代农民职业教育模式治理方式比较

典型模式	"校园＋田园"的"寿光模式"	"学历＋技能"的"杨凌模式"	"中职＋高职"的"东台模式"	"定制＋协同"的"太仓模式"
内容要点	"三链"对接	合同管理	贯通培养	"三共"协同

比较研究表明，不可否认的是，高素质农民职业教育四种典型模式运行过程中还存在人才培养模式相对"线性化"的问题，忽视了乡村人才"立体化"教育。除了人才培养主体单一，政产学研用联系不紧密、互动力度不足、教育资源整合不够等问题，高素质农民传统教育主要局限于传统学历教育，很少考虑高素质农民人才培养过程中学历教育和非学历教育（主要是职业培训）的学分互认，忽视了职业教育、应用型本科和高端技能型专业学位研究生等人才培养的规格、梯次和结构的贯通性考量，不利于高素质农民的全面成长成才和职业生涯发展。此外，高素质农民人才培养与农业生产、经营管理、金融担保、电商营销、技术服务等产业链存在脱节问题，产业链、教育链和人才链难以实现无缝对接。

2. 治理规则

多中心治理理论所提到治理规则是指社会多元主体基于一定的集中行动规则，相互博弈、共同参与管理公共事务，提供公共服务[①]。四种典型模式治理规则比较研究表明："寿光模式"治理规则强调根据"双园共育"的要求，把校园教学和田园教学有机结合起来实施自然式教学。根据农业生产时间特点和高素质农民个人实际灵活开设"校园课堂""田间地头课堂"和"网络空间课堂"并实现自由转换，通过在线教学平台、移动终端等现代信息技术，线上线下相结合推动学生自主学习。寿光职业教育中心还搭建了"三产融合"的校园田园"产学研创用"一体化平台，通过学习创业共同体组织教学；建立了农技专家、"田秀才"、家庭农场主等组成的128人师资库，与校内师资共同组成教学科研共同体，从而创新了高素质农民职业教育治理形态。"杨凌模式"则通过高职院校与区县政府签订招生合作协议，通过自主招生考试录取村干部、职业农民到相关涉农专业学习。坚持学历教育和实用培训双结合的原则，根据农业生产的季节性规律，采用集中教学与分散教学相结合、系统培养和周期培训相结合、线上教学与线下教学相结合的教学管理方式；实施"双班主任"制度，由学校和当地政府分别安排辅导员和政府工作人员共同担任班主任，分别

---

① ［美］埃莉诺·奥斯特罗姆、余逊达、陈旭东：《公共事物的治理之道》，上海三联书店，2000年。

负责学员在校和校外的安全教育、日常管理考核工作。"东台模式"是由农广校和农职院校共同设立中高职衔接合作机构,共同推动招生融合、共同推进涉农专业对接、共同做好教学管理融合、共同加强课程教学内容融合、共同促进师资队伍融合、共同承担教育经费（主要由中职教育学费补助和培训专项经费分担）。"太仓模式"的治理规则强调对参加普通高考的学生采取文化测试＋面试方式进行统一选拔,录取后签订培养协议,实行定向委托培养,政府全额资助学费,按照"三聘请三结合"的方式配备高水平教学团队,学生毕业后由地方党委组织部以人事代理性质与村或社区等用人单位签订聘用合同,统一调配至村（社区）工作,待遇参照村干部副职[①]。同时,实行"一人一档"精细化档案管理,为提拔任用"定制'村官'"提供重要依据[②]。四种模式的治理规则虽然不同,但具体到每一种模式都涉及高素质农民职业教育多元主体必须遵守的招生、就业、经费保障等行动规则,这样才能保证参与公共管理和提供公共服务的高效率（表6-9）。

表6-9 新生代农民职业教育模式治理规则比较

典型模式	"校园＋田园"的"寿光模式"	"学历＋技能"的"杨凌模式"	"中职＋高职"的"东台模式"	"定制＋协同"的"太仓模式"
内容要点	自然式教学；课堂自由转换；学习创业共同体；教学科研共同体	自主招生考试；学历教育和实用培训双结合；"双班主任"制度	招生融合；教学管理融合；专业融合；课程融合；师资融合；经费共担	统一招生选拔；定向委托培养；政府全额资助学费；实施合同管理；精细化档案管理

调研发现,由于缺乏高素质农民职业教育教学的顶层设计,组织、发展改革、教育行政、农业农村、人力社保、财政等部门缺乏必要沟通和统筹布局,整体性治理体系不健全,治理能力不足。更值得强调的是,即使是高素质农民职业教育的依托单位,内部的招生录取、人才培养、专业建设、毕业生就业和经费投入等教育教学环节"断裂化",导致招生部门、教务部门、学工部门、就业部门和财务部门局限于所谓的"自身职责",故步自封、各自为政,高素质农民人才培养合力不够。此外,从经费投入分析,农业农村

---

① 共产党员网：《江苏省盐城市盐都区："定制村官"创新村干部培育新路径》,https://news.12371.cn/2017/11/07/ARTI1510037331188682.shtml。

② 顾志敏：《太仓创新推行"定制村官"模式,近200名年轻人村里挑大梁》,《苏州日报》,2017年11月29日。

部农民科技教育培训中心发布的《全国农业广播电视教育培训事业发展综合统计情况》表明，2018 年和 2019 重庆市和内蒙古自治区农广校高素质农民学历教育经费投入竟然为零，其他省份也存在投入不足的问题，除了经费总量有限，不同职业教育类型经费投入和使用相对分散，影响了高素质农民职业教育实效性。

3. 治理目标

多中心治理理论所主张的治理目标是实现公民利益最大化和满足公民多样化的需求①。从四种典型模式治理目标上比较发现，"寿光模式"中"校园"培养对象是涉农类专业在校学生，目标是培育"准高素质农民"，为高素质农民人才队伍提供后备梯队。"田园"培养对象是具有初中及以上学历的社会职业农民，目标是解决乡村人才结构不合理、学历层次不高的问题。"杨凌模式"主要是高职院校招收区县乡村村干部、各类新型农业经营主体参加学历教育，以打造爱农业、懂技术、会经营的高素质农民队伍为目标。"东台模式"主要培养对象是初中以上学历从事农业农村工作的新型农业经营主体负责人和村干部等，目标是培养高学历、高技能的高素质农民。"太仓模式"培养对象是符合高考招生录取资格，户籍在特定区域，毕业后愿意到村（社区）从事农业技术服务或社区管理工作的人员。目标是培养政治文化素养好、农业发展能力强、基层管理水平高、留得住扎下根的优秀农村基层管理干部队伍②。四种模式不论是以培养"准高素质农民"，还是在职的社会职业农民，其目标都是服务高素质农民全面发展的多元化诉求，为乡村振兴战略实施提供有力的人才保障和智力支持（表 6 - 10）。

表 6 - 10 新生代农民职业教育模式治理目标比较

典型模式	"校园＋田园"的"寿光模式"	"学历＋技能"的"杨凌模式"	"中职＋高职"的"东台模式"	"定制＋协同"的"太仓模式"
内容要点	培育"准高素质农民"和社会职业农民	打造爱农业、懂技术、会经营的高素质农民队伍	培养高学历、高技能的高素质农民	培养政治文化素养好、农业发展能力强、基层管理水平高、留得住扎下根的优秀农村基层管理干部队伍

① ［美］埃莉诺·奥斯特罗姆、余逊达、陈旭东：《公共事物的治理之道》，上海三联书店，2000 年。

② 潘朝晖：《太仓"定制村官"做实"强基工程"》，《新华日报》，2017 年 11 月 24 日。

四种典型模式治理目标比较研究，可以得出一个重要的结论：高素质农民人才培养目标过于注重"专业化"，忽视了乡村人才"全科化"培养。目前，乡村人才教育水平不够高、乡村人才结构不合理、乡村人才队伍不稳定等问题较为棘手，既懂技术、又懂管理，既懂法律、又懂营销，既懂农业、又懂其他产业的高素质农民全科人才最为缺乏，"乡村全科人才荒"成为制约乡村振兴战略实施的重要因素。面对传统乡村人才专业化培养悖论，要实现乡村振兴需要大批类似于全科教师、全科医生的高素质农民全科人才。以人才培养类型定位为例，目前高素质农民人才培养方案存在脱离岗位（群）和工作任务，面向基层的全面发展能力（尤其是第一、二、三产业融合和职业向上发展）不足，高素质农民人才培养能力定位存在乡土情怀淡薄、学科交叉不足、知识能力单一、解决复杂问题能力不强等问题。如何面向新农业、面向新乡村、面向新农民、面向新生态，明确"新农科"对高素质农民人才培养的新目标、新要求和新标准是该类人才培养要解决的首要问题和关键问题。

六、政策建议

如上所述，"校园＋田园"的"寿光模式"、"学历＋技能"的"杨凌模式"、"中职＋高职"的"东台模式"和"定制＋协同"的"太仓模式"四种典型模式多案例比较研究表明：一方面，高素质农民职业教育模式之所以能够在各自领域发挥应有的作用并取得显著成效，无不强调多中心治理，即通过多元治理主体、整体性治理方式、多环节有机衔接的治理规则、全科化人才治理目标等来实现高素质农民成长和发展目标。另一方面，多中心治理所强调的多个而非单一的权力中心和互动而非独立的治理规则也促使高素质农民职业教育目标定位、形态类型、行为方式和体制机制不断演化而形成新的模式。因此，多中心治理和高素质农民职业教育模式更多应该是形式和内容、手段和目的的内在逻辑关系。从这个意义上来讲，面对高素质农民职业教育典型模式比较研究发现的问题，运用多中心治理理论优化高素质农民职业教育模式并保障其高效运作是应然之举。主要建议包括如下。

1. 不断更新高素质农民职业教育多中心治理主体

无论是"校园＋田园"的"寿光模式"，还是"学历＋技能"的"杨凌模式"，抑或"中职＋高职"的"东台模式"和"定制＋协同"的"太仓模式"，均强调多元主体的共同参与并注重通过良性互动实现高素质农民职业教育目标。因此，我们既要尊重所有不同治理主体的相对独立的地位，没有任何团体或个人可以把权威凌驾于法律之上，又要不断更新高素质农民职业教育多中心治理主体。一方面，我们要按照 2020 年中央 1 号文件《中共中央、国务院关于抓好"三农"领域重点工作确保如期实现全面小康的意见》中所提出的"整合利用农业广播学校、农业科研院所、涉农院校、农业龙头企业等各类资源，加快构建高素质农民教育培训体系"要求，处理好政府、企业、农民、职业教育培训机构、社会组织等不同主体的目标协调和多元互动关系①，真正把那些返乡农民工、回乡农村大学生、退役军人、下乡社会人才、农村创新创业人才等新兴群体纳入高素质农民培养对象范围。另一方面，要坚持产出导向，根据从"出口往回找"的基本思路，聚焦核心岗位（群）、核心任务、核心能力、核心知识、核心课程，面向基层瞄准乡土情结、专业交叉、技术融合、能力集成高素质农民新特质，面向新农业、面向新乡村、面向新农民、面向新生态，充分发挥不同参与主体的潜力，不断更新和灵活选择高素质农民职业教育多中心治理主体。

2. 协同创新高素质农民职业教育多中心治理规则

"太仓模式"的成功实践表明，高素质农民职业教育多中心治理必须强调不同主体的良性互动进而能动创立治理规则（包含新的治理形态），这些规则鼓励了基层组织（如村、社区等用人单位）和新型农业经营主体等不同治理主体的广泛参与，尊重和吸收了大多数的意见和建议，使得决策更加科学，执行更加有效。当前，创新新型职业农民职业教育多中心治理规则可以从以下几个方面入手：一是做好顶层设计。建议地方教育行政部门积极与组织、农业农村、发展改革、人力社保、财政等党委和行政部门沟通，出台关于实施高素质农民人才培养工作的指导意见、管理办法及实施方案。二是建立招录机制。建议教育行政部门统筹基层岗位需求并确定招生人数，明确高素质农民培养对象与培养院校、所在区县相关部门签订培养使用相关协议，明确责权利。三是确保定向就业。建议教育行政部门协同有关部门和用人单位，参照事业单位和人事代理考核招聘工作人员的方式、程序和要求，定向考核招聘培养对象到签约行政区域的乡镇和农村服务。四是保障培养经费。对录取为高素质农民人才培养计划的学生在校学习期间学费、住宿费全免并补助生活费，其所需费用由地方财政承担。总之，在做好顶层设计的前提下，引入地方教育行政、组织、农业农村、人力社保、财政等部门多元主体参与，不断完善教育教学环节的有机衔接机制，实现招生录取、人才培养、

---

① 田书芹、王东强：《新生代农民工职业教育培训主体博弈与政府治理能力提升》，《教育发展研究》，2014 年第 19 期，第 20-25 页。

专业建设、毕业生就业和经费投入的有效联动是提高高素质农民职业教育实效性必须遵循的多中心治理规则。

3. 搭建"立交桥"构建高素质农民职业教育多中心治理体系

四种模式比较研究表明，为了有效解决高素质农民职业教育治理过程中产业链、教育链和人才链时有断裂、忽视"立体化"职业教育的问题，必须尽快搭建高素质农民职业教育"立交桥"，构建人才教育培养多中心治理体系。一是打通职业教育主体协同育人"立交桥"，实现教育主体的"有效协同"。整合职业院校、科研院所、农业企业、行业组织等各类主体资源，多种方式搭建高素质农民职业产教融合平台，按照"统筹规划、突出重点、优化配置、深化管理"的原则，充分发挥产教融合平台作为产学交互学习与协同创新"场"的作用①，加快构建高素质农民教育培训体系。二是打通学历教育和非学历教育（主要是职业培训）的"立交桥"，通过学历教育和职业培训学分互认，实现高素质农民职业教育功能的"有机衔接"。三是打通人才成长和发展的"立交桥"，实现教育层次的"贯通培养"。就像把高职与中职联合办学作为构建现代职业教育体系的突破口②一样，围绕高素质农民人才教育培养，科学布局高等职业教育、应用型本科和高端技能型专业学位研究生等人才培养的规格、梯次和结构是构建高素质农民职业教育多中心治理体系的应然之举。四是打通人才教育培养过程"立交桥"，实现教育产业的"链条延伸"。推进专业教育与农业生产、经营管理、金融担保、电商营销、技术服务等全产业链良性互动，实现高素质农民全面发展。

4. 共同追求高素质农民职业教育多中心治理目标

传统的公共服务主要是由单一的政府机构提供的，这种一元化的公共服务供给体制显然有很多的弊端，多中心治理就是要为公民提供机会组建许多个治理当局③。在高素质农民职业教育多中心治理中就要让每一个参与的主体能够同时在几个机构中保有成员身份，获得有效服务，最终满足不同主体的多元化需要和个性化诉求。在乡村振兴战略大力实施背景下，面向基层的高素质农民不仅要爱农业、懂技术，还要有文化、善经营，更要会营销、精管理，否则也无法胜任基层岗位要求。因此，有效服务和满足政府、企业、社会组织和各类

---

①　翁伟斌：《职业教育产教融合平台建设的现实诉求和推进策略》，《内蒙古社会科学（汉文版）》，2019 年第 4 期，第 183-188 页。

②　廖伦建：《城市高职与农村中职联合办学共同发展的调查分析》，《重庆高教研究》，2013 年第 4 期，第 42-46 页。

③　［美］埃莉诺·奥斯特罗姆、余逊达、陈旭东：《公共事物的治理之道》，上海三联书店，2000 年。

新型农业经营主体的不同需求，必须融合第一、二、三产业全产业链的要求，那么，高素质农民职业教育多中心治理目标可以定位于培养"下得去、用得上、靠得住、离不开"的复合实用型乡村全科人才。具体来讲，就是要全面贯彻党的教育方针，落实立德树人根本任务，牢固树立"学生中心、产出导向、跨界交融、多元培养、持续改进"的人才培养理念，以新农科建设为引领，以《普通高等学校本科专业类教学质量国家标准》为遵循，培养"下得去、用得上、靠得住、离不开"的复合应用型乡村全科人才（包括乡村全科园艺人才、乡村全科治理人才、乡村全科设计人才、乡村全科旅游人才等）。具体来看，参照全科教师人才培养模式，按照新农科建设要求，以协同办学、协同育人、协同就业、协同发展四个协同为抓手，创新政府购买服务模式，采取免费教育、定向培养、合同管理的方式，瞄准乡村全科人才新特质，优化学科专业新结构、融合农科知识新体系，确立农科教新关系，建立实践教学共同体，培养服务乡村振兴战略需求，"矢志'三农'、技术为要、复合应用、一专多能"的乡村全科人才，打造一支懂农业、爱农村、爱农民的高素质"三农"人才队伍，建设输送"三农"人才的教育高地。以乡村全科园艺人才为例，可以依托传统园艺专业，在开设"园艺植物栽培学""园艺作物育种学""园艺产品贮藏加工学""设施园艺学"等核心课程基础上，设置智慧农业、乡村治理、管理法律、电商营销等类别课程，采取"3＋1"人才培养模式，前三年在相关涉农专业学习，后一年在乡村的农技推广站及田间地头综合实习，定向培养既懂园艺技术，又懂现代农业、乡村治理、农村法律、电商物流的新型乡村全科园艺人才。

总之，本书基于理论研究，在国外农村人口空心化治理经验比较研究和借鉴基础上，立足四类集中连片特困地区的实际情况，从乡村人才振兴的角度探讨不同区域农村人口空心化的分类治理机制和整体性治理模式，从而为四类集中连片特困地区农村人口空心化治理提供一揽子制度措施和政策建议框架，有助于为创新植根不同类型集中连片特困地区的农村人口空心化治理机制提供理论依据，有助于实施乡村振兴战略，为行政部门和相关机构提供政策咨询和决策参考。但是，鉴于四类集中连片特困地区农村人口空心化治理体系研究的复杂性以及项目组成员知识体系和时间精力的有限，本书还存在许多不足之处。第一，本书提出了四类集中连片特困地区农村人口空心化分类治理机制和整体性治理模式以及相关政策建议框架，部分观点还比较粗略，实证研究有待深入，必须经过相关专家、行政人员和各类乡村人才的深入论证和具体实践，才能提高对策建议的针对性和操作性。第二，本书试图主要从人力资源开发学的角度研究四类集中连片特困地区农村人口空心化治理问题，但在社会学、人口学、公共政策学、制度经济学等跨学科理论分析框架下的相关研究还有待进一步深化。例如，从多学科角度分析，四类集中连片特困地区和其他类型集中连片特困地区的农村人口空心化治理有何区别和联系？又如，如何根据不同集中连片特困地区的特点选择不同的农村人口空心化治理模式仍需进一步研究。

参考文献

REFERENCES

阿瑟·刘易斯，1989. 二元经济 [M]. 北京：北京经济学院出版社.

埃莉诺·奥斯特罗姆，2000. 公共事物的治理之道 [M]. 余逊达，陈旭东，译. 上海：上海三联书店.

巴中日报，2017. 巴中市精神扶贫工作纪实 [N]. 巴中日报，11-21.

百度百科，2024. 乌蒙山区 [EB/OL]. https：//baike. baidu. com/item/％E4％B9％8C％E8％92％99％E5％B1％B1％E5％8C％BA/7151835？fr＝ge_ala.

柏先红，刘思扬，2019. "乡村振兴之路"调研报告 [J]. 调研世界（6）：3-7.

本书编写组，2018. 中共中央、国务院关于实施乡村振兴战略的意见 [M]. 北京：人民出版社.

本书编写组，2019. 中共中央关于坚持和完善中国特色社会主义制度、推进国家治理体系和治理能力现代化若干重大问题的决定 [M]. 北京：人民出版社.

本书编写组，2019. 中共中央、国务院关于坚持农业农村优先发展 做好"三农"工作的若干意见 [M]. 北京：人民出版社.

本书编写组，2020. 中共中央、国务院关于抓好"三农"领域重点工作确保如期实现全面小康的意见 [M]. 北京：人民出版社.

陈景信，石开忠，2012. 初探劳动力转移背景下的农村人口空心化 [J]. 南京人口管理干部学院学报（3）：45-52.

陈坤秋，王良健，李宁慧，2018. 中国县域农村人口空心化：内涵、格局与机理 [J]. 人口与经济（1）：28-37.

陈涛，陈池波，2017. 人口外流背景下县域城镇化与农村人口空心化耦合评价研究 [J]. 农业经济问题（4）：58-66.

陈向明，1999. 扎根理论的思路和方法 [J]. 教育研究与实验（4）：58-63.

陈向明，2000. 质的研究方法与社会科学研究 [M]. 北京：教育科学出版社.

陈有川，李鹏，马璇，等，2018. 基于乡镇地域单元的村庄人口空心化研究：以山东省六个乡镇为例 [J]. 现代城市研究（3）：24-30.

陈旭堂，王舒，2011. 论"空心村"现象出现的社会背景 [J]. 中小企业管理与科技（2）：95-96.

范昊天，田豆豆，2018. 咸宁建设四支人才队伍，探索新路子培养"金凤凰" [N]. 人民日报，08-10.

冯俊锋，2018. 乡村振兴与中国乡村治理［M］. 北京：人民出版社 .

冯丽，2019. 杨凌职业技术学院：走出一批新生代职业农民［N］. 中国教育报，05-15.

付坚强，陈利根，2008. 我国农村宅基地使用权制度论略［J］. 江淮论坛（1）：97-101.

公益中国，2018. 《中国农村留守老人研究报告》发布留守老人是公益领域的边缘性议题［EB/OL］. http://gongyi. china. com. cn/2018-12/11/content_ 40609915. htm.

共产党员网，2017. 江苏省盐城市盐都区："定制村官"创新村干部培育新路径［EB/OL］. https://news. 12371. cn/2017/11/07/ARTI1510037331188682. shtml.

顾志敏，2017. 太仓创新推行"定制村官"模式，近 200 名年轻人村里挑大梁［N］. 苏州日报，11-29.

贵州省人民政府，2017. 省人民政府关于乌蒙山片区（贵州省）区域发展与扶贫攻坚"十三五"实施规划的批复［EB/OL］. http:// www. guizhou. gov. cn/zwgk/zfgb/gzszfgb/201612/t20161216_ 70522812. html.

国家统计局，2020.2019 年城镇常住人口增加 1706 万人，城镇化率突破 60%［EB/OL］. https://www. sohu. com/a/367423376_ 114984.

韩俊，2018. 关于实施乡村振兴战略的八个关键性问题［J］. 中国党政干部论坛（4）：21-28.

韩占兵，2023. 美、法、日三国应对农村人口空心化的国际经验借鉴［J］. 经济社会体制比较（1）：55-66.

何继新，杨鹏，高亚君，2015. 楼宇经济影响因素分析：一个扎根理论探索性研究［J］. 区域经济评论（3）：142-148.

何文明，2015. 谁来培养新型职业农民［J］. 江苏教育（职业教育版）（5）：23.

何治江，2013. 同心思想是对统战发展规律的科学判断［J］. 重庆社会主义学院学报（3）：21-23.

贺雪峰，2013. 新乡土中国（修订版）［M］. 北京：北京大学出版社 .

贺雪峰，2019. 大国之基：中国乡村振兴诸问题［M］. 北京：东方出版社 .

贺祖斌，林春逸，肖富群，等，2020. 广西乡村振兴战略与实践（六卷本）［M］. 桂林：广西师范大学出版社 .

胡小武，2023. 因村施策：农村人口空心化陷阱及发展路径转型研究［J］. 苏州大学学报（哲学社会科学版）（6）：50-60.

湖州市人力资源和社会保障局，2017. 湖州市人才发展"十三五"规划［EB/OL］. http:// www. huzhou. gov. cn/hzgov/front/s33/xxgk/ghjh/ghxx/20171127/i744890. html.

华龙网，2017. 丰都陶家坪村创新服务方式　让留守在家的村民日子过得更舒坦［EB/OL］. https://www. cqcb. com/county/fengdu/fengduxinwen/2017-08-04/430058. html.

加里 . 贝克尔，1995. 人类行为的经济分析［M］. 王业宇，陈琪，译 . 上海：上海人民出版社 .

江萌，刘俊杰，周娴静，2018. 为乡村振兴选聘人才，咸宁 1214 名村（社区）助理上岗［N］. 湖北日报，08-10.

姜海军，2017. 新型职业农民培育存在的问题及对策建议：以江苏省淮安市为例 [J]. 当代
继续教育（5）：12-17.

姜作培，2015. 资源配置：城乡统筹发展的关键 [J]. 福建论坛（人文社会科学版）（2）：
23-28.

教育部，2011. 教育部等九部门关于加快发展面向农村的职业教育的意见 [EB/OL]. http://
www. moe. gov. cn/srcsite/A07/s7055/201110/t20111025_171559. html.

蒄丹，2012. 整体性治理：政府治理的新趋向 [J]. 东北大学学报（社会科学版）（3）：
230-233.

李稻葵，伏霖，2014. 德国社会市场经济模式演进轨迹及其中国镜鉴 [J]. 改革（3）：112.

李华，2018. 乡村发展离不开人，湖州绘就乡村振兴人才布局图 [N]. 湖州日报，06-04.

李俊杰，2014. 集中连片特困地区反贫困研究 [M]. 北京：科学出版社.

李强，2015. 广西"半城镇化"现象解决途径 [J]. 合作经济与科技（14）：14-15.

李彤羽，刘宁宁，朱一帆，2014. 城乡统筹视角下农村空心化问题研究综述 [J]. 农村经济
与科技（3）：112-115.

李旭，2018. 湖北咸宁五大工程培养乡村振兴人才 [N]. 中国财经报，03-27.

廖伦建，2013. 城市高职与农村中职联合办学共同发展的调查分析 [J]. 重庆高教研究
（4）：42-46.

林孟清，2010. 推动乡村建设运动：治理农村空心化的正确选择 [J]. 中国特色社会主义研
究（5）：83-87.

林善浪，纪晓鹏，姜冲，2018. 农村人口空心化对农地规模经营的影响 [J]. 新疆师范大学
学报（哲学社会科学版）（4）：75-84.

刘春燕，2018. 乡村振兴战略背景下的乡村治理体系探究 [J]. 南方农业（24）：106-107.

刘奉越，2024. 职业教育促进农村"空心化"理研究 [M]. 北京：科学出版社.

刘何鑫，2014. 关系化行为驱动组织知识演化的案例研究 [D]. 大连：大连理工大学.

刘建平，蓝红星，2013. 集中连片特困地区的教育改革探析：以人力资本理论为视角 [J].
重庆科技学院学报（社会科学版）（2）：55-57.

刘巍，2011. 农村人口空心化现状及影响因素分析：以江苏省江都市为例 [D]. 南京：南
京师范大学.

刘彦随，2012. 中国乡村发展研究报告：空心化及其整治策略 [M]. 北京：科学出版社.

刘云刚，陈林，宋弘扬，2020. 基于人才支援的乡村振兴战略：日本的经验与借鉴 [J]. 国
际城市规划（3）：94-102.

刘政宁，2018. 重庆永川：乡贤聚力，乡村振兴增活力 [EB/OL]. http://wmzh. china.
com. cn/2018-03/26/content_40266029. htm.

刘中文，2012. "空心村"之困惑 [M]. 浙江：浙江大学出版社.

刘祖云，武小龙，2012. 农村"空心化"问题研究：殊途而同归：基于研究文献的理论考
察 [J]. 行政论坛（4）：82-88.

卢巧玲，2005. 城乡统筹是解决"三农"问题的新出路 [J]. 北方经济（5）：21-22.

鲁布碧，田书芹，2018. 新型职业农民培训经费补助的三种模式及其比较研究 [J]. 成人教育（8）：53-55.

马建富，吕莉敏，陈春霞，2016. 职业教育视阈下的新型职业农民培育研究 [M]. 北京：科学出版社.

莫荣，陈兰，2012. 中国老年人力资源的开发 [A]. 中国人力资源发展报告（2011—2012）[C]. 北京：社会科学文献出版社.

农业农村部，2014. 教育部办公厅　农业部办公厅关于印发《中等职业学校新型职业农民培养方案试行》的通知 [EB/OL]. http：// www. moa. gov. cn/gk/zcfg/nybgz/201405/t20140508 _ 3896655. htm.

农业农村部，2017. 农业部关于印发《"十三五"全国新型职业农民培育发展规划》的通知 [EB/OL]. http://www. moa. gov. cn/nybgb/2017/derq/201712/t20171227 _ 6131209. htm.

农业农村部，2019. 农业农村部办公厅　教育部办公厅关于做好高职扩招培养高素质农民有关工作的通知 [EB/OL]. http：// www. moa. gov. cn/govpublic/KJJYS/201906/t20190625 _ 6319214. htm.

农业农村部农民科技教育培训中心，2019. 2019 年度全国农业广播电视教育培训事业发展综合统计情况 [EB/OL]. http://www. ngx. net. cn/tzgg/gztz. html.

农业新技术，2019. 职业农民培育三年提质增效行动启动 [J]. 农村新技术（6）：37.

潘朝晖，2017. 太仓"定制村官"做实"强基工程" [N]. 新华日报，11-24.

潘小娟，卢春龙，2013. 中国农村留守群体生存状况研究 [M]. 北京：北京大学出版社.

佩里·希斯斯，戴安娜·叶，金伯利·舒尔茨，等，2002. 迈向整体性治理：新的改革议程 [M]. 伦敦：帕尔格雷夫·麦克米伦出版社.

蒲实，孙文营，2018. 实施乡村振兴战略背景下乡村人才建设政策研究 [J]. 中国行政管理（11）：90-93.

钱再见，汪家焰，2019. "人才下乡"：新乡贤助力乡村振兴的人才流入机制研究——基于江苏省 L 市 G 区的调研分析 [J]. 中国行政管理（2）：92-97.

乔家君，吴殿廷，赵玉明，2008. 开封市产业空心化的历史考察 [J]. 人文地理（4）：117-122，116.

秦素粉，2014. 利益博弈下行业协会参与职业教育的路径选择 [J]. 重庆高教研究（2）：53-56，88.

屈均冠，2018. 乡村振兴战略下农村人口空心化治理路径研究 [J]. 北京农业职业学院学报（5）：58-63.

人民出版社，2011. 中国农村扶贫开发纲要（2011—2020 年）[M]. 北京：人民出版社.

沈璐，庄贵军，郭茹，2015. 复杂型购买行为模式下的在线购买意愿：以网购汽车为例的网络论坛扎根研究 [J]. 管理评论（9）：221-230.

寿光市职业教育中心学校，2019. 寿光市职业教育中心学校助推乡村振兴发展"校园＋田园"培养新型职业农民 [EB/OL]. https：//www. sdjyxww. com/index. php/zyjy/3288. html.

四川日报，2018. 充满"文化味"的乡村脱贫新路 [N]. 四川日报，03-29.

田书芹，王东强，2013. 统筹城乡发展中新生代农村劳动力开发模式比较研究［J］. 高等农业教育（11）：116-119.

田书芹，王东强，2014. 新生代农民工职业教育培训主体博弈与政府治理能力提升［J］. 教育发展研究（19）：20-25.

田毅鹏，韩丹，2011. 城市化与"村落终结"［J］. 吉林大学社会科学学报（2）：11.

王德礼，姚建平，2016. 克东新型农业主体成脱贫主力军［N］. 黑龙江日报，11-03.

王德礼，尹伟明，2016. "1237"工程拔起"穷根儿"［N］. 齐齐哈尔日报，10-11.

王东强，2013. 生态学视域下高校思想政治教育主体研究［D］. 成都：西南财经大学.

王东强，陈天培，王爱忠，2014. 高校应用性创新型人才培养教学改革探析［J］. 山东高等教育（3）：68-73.

王东强，田书芹，宋凡金，2014. 农村人口空心化的治理模式［J］. 开放导报（3）：100-103.

王飞，杨满福，2015. "技术热衷者"抑或"技术怀疑者"：教育信息化推进过程中要辨识的基本问题［J］. 重庆高教研究（6）：95-99.

王国刚，刘彦随，2017. 农村空心化过程及其资源环境效应［M］. 北京：科学献出版社.

王浩林，程皎皎，2016. 人口"空心化"与农村养老服务多元供给困境研究［J］. 河海大学学报（哲学社会科学版）（1）：17-24.

王良健，陈坤秋，李宁慧，2017. 中国县域农村人口空心化程度的测度及时空分异特征［J］. 人口学刊（5）：14-24.

王琳，漆国生，2010. 网络舆情与公共政策公信力危机治理［J］. 福建行政学院学报（4）：5-8.

王宁，2002. 代表性还是典型性：个案的属性与个案研究方法的逻辑基础［J］. 社会学研究（5）：123-125.

王兴周，2024. 人口空心化：乡村振兴的家底与逆城市化的起点［J］. 江海学刊（3）：123-133.

王永彬，任乐平，2013. 围炉夜话［M］. 北京：中国画报出版社.

翁伟斌，2019. 职业教育产教融合平台建设的现实诉求和推进策略［J］. 内蒙古社会科学（汉文版）（4）：183-188.

吴重庆，2023. 超越空心化［M］. 北京：中国人民大学出版社.

西奥多·舒尔茨，1990. 论人力资本投资［M］. 吴珠华，等，译. 北京：经济学院出版社.

习近平，2014. 习近平谈治国理政. 第一卷［M］. 北京：外文出版社.

习近平，2017. 决胜全面建成小康社会夺取新时代中国特色社会主义伟大胜利——在中国共产党第十九次全国代表大会上的报告［M］. 北京：人民出版社.

习近平，2017. 习近平谈治国理政. 第二卷［M］. 北京：外文出版社.

习近平，2018. 乡村振兴战略是一篇大文章［N］. 新华每日电讯，03-09.

习近平，2020. 习近平谈治国理政. 第三卷［M］. 北京：外文出版社.

习近平，2022. 高举中国特色社会主义伟大旗帜　为全面建设社会主义现代化国家而团结奋斗——在中国共产党第二十次全国代表大会上的报告 [M]. 北京：人民出版社.

湘声报, 2019. 武陵山脱贫攻坚规划实施 8 年效果如何？[EB/OL]. http://www. xiangsh-
  engbao. com/nd. jsp? id=5930.

向卿青, 2012. 山区农村人口空心化的调查与思考：以四川省苍溪县为例 [J]. 农村经济
  (6)：97.

新华社, 2017. 中华人民共和国农民专业合作社法 [EB/OL]. https://www. gov. cn/xin-
  wen/2017-12/28/content_5251064. htm.

新华网, 2011. 内地老龄化城乡倒置　农村人口老龄化高于城市 [EB/OL]. https://
  news. ifeng. com/c/7faV80sPiwV.

徐仁立, 2012. 红色旅游人力资源开发研究 [J]. 西安交通大学学报（社会科学版）(6)：
  31-35.

徐勇, 2010. 农民理性的扩张："中国奇迹"的创造主体分析——对既有理论的挑战及新的
  分析进路的提出 [J]. 中国社会科学 (1)：103-118.

徐勇, 2019. 国家化、农民性与乡村整合 [M]. 南京：江苏人民出版社.

许宝强, 汪晖, 2001. 发展的幻想 [M]. 北京：中央编译出版社.

许海清, 2013. 国家治理体系和治理能力现代化 [M]. 北京：中共中央党校出版社.

颜婧, 2013. 六成成都农民工打工不再往外走 [J]. 现代人才 (2)：8.

杨明洪, 2004. 压抑与抗争：一个关于农村土地发展权的理论分析框架 [J]. 财经科学
  (6)：24-28.

杨舒婷, 2019.《2019 年全国高素质农民发展报告》发布　去年培养高素质农民 90 万人
  [J]. 中国食品 (22)：159.

杨文英, 罗康隆, 2009. 发展人类学在当代中国的研究 [J]. 原生态民族文化学刊 (4)：
  18-19.

杨小柳, 2007. 发展研究：人类学的历程 [J]. 社会学研究 (4)：191.

杨志超, 2013. 北欧老年就业政策对我国延迟退休制度的启示 [J]. 学术界 (7)：214-221.

叶敬忠, 2014. 中国农村留守人口 [M]. 北京：社会科学文献出版社.

佚名, 2010. 青岛成立山东首家虚拟养老服务社区 [J]. 领导决策信息 (41)：1.

殷章馨, 2012. "两型社会"背景下的长沙市乡村旅游人才构建研究 [J]. 佳木斯教育学院
  学报 (5)：473-474.

于水, 姜凯帆, 孙永福, 2013. "空心化"背景下农村外出劳动力回流意愿研究 [J]. 华东
  经济管理 (11)：97-101.

于水, 姜凯帆, 孙永福, 2013. 农村人口"空心化"的影响因素分析 [J]. 华南农业大学学
  报（社会科学版）(3)：42-49.

余晓洁, 詹婷婷, 2014. 24%的新生代农民工没干过农活 90 后愿意回家务农者仅 3.8%
  [EB/OL]. http://finance. people. com. cn/n/2014/0228/c70846-24497781. html.

玉珍, 刘小峰, 2011. 费孝通与"熟人社会" [N]. 中国社会科学报, 11-22.

袁勇, 2017. 中国空巢老人到 2030 年或超 2 亿, 农村养老怎么办？[N]. 经济日报, 12-23.

岳佳慧，2020. 乡村振兴战略下山东省科技人才政策优化研究［D］. 哈尔滨：哈尔滨商业大学．

张亮，杨廷昌，何建斌，等，2016. 河北省新型职业农民培育研究［M］. 北京：中国农业出版社．

张庆五. 2001. 中国古代户籍制度的演变［J］. 小城镇建设（11）：20.

张向平，2018. 乡村振兴战略背景下的旅游人才培养模式研究：以襄阳职业技术学院保康旅游订单班为例［J］. 教育观察（23）：60-61.

张英，2011. "空心村"中看得见的孤独［J］. 农村·农业·农民（10）：13.

张玉磊，2015. 整体性治理理论概述：一种新的公共治理范式［J］. 中共杭州市委党校学报（5）：54-60.

赵春阳，2017. 丰都陶家坪村党支部：创新服务方式，让村民日子更舒坦［EB/OL］. http://cq. cqnews. net/cqqx/html/2017-08/04/content_42476128. htm.

赵孟营，2002. 论组织理性［J］. 社会学研究（4）：77-87.

郑赤建，张河清，霍生平，2006. 基于区域旅游协作背景下的旅游人力资源管理［J］. 经济地理（4）：702-705.

郑瑞强，翁贞林，黄季焜，2018. 乡村振兴战略：城乡融合、要素配置与制度安排——"新时代实施乡村振兴战略与深入推进农业供给侧结构性改革"高峰论坛综述［J］. 农林经济管理学报（1）：1-6.

郑万军，王文彬，2015. 基于人力资本视角的农村人口空心化治理［J］. 农村经济（12）：100-104.

中共中央党史和文献研究院，2019. 习近平关于"三农"工作论述摘编［M］. 北京：中央文献出版社．

中共中央，国务院，2017. 中共中央、国务院关于深入推进农业供给侧结构性改革加快培育农业农村发展新动能的若干意见［M］. 北京：人民出版社．

中共中央，国务院，2018. 乡村振兴战略规划（2018—2022年）［M］. 北京：人民出版社．

中共中央马克思恩格斯列宁斯大林著作编译局，1995. 列宁选集（第一卷）［M］. 北京：人民出版社．

中共中央马克思恩格斯列宁斯大林著作编译局，1995. 马克思恩格斯选集（第1-4卷）［M］. 北京：人民出版社．

中共重庆市渝北区委办公室，重庆市渝北区人民政府办公室，2018. 关于印发《渝北区乡村振兴人才培育办法（试行）》的通知［EB/OL］. http://www. ybq. gov. cn/bm/qrlsbj/zwgk_70831/rczl/202203/t20220317_10521039. html.

中国农村远程教育网，2014. 关于印发昆山市新型职业农民认定标准及认定、管理办法的通知［EB/OL］. http://www. ngx. net. cn/ztzl/dlpxxxzy/zdgj/201711/t20171117_195277. html.

中央农村工作会议全文：2050年乡村全面振兴［EB/OL］. 中国新闻网，http://www. chinanews. com/jingwei/12-29/120094. shtml，2017-12-29.

周洪亮，2007. 户的视角下的农村宅基地使用权的取得研究［J］. 中国农村观察（5）：38-

43，56.

周雨，2015. 永川启动民间乡土人才领跑带富计划 ［N］. 重庆日报，10-27.

周祝平，2008. 中国农村人口空心化及其挑战 ［J］. 人口研究（2）：45-52.

朱启臻，2011. 农民为什么离开土地 ［M］. 北京：人民日报出版社.

竺乾威，2008. 从新公共管理到整体性治理 ［J］. 中国行政管理（10）：52-58.

Becker G S, 2009. Human capital: A theoretical and empirical analysis, with special reference to education ［M］. Chicago: University of Chicago Press.

C. Barbieri, E. Mahoney, 2009. Why Is Diversification an Attractive Farm Adjustment Strategy? Insights from Texas Farmers and Ranchers ［J］. Journal of Rural Studies (1): 58-66.

C. F. Jaarsma, T. Van Dijk, 2019. Financing Local Rural Road Maintenance. Who Should Pay What Share and Why? ［J］. Transportation Research Part A: Policy and Practice (6): 507-524.

Charmaz K, 2015. Grounded Theory: Methodology and Theory Construction ［J］. International Encyclopedia of The Social and Behavioral Sciences (Second Edition) (4): 402-407.

Commission of European Communities, 2013. The Future of Rural Society ［EB/OL］. http://ec. europa. eu/agriculture/cap-history/crisis-years-1980s/com88-501 _ en. pdf.

Eisenhardt, K. M. , 1989. Building theories from case study research ［J］. Academy of Management Review (4): 532-550.

European Commission, 2013. A Partnership Between Europe and Farmers ［EB/OL］. http://europa. eu/pol/pdf/flipbook/en/agriculture _ en.

Gibbs, Robert M, 2008. Rural Education and Training in the New Economy: The Myth of the Rural Skills Gap ［M］. Iowa: Iowa State Press.

H. Meert, 2005. Farm Household Survival Strategies and Diversification on Marginal Farms ［J］. Journal of Rural Studies (1): 81-97.

I. Cunningham, 1999. Human Resource Management in the Voluntary Sector: Challenges and Opportunities ［J］. Public Money and Management (2): 19-25.

J. S. C. Wiskerke, B. B. Bock, M. Stuiver, et al. , 2003. Environmental Co-operatives as a New Mode of Rural Governance ［J］. Netherlands Journal of Agricultural Science (51): 9-27.

Lynda Herbert-Cheshirea, Vaughan Higgins, 2004. From Risky to Responsible: Expert Knowledge and the Governing of Community-led Rural Development ［J］. Journal of Rural Studies (20): 295.

M. Murray, L. Dunn, 1995. Capacity Building for Rural Development in the United States ［J］. Journal of Rural Studies (1): 89-97.

Mark Goodwin, 1998. The Governance of Rural Areas: Some Emerging Research Issues and Agendas ［J］. Journal of Rural Studies (1): 5-12.

Michael Böcher，2010. Regional Governance and Rural Development in Germany：the Imple-
mentation of LEADER+ ［J］. European Society for Rural Sociology（4）：372-388.

N. Ward，K. McNicholas，1998. Reconfiguring Rural Development in the UK：Objective 5b
and the New Rural Governance ［J］. Journal of Rural Studies（1）：27-39.

Nigel Walford，2002. Agricultural Adjustment：Adoption of and Adaptation to Policy Reform
Measures by Large-scale Commercial Farmers ［J］. Land Use Policy（19）：243-257.

S. McNally，2001. Farm Diversification in England and Wales-What Can We Learn From the
Farm Business Survey? ［J］. Journal of Rural Studies（2）：247-257.

S. O' Hagan，B. Cecil，2007. A Macro-level Approach to Examining Canada' s Primary In-
dustry Towns in a Knowledge Economy ［J］. Journal of Rural and Community Development
（2）：18-43.

Sally Shortall，2008. Are Rural Development Programmes Socially Inclusive? Social Inclu-
sion，Civic Engagement，Participation，and Social Capital：Exploring the Differences
［J］. Journal of Rural Studies（24）：450-457.

Simon Pemberton，Mark Goodwin，2010. Rethinking the Changing Structures of Rural Local
Government-State power，Rural Politics and Local Political Strategies? ［J］. Journal of Ru-
ral Studies（26）：272-283.

后 记

2021 年 2 月 25 日，我收看了全国脱贫攻坚总结表彰大会电视转播，在振奋喜悦的同时，也为习近平总书记在大会上的一句话，连续好几天辗转反侧，难以平静。这句话就是"胜非其难也，持之者其难也"。如何做好巩固拓展脱贫攻坚成果同乡村振兴战略实施有效衔接的各项工作，让脱贫基础更加稳固、成效更可持续？作为一名长期关注和从事农业农村发展领域研究的高校教育工作者，如何结合自身的研究专长，在这一场乡村振兴大考中贡献自身力量？我深思后，认为破解农村人口空心化，推动乡村人才振兴是有效衔接最大的难点，但也是最好的结合点。高等教育服务乡村振兴战略必须有所作为，也必定大有作为！

一、走出农村——念兹在兹，"三农"情怀展初心

重读《习近平的七年知青岁月》，习近平总书记在书中讲道，15 岁去到黄土地时，他迷惘、彷徨，22 岁离开黄土地时，他已经有了坚定的人生目标。黄土地培养了他不变的信念：要为人民做实事！这，就是他矢志不渝的初心。

我出生在山东省鲁西南一个普通农村家庭，小时候便深刻体会了农民真苦、农村真穷、农业真危险的"三农"窘境，长大后更是见证了农业边缘化、农村空心化和农民老龄化的新"三农"困境。填报高考志愿时，我毫不犹豫选择了农林经济管理专业，这就是我的初心。硕士、博士、博士后，从未离开过"三农"问题研究。作为一个高等教育工作者，在这条路上走得越久，我就越坚定我的选择，特别是深学细读了总书记在全国脱贫攻坚总结表彰大会上的讲话和关于乡村振兴战略的重要论述，就更加坚定了我继续走下去的信念与决心。那就是：矢志"三农"，立德树人，服务乡村振兴战略。

二、服务农村——好知求知，投身教育担使命

习近平总书记指出，乡村振兴最终要靠人才，而人才的培养要靠教育。那么，高等教育在服务乡村振兴战略中如何着力和发力呢？我一直思考两个关键问题。

首先，谁来培养乡村人才。我曾经带领团队调研了一个农业大镇，近三年引进各类人才 17 名，目前留下仅 2 人；他们还有一句顺口溜，农村的孩子考学走了一火车，返乡回来一卡车，真正长期留在农村的更是少之又少！农村人口空心化问题何其严重！在乡人才不愿安心扎根农村，有才能的退役军人、农村籍大学生和农民工不愿返乡，城市人才不愿下乡的"三不愿"问题十分突出。我认为，破解这一难题的根本出路还是要靠培养自产自销的乡村人才，于是 2018 年底就萌生了成立重庆乡村振兴学院的想法。当时，有很多的领导和同事不理解，有人说重庆文理学院顶不了乡村振兴这块天，有人说即使申报了也不可能批给你，我心里很不服气，为什么我们文理学院就不能第一个吃螃蟹呢？在时任学校领导的支持下，我主笔撰写了《尽快筹建重庆乡村振兴学院，助推我市乡村振兴》的决策建议，很快得到了时任重庆市副市长李明清的肯定性批示，而后转化为向市教委、市政府呈送的关于筹建设立乡村振兴学院的相关报告，被中央政治局委员、时任重庆市委书记陈敏尔等领导批示。2019 年 9 月，学校成立乡村振兴学院。2020 年 6 月获重庆市编办的正式批复，2021 年 7 月重庆市编办正式批复我校成立重庆乡村振兴研究院。至此，"两院"成为重庆市编办批复的市属本科高校第一个乡村振兴学院和第一个重庆乡村振兴研究院！学院依靠领导支持和团队努力，协助学校领导牵头联合川渝 16 所高校率先发起成立了全国第一个乡村振兴学院联盟；我和团队一起在全国率先提出了乡村人才分类评价标准（20 个）及其指标体系（13 个），并在永川区试点应用；在全国率先提出乡村人才发展指数，完成近 30 万字的《全国乡村人才发展研究报告》；推动所在单位获得人力资源和社会保障部批准的国家级乡村振兴专家服务基地，获评重庆市教育系统唯一的全国脱贫攻坚先进集体，受到中共中央和国务院的表彰。2024 年，重庆文理学院乡村振兴学院（重庆乡村振兴研究院）又被重庆市委、市政府表彰为重庆市乡村振兴贡献奖先进集体。

其次，如何培养乡村人才？2018 年重庆市委相关部门共同开展的"在希望的田野上"乡村振兴报告团走进我校，巫山县当阳乡玉灵村驻村第一书记严克美等 6 位大学生，讲述了自己返乡创业、带领父老乡亲共同致富的感人事迹。会后，报告团成员与我校师生座谈，我有幸全程参与了该项活动，深受震撼和鼓舞。我和团队在全国率先提出了乡村全科人才培养理念，建议采取免费教育、定向培养、合同管理的方式培养"下得去、用得上、靠得住、离不开"的乡村全科人才，该建议不仅被时任重庆市副市长批示，而且被重庆市政府报送中办。在实践中，利用该理念成功改造了部分涉农专业，推动相关涉农专业成为国家一流本科专业建设点。近年来，我校为贫困地区中小学培养师资 1 038 人，选派 1 000 余名大学生到贫困地区农村中小学顶岗支教，定制培训乡村人才近 3 000 人次，培养了一大批乡村振兴人才。

三、立足农村——爱之乐之，扎根重庆写未来

习近平总书记指出，"新时代，农村是充满希望的田野，是干事创业的广阔舞台，我国高等农林教育大有可为"。印象深刻的一件事是，我带领乡村振兴团队赴奉节县吐祥镇调研，早晨 5 点多起床，辗转 6 个多小时到达目的地，用了 5 个多小时在雨中用双脚丈量了该镇石笋村 13 千米的山山水水，最终在 6 个小时的返程车上集体无间断研讨，初步提出以葡萄文化为主线，实施"一个故事、两大资源、三种业态、四种精神、五味人生、六大板块、七大节点"的创新策略，打造中国的托斯卡纳——全国最大的悬崖葡萄种植基地的乡村振兴战略规划构想。只要我们能够安下心、扎下根，立足农村、深入农村、服务农村，高等教育高质量赋能乡村振兴战略必定大有可为。

在成渝学习工作 20 年，感谢巴渝大地的开放包容和组织给予的关心厚爱。近年来，正是在服务乡村振兴战略这条路上，我始终牢记"国之大者"，坚守为党育人、为国育才的初心使命，敬业奉献、勤奋工作，近年先后入选重庆市巴渝学者青年学者、重庆市学术技术带头人后备人选、重庆市人才资源服务业领军人才、重庆市高校中青年骨干教师、国家级一流本科专业建设点负责人。在国家社科基金青年项目免鉴定结项后，喜获国家社科基金项目重点项目 1 项（当年全市仅 3 项）和中国博士后科学基金面

上项目等省部项目 5 项，在 SCI、CSSCI 等期刊发表论文 10 篇，出版专著 1 部，获批重庆民政政策理论研究基地等科研平台 3 个。获重庆市教学成果特等奖 1 项、一等奖 2 项，重庆社科优秀成果三等奖 1 项，获聘中国农村发展学会理事、重庆市高等教育学会理事、重庆市社科联常委。提出的相关建议被吸纳进中共重庆市委 1 号文件和市委办公厅、市政府办公厅下发的《重庆市加快推进乡村人才振兴的重点措施》等重要文件。入选首届重庆市乡村振兴十大人物。

回顾"三农"之路，我深刻体会到以下三点：一是要有"一懂两爱"的"三农"情怀。懂农业、爱农村、爱农民，才能真正把"三农"问题装在心里、扛在肩上、抓在手上。二是要善于抓住战略机遇。抓住乡村振兴的战略机遇，从全局谋划一域、以一域服务全局，高等教育不仅仅是支撑和服务，更重要的是示范和引领。三是要把论文写在重庆大地上。在梁平实岗锻炼期间，全国"双百"人物邓平寿生前说过的一句话让我刻骨铭心，他说："农民的问题在地里。"我认为，高等教育工作者，只有把论文写在大地上，真正来地里面写，那才叫真本事！！！

最后，在本书出版之际，感谢一直关心我成长和发展的学校领导，尤其是一直给予我关心厚爱和热心指导的曾狄老师和师母，感谢在本书编著过程中参与写作的宋凡金、张纬武、龙骁、魏敬周、王景梅、冯海芳、曾豪、王晶等的大力支持，感谢范晓、曾豪、王菊、张玲玲、丁武泉、赵锋、陈本炎、王熙艳、南旭光、阮吉、左永艳、陈华、王东等团队成员和好友的热情帮助，感谢中国农业出版社辛勤付出的编辑老师。感谢我的爱人田书芹一直以来对我的默默支持和深情付出，感谢我的女儿王攀越和儿子王嘉越带给我的幸福快乐和无限幸运，感谢我的父母、岳父母、兄弟姐妹和家人们对我的理解和包容。谢谢你们，辛苦了！

王东强

2024 年清明于重庆永川卫星湖畔

图书在版编目（CIP）数据

乡村振兴与农村人口空心化治理体系研究 / 王东强，田书芹，王爱忠著. -- 北京：中国农业出版社，2024.8. -- ISBN 978-7-109-32373-5

Ⅰ. C924. 24

中国国家版本馆 CIP 数据核字第 20247UB817 号

乡村振兴与农村人口空心化治理体系研究

XIANGCUN ZHENXING YU NONGCUN RENKOU KONGXINHUA ZHILI TIXI YANJIU

中国农业出版社出版

地址：北京市朝阳区麦子店街 18 号楼

邮编：100125

责任编辑：姚　佳　王佳欣

版式设计：王　晨　　责任校对：张雯婷

印刷：北京中兴印刷有限公司

版次：2024 年 8 月第 1 版

印次：2024 年 8 月北京第 1 次印刷

发行：新华书店北京发行所

开本：720mm×960mm　1/16

印张：11.75

字数：217 千字

定价：88.00 元